Mehrebenensystem im Gesundheitswesen

Schriften zur Gesundheitspolitik
und zum Gesundheitsrecht

Schriftenreihe des Instituts
für Europäische Gesundheitspolitik und Sozialrecht
an der Johann Wolfgang Goethe-Universität Frankfurt

Herausgegeben von Ingwer Ebsen,
Thomas Gerlinger und Astrid Wallrabenstein

Band 26

Indra Spiecker genannt Döhmann (Hrsg.)

Mehrebenensystem im Gesundheitswesen

**Ein Jahr Corona:
Welche Lehren können wir ziehen?**

Bibliografische Information der Deutschen Nationalbibliothek
Die Deutsche Nationalbibliothek verzeichnet diese Publikation
in der Deutschen Nationalbibliografie; detaillierte bibliografische
Daten sind im Internet über http://dnb.d-nb.de abrufbar.

ISSN 2193-0465
ISBN 978-3-631-87858-3 (Print)
E-ISBN 978-3-631-87899-6 (E-PDF)
E-ISBN 978-3-631-87900-9 (EPUB)
DOI 10.3726/b20047

© Peter Lang GmbH
Internationaler Verlag der Wissenschaften
Berlin 2022
Alle Rechte vorbehalten.

Peter Lang – Berlin · Bern · Bruxelles · New York ·
Oxford · Warszawa · Wien

Das Werk einschließlich aller seiner Teile ist urheberrechtlich
geschützt. Jede Verwertung außerhalb der engen Grenzen des
Urheberrechtsgesetzes ist ohne Zustimmung des Verlages
unzulässig und strafbar. Das gilt insbesondere für
Vervielfältigungen, Übersetzungen, Mikroverfilmungen und die
Einspeicherung und Verarbeitung in elektronischen Systemen.

Diese Publikation wurde begutachtet.

www.peterlang.com

Inhaltsverzeichnis

Einleitung 7

Constanze Janda
Die Europäische Gesundheitsunion – Vorschläge der EU-Kommission 9

Patrick Stockebrandt
Impuls für eine Europäische Gesundheitsunion 41

Minou Banafsche
Der bundesdeutsche Gesundheitsföderalismus in Alltag und Krise 57

Doris Pfeiffer und Markus Grunenberg
Gesundheit und Pflege in der Pandemie: Zwischenbilanz aus Sicht der
Selbstverwaltung 91

Ulrich M. Gassner
Versorgung mit kritischen Gesundheitsprodukten 111

Katharina Köbler
Versorgung mit wesentlichen Gesundheitsgütern am Beispiel
medizinischer Masken – Ein Kommentar aus der Anwaltspraxis 151

Autorenverzeichnis 183

Einleitung

Die COVID-19-Pandemie das Gesundheitswesen in Deutschland und weltweit vor eine Vielzahl neuartiger Herausforderungen gestellt. Insbesondere das Mehrebenensystem, in das Deutschland und die EU eingebettet sind, wird immer wieder als Problempunkt genannt. Verschiedene und z.T. widersprüchliche Vorgaben, unklare Zuständigkeiten, ungesicherte Finanzen, das Verbot der Mischverwaltung als Hinderung effektiver Administration in Zeiten großer Unsicherheit, begrenzter Kapazitäten und Ressourcen sowie fehlende Vereinheitlichung werden aus dem Blickwinkel einer Kritik am Föderalismus thematisiert. Aber auch im Blick auf die Einbettung in die EU werden mangelndes Engagement, fehlende Steuerung und der Verlust von Solidarität und effektiver Verteilung bemängelt.

Damit stellt sich die Frage danach, ob sich das Mehrebenensystem in der Krise bewährt hat, ob davon überhaupt in der Alltagsbewältigung ausgegangen werden kann und wo Reformbedarfe sichtbar geworden sind. Die Analyse und mögliche Therapieansätze für identifizierte Problembereiche können struktureller Natur sein, sie können aber auch speziell in einzelnen Bereichen des Gesundheitswesens zu verorten sein.

Der Aktualität des Themas angemessen, hat sich das Institut für Europäische Gesundheitspolitik und Sozialrecht an der Goethe-Universität Frankfurt a.M. – ineges – am 22. März 2021 mit einer Online-Tagung diesem Themenkomplex gewidmet und Erfahrungen und Einschätzungen aus Wissenschaft und Praxis eingeholt und diskutiert. Der nun vorliegende Tagungsband bündelt die Beiträge dieser Tagung und integriert weitere Erkenntnisse der Referentinnen und Referenten in aktualisierter Weise.

Constanze Janda, Deutsche Universität für Verwaltungswissenschaften Speyer, untersucht in ihrem Beitrag „Die Europäische Gesundheitsunion – Vorschläge der EU-Kommission" die vorgeschlagenen Strukturänderungen seitens der EU und kommt zum Fazit, dass die EU von einer echten Gesundheitsunion noch weit entfernt ist.

Patrick Stockebrandt, Centrum für Europäische Politik, Freiburg i. Br., sieht in seinem Beitrag „Impuls für eine Europäische Gesundheitsunion" schon kompetenzielle Schwierigkeiten, die aus dem Weg geräumt werden müssten.

Minou Banafsche, Universität Kassel, ordnet in dem Beitrag „Der bundesdeutsche Gesundheitsföderalismus in Alltag und Krise" das IfSG als verfassungsrechtlich bedenklich ein, zumal damit die föderalen Problembereiche nicht aufgefangen worden seien.

Doris Pfeiffer und *Markus Grunenberg*, GKV-Spitzenverband, Berlin, sehen in ihrem Beitrag „Gesundheit und Pflege in der Pandemie: Zwischenbilanz aus Sicht der Selbstverwaltung" die gesetzliche Kranken- und Pflegeversicherung grundsätzlich als stabil an, wobei die pandemischen Effekte die schon bestehenden Problembereiche noch verstärkt hätten.

Ulrich M. Gassner, Universität Augsburg, betrachtet mit der „Versorgung mit kritischen Gesundheitsprodukten" einen speziellen Bereich, in dem er erheblichen Reformbedarf sowohl auf der nationalstaatlichen als auch auf der EU-Ebene attestiert.

Katharina Köbler, Oppenländer Rechtsanwälte, Stuttgart, kritisiert in ihrem Beitrag zur „Versorgung mit wesentlichen Gesundheitsgütern am Beispiel medizinischer Masken" fehlende Standardsetzung und fehlende Notfallversorgung.

Bedanken möchte ich mich sehr herzlich bei unseren Referentinnen und Referenten, dass sie diese Veranstaltung und den Tagungsband möglich gemacht haben durch ihre engagierten Beiträge in Wort und Schrift. Zudem haben ca. 130 Teilnehmerinnen und Teilnehmer mit vielen Diskussionsbeiträgen trotz des Online-Formats eine lebhafte Auseinandersetzung, weitere Impulse und weitere Aspekte eingebracht.

Großer Dank gilt auch den Förderern des Instituts für Europäisches Sozialrecht und Gesundheitspolitik – ineges – sowie den Mitarbeiterinnen und Mitarbeitern des Instituts sowie der beteiligten Lehrstühle einschließlich des damaligen Lehrstuhlvertreters, Nils Schaks, die das Gelingen von Tagung und Tagungsband in vielerlei Hinsicht kräftig unterstützt und begleitet haben.

Frankfurt a.M., im Januar 2022
Indra Spiecker genannt Döhmann

Constanze Janda

Die Europäische Gesundheitsunion – Vorschläge der EU-Kommission

I. Einleitung

Über die mannigfaltigen Rechtsfragen im Zusammenhang mit der Corona-Pandemie ist bereits viel geschrieben worden[1] – die langfristigen gesellschaftlichen Konsequenzen werden sich erst noch erweisen müssen. Neben den medizinischen Fragen rund um die epidemiologische Beherrschbarkeit des Virus und die individuelle Behandlung der Infektionen wurden vielfältige strukturelle Hindernisse sichtbar, die eine effektive Bekämpfung des Virus und eine rasche Eingrenzung der Pandemie hinderten. Dies betrifft nicht nur das komplexe föderale Verhältnis der Bundesrepublik,[2] welches im Zuge der Pandemiebekämpfung erstmals der breiten Bevölkerung ins Bewusstsein gerückt sein dürfte. Auch auf europäischer Ebene waren Friktionen zu beobachten, die je nach Stimmungslage in Forderungen nach einem „Mehr" oder einem „Weniger" an europäischem Einfluss auf die Gesundheitsunion resultierten. Angesichts der Ausfuhrbeschränkungen für medizinische Güter und Schutzausrüstung und der Wiedereinführung von Binnenkontrollen an den innereuropäischen Grenzen[3] war von einem Versagen der Europäischen Union die Rede. Vielen Bürgerinnen und Bürgern wurde bewusst, wie selbstverständlich der grenzüberschreitende private wie berufliche Alltag 70 Jahre nach Gründung der Europäischen Wirtschaftsgemeinschaft geworden ist. Zugleich zeigte sich innereuropäische Solidarität als Patientinnen und Patienten in die Krankenhäuser der Nachbarstaaten aufgenommen und Impfvorräte wie auch medizinisches Personal und Gerätschaften grenzüberschreitend geteilt und

---

1 Vgl. die Nachweise bei *Häberle/Kotzur*, NJW 2021, 132, 132 (dort Fn. 7).
2 Siehe bereits *Klopfer/Deye*, DVBl 2009, 1208, 1214 sowie *Trute*, GSZ 2018, 125, 129 f. zur Kompetenzverteilung zwischen Bund- und Länderebene im Pandemiefall.
3 Diese sind nach Art. 25 Abs. 1 VO (EU) 2016/399 (Schengener Grenzkodex) vorübergehend im Falle der Bedrohung der öffentlichen Ordnung oder der inneren Sicherheit zulässig. Nach Art. 2 Nr. 21 VO (EU) 2016/399 stellen „Krankheiten mit epidemischem Potenzial" eine Gefahr für die öffentliche Gesundheit dar. Vgl. dazu auch *Thym/Bornemann* in Huster/Kingreen, Handbuch Infektionsschutzrecht, Kap. 2, Rn. 24 ff.

überlassen wurden. Auch die gemeinschaftliche Beschaffung von Impfstoffen war Ausdruck des solidarischen Miteinanders, kam sie doch unmittelbar den kleineren, auf dem Weltmarkt kaum nachfragemächtigen Mitgliedstaaten zugute – sie barg jedoch wiederum Potenzial für Kritik an vermeintlich mangelnder Schnelligkeit und Effizienz. Zugleich wuchs die Erkenntnis, dass der Schutz vor sich weltweit ausbreitenden Erregern ein „genuin internationales Politikfeld"[4] ist, das der überstaatlichen Koordination bedarf.

II. Vorschlag für eine Europäische Gesundheitsunion

Im November 2020 hat die Europäische Kommission einen Vorschlag zur Schaffung einer Europäischen Gesundheitsunion vorgelegt, mit der dezidiert die Resilienz der Union gegenüber grenzüberschreitenden Gesundheitsgefahren gestärkt werden soll.[5] Zu diesem Zweck sollen Prävention und Vorbereitung sowie der Umgang mit europäischen und weltweiten Gesundheitskrisen gestärkt werden, um „konsistent, kohärent, koordiniert" vorgehen zu können.[6] Das Unionsrecht bietet zwar bereits einen Rahmen für ein abgestimmtes Vorgehen,[7] die Kommission identifizierte im Zuge der Corona-Pandemie jedoch verschiedene Defizite. So haben die Mitgliedstaaten überaus unterschiedliche – gerade nicht untereinander abgestimmte – Regelungen zum Tragen von Masken und zum Abstandhalten, zu Isolierung und Quarantäne von Verdachts- und Krankheitsfällen, zum Testen und zur Kontaktnachverfolgung sowie dem Schutz besonders gefährdeter Gruppen erlassen. Die fehlende Einheitlichkeit habe im Zusammenspiel mit den Kapazitätsengpässen im Gesundheitswesen und der mangelnden Verfügbarkeit von Schutzausrüstung, Arzneimitteln und Impfstoffen in der Bevölkerung Zweifel an der Sinnhaftigkeit der Maßnahmen ausgelöst.[8]

---

4 *Gassner* in Kluckert, Das neue Infektionsschutzrecht, § 1, Rn. 1; ähnlich *Trute*, GSZ 2018, 125, 125 f.
5 *Europäische Kommission*, Schaffung einer Europäischen Gesundheitsunion: Die Resilienz der EU gegenüber grenzüberschreitenden Gesundheitsgefahren stärken, KOM(2020) 724 endg.
6 *Europäische Kommission*, Schaffung einer Europäischen Gesundheitsunion, KOM(2020) 724 endg., S. 2.
7 Zur Genese der Europäischen Gesundheitspolitik *Hanika*, MedR 1998, 193, 193 f.
8 *Europäische Kommission*, Schaffung einer Europäischen Gesundheitsunion, KOM(2020) 724 endg., S. 6.

Die Europäische Gesundheitsunion – Vorschläge der EU-Kommission   11

Der Vorschlag der Kommission[9] zur Schaffung einer Europäischen Gesundheitsunion soll diesen Problemen abhelfen. Zu diesem Zweck sind drei umfassende Regelungsentwürfe vorgelegt worden: Zum einen soll das Europäische Zentrum für Prävention und Kontrolle von Krankheiten (ECDC) zu einer europäischen Gesundheitsagentur ausgebaut und mit breiteren Befugnissen ausgestattet werden. Auch das Mandat der Europäischen Arzneimittelagentur (EMA) soll ausgeweitet werden, namentlich im Hinblick auf die Verhinderung von Kapazitätsengpässen bei Arzneimitteln und Medizinprodukten. Schließlich soll der Beschluss 1082/2013/EU zu schwerwiegenden grenzüberschreitenden Gesundheitsgefahren in eine Verordnung überführt werden, was nicht nur zu mehr Verbindlichkeit, sondern ebenfalls zu breiteren Reaktionsmöglichkeiten führen soll.

1. Ausbau des ECDC zu einer europäischen Gesundheitsagentur

Die Kommission stellt fest, dass die Mitgliedstaaten in der Corona-Pandemie durch die EU nicht hinreichend unterstützt worden sind. Dies betrifft sowohl spezifische Empfehlungen auf Basis wissenschaftlicher Erkenntnisse als auch praktische Hilfe zur Krisenvorsorge und -reaktion. Daher schlägt die Kommission eine Neuausrichtung des als „Informationsagentur"[10] bezeichneten ECDC vor, um künftig über einen strukturierten Rahmen für eine gemeinschaftliche Bewältigung von Gesundheitskrisen zu verfügen.[11] Hierfür soll keine neue Verordnung erlassen, sondern die bestehende VO (EG) 851/2004[12] geändert werden. Ziel ist – neben der Digitalisierung der Systeme zur Sammlung und Auswertung von Gesundheitsdaten – die Entwicklung von Präventions- und Reaktionsplänen, die Abgabe von Empfehlungen zum Risikomanagement und der Einsatz einer EU-Gesundheits-Taskforce zur Unterstützung der Mitgliedstaaten. Zusätzlich sollen Schlüsselkompetenzen zur Überwachung der

---

9   Das Papier knüpft auch an den Vorschlag zur Verbesserung des Katastrophenschutzverfahrens, KOM(2020) 220 endg., an.
10 *Gassner* in Kluckert, Das neue Infektionsschutzrecht, § 1, Rn. 76.
11 Vorschlag für eine Verordnung zur Änderung der Verordnung (EG) Nr. 851/2004 zur Errichtung eines Europäischen Zentrums für die Prävention und die Kontrolle von Krankheiten, KOM(2020) 726 endg.
12 Verordnung (EG) 851/2004 vom 21.4.2004 zur Errichtung eines Europäischen Zentrums für die Prävention und die Kontrolle von Krankheiten, ABl. L 142, S. 1.

Kapazitäten im Gesundheitswesen, zur Identifizierung gefährdeter Bevölkerungsgruppen und zur Verknüpfung von Gesundheitsdiensten und Forschung aufgebaut werden.

a) Auftrag des ECDC

Der Auftrag des ECDC soll im neuen Art. 3 dahingehend präzisiert werden, die durch übertragbare Krankheiten bedingten Risiken für die menschliche Gesundheit zu ermitteln und zu bewerten, Informationen weiterzugeben und Empfehlungen zu den gebotenen Reaktionen auf unionaler, mitgliedstaatlicher und gegebenenfalls regionaler Ebene abzugeben. Bei Ausbrüchen von Krankheiten unbekannten Ursprungs, die sich innerhalb der Union ausbreiten könnten, soll das ECDC von sich aus tätig werden können. Die Zuständigkeiten der Mitgliedstaaten, der Kommission, sonstiger Einrichtungen und Agenturen wie auch internationaler Organisationen werden dabei ausdrücklich anerkannt, und es wird eine Kooperationspflicht sämtlicher Akteure angeordnet, Art. 3 Abs. 3. Zu den Aufgaben zählen unter anderem:

das Sammeln, Erheben, Auswerten und Verbreiten von wissenschaftlichen und technischen Daten und Informationen,
die Bereitstellung wissenschaftlicher Analysen und Gutachten,
die Förderung der unionsweiten Vernetzung der zuständigen Stellen,
die Überwachung der Kapazitäten der Gesundheitssysteme,
die Erarbeitung von Leitlinien auf Ersuchen der Kommission, des Gesundheitssicherheitsausschusses (HSC) oder auf eigene Initiative,
die Unterstützung von Mitgliedstaaten und Drittstaaten bei Epidemien und Krankheitsausbrüchen, wobei sie insofern ergänzend zu sonstigen Instrumenten, vor allem im Katastrophenschutz agieren soll.

Zugleich werden die Mitgliedstaaten verpflichtet, dem ECDC alle verfügbaren und zweckdienlichen Informationen zur Verfügung zu stellen, insbesondere bezüglich der Kapazitäten ihrer Gesundheitssysteme. Zudem sollen sie das ECDC mit Hilfe des Frühwarn- und Reaktionssystems (EWRS)[13] unverzüglich über schwerwiegende grenzüberschreitende Gesundheitsgefahren und die von ihnen ergriffenen Maßnahmen informieren, Art. 4. Im Gegenzug unterstützt das ECDC nach Art. 5 die Arbeit der von den Mitgliedstaaten eingerichteten Netze zur epidemiologischen Überwachung von Krankheiten und Gesundheitsrisiken, vor allem durch die Digitalisierung entsprechender Plattformen,

---

13 Early Warning and Response System.

Pflege von Datenbanken[14] und die Vereinheitlichung von Arbeitsmethoden. Es bewertet und überwacht darüber hinaus Präventionsprogramme, Kapazitäten und Risikofaktoren. Die Mitgliedstaaten sollen für diesen Austausch jeweils eine für die Koordinierung zuständige Stelle benennen, weiter eine nationale Anlaufstelle, die ihrerseits Netze für die strategische Beratung des ECDC bilden soll sowie operative Kontaktstellen im öffentlichen Gesundheitsdienst.

b) Prävention übertragbarer Krankheiten

Um übertragbare Krankheiten zu verhindern, soll das ECDC nach Art. 5a die Mitgliedstaaten unterstützen und einen Präventionsrahmen erarbeiten, der Impfungen, die Bekämpfung von Resistenzen und die Erhöhung der Gesundheitskompetenz einschließt. Entsprechende nationale Programme sollen überwacht und bewertet, Studien koordiniert werden.

Auf Ersuchen der Kommission soll das ECDC Analysen und Empfehlungen für Präventions- und Reaktionsmaßnahmen gegen die Bedrohung durch übertragbare Krankheiten vorlegen, Art. 6 Abs. 1a. Zu diesem Zweck soll es wissenschaftliche Studien fördern und initiieren, Art. 6 Abs. 3, sich dabei aber eng mit der Kommission und den Einrichtungen und Agenturen der Union abstimmen, Art. 6 Abs. 4. Nach Art. 7 kann das ECDC aber auch eigene wissenschaftliche Gutachten erstellen – sei es auf eigene Initiative, auf Ersuchen der Kommission, des Parlaments oder der Mitgliedstaaten.

c) Bereitschafts- und Reaktionsplanung

Kernstück des Vorschlags ist die Bereitstellung von wissenschaftlichem und technischem Expertenwissen im Rahmen der Bereitschafts- und Reaktionsplanung an Kommission und Mitgliedstaaten, Art. 5b. Dabei soll das ECDC nicht nur mit der Kommission selbst, sondern auch mit den Agenturen und Einrichtungen der Union sowie internationalen Organisationen kooperieren. Durch die Mitarbeit des ECDC an der Erstellung, Überprüfung und Aktualisierung der Bereitschaftspläne soll deren Annahme durch den HSC vorbereitet werden. Darüber hinaus soll das ECDC im Rahmen der Kapazitätsüberwachung „gezielte Unterstützung" bereitstellen und Übungen sowie spezifische Maßnahmen zur Schließung von Lücken oder zur Versorgung von Risikogruppen erarbeiten, Art. 5b.

---

14 Bereits im April 2020 ist ein europäisches Datenportal zur Covid-19-Forschung errichtet worden, *Seitz*, EuZW 2020, 449, 452 f.

d) Frühwarn- und Reaktionssystem

Auch das bereits durch Art. 1 S. 2 E 98/2119/EG errichtete EWRS soll im ECDC verankert werden, Art. 8. Dieses fungiert nach Art. 8 B 2013/1082/EU als „ständige Verbindung zwischen der Kommission und den auf nationaler Ebene zuständigen Behörden". Künftig soll das ECDC das Frühwarnsystem betreiben und zusammen mit den Mitgliedstaaten mit hinreichenden Kapazitäten ausstatten. Aufgabe des ECDC ist die Analyse der Mitteilungen des EWRS und die Weitergabe von Informationen, Gutachten und Risikobewertungen an Kommission und Mitgliedstaaten. Das Zentrum arbeitet gemeinsam mit der Kommission und dem HSC an der Weiterentwicklung des EWRS. Unter anderem soll zur Erleichterung der grenzüberschreitenden Kontaktnachverfolgung[15] ein automatisiertes System eingerichtet werden, das sich auf die mitgliedstaatlichen Technologien zur Kontaktnachverfolgung stützt. Letztere sollen wiederum von ECDC, Kommission, HSC und dem Netzwerk für elektronische Gesundheitsdienste durch die Erarbeitung funktionaler Anforderungen verbessert werden.

Dem ECDC kommt weiter nach Art. 8a die Aufgabe zu, zeitnahe Risikobewertungen zu grenzüberschreitenden Gesundheitsgefahren zu liefern und Empfehlungen an den HSC auszusprechen. Zur Vorbereitung der Risikobewertungen soll das ECDC mit Sachverständigen aus den Mitgliedstaaten und den Agenturen der Union kooperieren. Schließlich soll es nach Art. 8b Empfehlungen für nationale Reaktionsmaßnahmen auf grenzüberschreitende Gesundheitsgefahren aussprechen und Leitlinien zur Prävention und Reaktion für die Mitgliedstaaten annehmen. Auf Ersuchen eines Mitgliedstaates, des Rates, der Kommission oder von Einrichtungen und Agenturen der Union soll das ECDC koordinierte Reaktionen „unterstützen". Dies steht in engem Zusammenhang zu der in Art. 11 vorgesehenen Befugnis zur Koordinierung der Datenerhebung, -validierung, -analyse und -verbreitung auf Unionsebene. Diese Daten beziehen sich auf die epidemiologische Lage bzw. deren Modellierung, Krankheitserreger oder die Gesundheitssysteme, Art. 11 Abs. 1a. Insofern soll das ECDC geeignete Konsultations- und Austauschprozesse und Verfahren zur technischen und wissenschaftlichen Bewertung der Maßnahmen erarbeiten, Art. 11 Abs. 2.

Zur Überarbeitung und Aktualisierung von Bereitschaftsplänen stellt das ECDC den Mitgliedstaaten, der Kommission und den Einrichtungen sowie Agenturen wissenschaftliches und technisches Expertenwissen zur Verfügung,

---

15 *Europäische Kommission*, Schaffung einer Europäischen Gesundheitsunion, KOM(2020) 724 endg., S. 20.

Art. 9. Die genannten Akteure, aber auch „Partnerstaaten" und internationale Organisationen sollen wissenschaftliche und technische Unterstützung anfordern können, insbesondere bei der Konzipierung von Leitlinien, der Bereitstellung von Sachverständigen und der Koordinierung von Forschungsteams. Zudem wird das ECDC zur Unterstützung und Koordinierung von Ausbildungsprogrammen für die epidemiologische Überwachung, Bereitschaft, Prävention und Forschung zur öffentlichen Gesundheit zuständig sein.

Für die praktische Unterstützung der Umsetzung von Präventions- und Reaktionsmaßnahmen – insbesondere beim Aufbau von Kapazitäten und dem Krisenmanagement – soll das ECDC nach Art. 11a eine EU-Gesundheits-Taskforce schaffen, die mit eigenem Personal und mit Sachverständigen aus den Mitgliedstaaten besetzt ist. Die Einzelheiten soll das ECDC mit der Kommission erarbeiten. Die Taskforce soll in die Mitgliedstaaten, aber auch in Drittstaaten entsandt werden und neben dem Katastrophenschutzverfahren der Union in das Globale Netzwerk der WHO eingebunden werden.

2. Ausweitung des Mandats der EMA

In allen Mitgliedstaaten kam es im Verlauf der Corona-Pandemie zu mehr oder weniger stark ausgeprägten Engpässen – dies betraf nicht nur qualifiziertes Personal, sondern auch Intensivbetten, Beatmungsgeräte, Schutzmasken und Tests. Auch wenn die Engpässe durch Absprachen zwischen Kommission, Mitgliedstaaten und Herstellern kurzfristig bewältigt wurden, fehlte es an einer konsistenten Strategie. Die Kommission schlägt daher zum Zwecke der Verstetigung der ad hoc-Lösungen eine Erweiterung der Zuständigkeiten der EMA[16] vor.[17] Damit sollen die Zuständigkeiten und Befugnisse der unterschiedlichen Akteure transparent und rechtssicher ausgestaltet werden. Zudem sollen die Kompetenzen der EMA zur Abgabe von Empfehlungen über geeignete Arzneimittel gestärkt werden, nicht zuletzt durch eine Vereinheitlichung der Kriterien für klinische Studien, deren Zulassung bislang allein in der Zuständigkeit der

---

16 Diese wurde errichtet durch Verordnung (EG) Nr. 726/2004 vom 31.3.2004 zur Festlegung von Gemeinschaftsverfahren für die Genehmigung und Überwachung von Human- und Tierarzneimitteln und zur Errichtung einer Europäischen Arzneimittel-Agentur, ABl. L 136, S. 1.

17 Vorschlag für eine Verordnung zu einer verstärkten Rolle der Europäischen Arzneimittel-Agentur bei der Krisenvorsorge und dem Krisenmanagement in Bezug auf Arzneimittel und Medizinprodukte, KOM(2020) 725 endg.

Mitgliedstaaten liegt. Auch die Beratungskompetenzen zur Versorgung mit geeigneten und sicheren Medizinprodukten,[18] beispielsweise durch Umstellung bestehender Produktionsprozesse für andere Güter, soll gestärkt werden.

a) Abwehr von Engpässen bei der Versorgung mit Arzneimitteln

Nach Art. 3 des Entwurfs soll innerhalb der EMA und unter deren Vorsitz eine hochrangige Lenkungsgruppe für die Überwachung möglicher Engpässe bei Arzneimitteln eingesetzt werden. Sie setzt sich aus je einem Vertreter der EMA, der Kommission und jedes Mitgliedstaates zusammen und soll im Falle einer Notlage zusammentreten.

Zu den Aufgaben der Lenkungsgruppe gehört nach Art. 4 die fortlaufende Überwachung aller Ereignisse, die zu einem „Großereignis" – definiert als Ereignis, das im Zusammenhang mit Arzneimitteln ein ernstes Risiko für die öffentliche Gesundheit in mehr als einem Mitgliedstaat darstellen kann, Art. 2 lit. f) – oder einer Notlage in der öffentlichen Gesundheit führen können. Die nach nationalem Recht zuständigen Stellen sollen der EMA über einen zentralen Ansprechpartner alle dafür notwendigen Informationen melden. Der Informationsaustausch soll über eine von der EMA einzurichtende Arbeitsgruppe laufen, in der wiederum Ansprechpartner der in den Mitgliedstaaten für Arzneimittel zuständigen Behörden vertreten sind, Art. 9 Abs. 1 lit. d). Die Inhaber einer Genehmigung zum Inverkehrbringen von Arzneimitteln sind zur Bereitstellung von Informationen über ihre Produkte und deren Indikationen, Zulassungsstatus und Engpässe verpflichtet, Art. 10. Die Mitgliedstaaten müssen die EMA u.a. über Lagerbestände von Großhändlern informieren, Art. 11. Stellt die EMA fest, dass ein Großereignis oder eine Notlage bevorstehen oder bereits eingetreten sind, teilt sie dies der Kommission und den Mitgliedstaaten mit, woraufhin die Kommission um Unterstützung durch die Lenkungsgruppe nachsuchen kann.

Die Lenkungsgruppe soll die ihr von den Mitgliedstaaten übermittelten Informationen auswerten und überprüfen, ob „dringende und koordinierte Maßnahmen in Bezug auf Sicherheit, Qualität und Wirksamkeit" von Arzneimitteln zu treffen sind, Art. 5. Gegebenenfalls berät sie die Kommission und die Mitgliedstaaten über geeignete Maßnahmen auf Basis der Arzneimittelverordnung VO (EG) 726/2004. Zusätzlich erstellt die Lenkungsgruppe eine Liste sogenannter kritischer Arzneimittel, deren Verfügbarkeit sie in Notlagen und

---

18 Dazu Verordnung (EU) 2017/745 vom 5.4.2017 über Medizinprodukte, ABl. L 334, S. 165.

anhand von Nachfrageprognosen engmaschig überwacht, Art. 6 und 7. Zeichnet sich ein Engpass ab, gibt sie Empfehlungen für dessen Bewältigung ab, wobei sie sich mit dem HSC in Verbindung setzen soll, Art. 8. Die Kommission soll nach Art. 12 die Informationen und Empfehlungen der Lenkungsgruppe „berücksichtigen". Sie wird zum Ergreifen aller erforderlichen Maßnahmen zur Minderung der Engpässe verpflichtet, worüber wiederum ihrerseits die Lenkungsgruppe in Kenntnis zu setzen ist. Kernstück ist eine IT-Plattform, auf der EMA und ECDC klinische Studien koordinieren können und die als Infrastruktur für die Impfstoffüberwachung fungiert.[19]

b) Arzneimittel mit Potenzial zur Bekämpfung von Notlagen

Nach Art. 14 wird die im Rahmen der Corona-Pandemie eingesetzte Notfall-Taskforce[20] unter dem Dach der EMA verstetigt. Sie soll bei Notlagen der öffentlichen Gesundheit tätig werden und ist für die Beratung und die Überprüfung wissenschaftlicher Daten und Prüfungsprotokolle von Arzneimitteln zuständig, die das Potenzial zur Bekämpfung von Notlagen haben.

Die Taskforce setzt sich aus Vertretern wissenschaftlicher Ausschüsse, Arbeitsgruppen und Bediensteten der EMA und der Koordinations- und Beratungsgruppe für klinische Prüfungen zusammen, kann aber auch Sachverständige und Vertreter weiterer Einrichtungen und Agenturen hinzuziehen. Sie soll bei Notlagen für beschleunigte wissenschaftliche Beratungsverfahren zur Verfügung stehen und zu diesem Zweck Informationen über die durchgeführten klinischen Studien zur Arzneimittelzulassung aggregieren und auswerten. Nach Art. 16 kann sie daraufhin Empfehlungen zum *compassionate use*, also dem Einsatz nichtzugelassener Arzneimittel geben, die vom Ausschuss für Humanarzneimittel und den Mitgliedstaaten zu berücksichtigen sind.

c) Engpässe bei Medizinprodukten

Art. 19 sieht die Einrichtung einer hochrangigen Lenkungsgruppe für Medizinprodukte vor, die der Behebung von Engpässen bei der Versorgung mit Medizinprodukten dient. Verfahren und Ziele dieser Lenkungsgruppe entsprechen denen der Lenkungsgruppe für Arzneimittel. Es wird also eine Liste kritischer Medizinprodukte erstellt, die aus Informationen der zuständigen Stellen

---

19 *Europäische Kommission*, Schaffung einer Europäischen Gesundheitsunion, KOM(2020) 724 endg., S. 13.
20 2020 eingesetzt als „ad hoc EMA Covid 19 Pandemie Taskforce".

der Mitgliedstaaten und der Hersteller gespeist wird. Im Falle von (drohenden) Engpässen erteilt die Lenkungsgruppe Empfehlungen für geeignete Maßnahmen, etwa zur Vereinbarung von Kontingenten oder zur Umstellung bestehender Produktionsverfahren auf pandemiespezifische Güter.[21]

3. Aktualisierung des Beschlusses 2013/1082/EU zu schwerwiegenden grenzüberschreitenden Gesundheitsgefahren

Der Beschluss 2013/1082/EU zu schwerwiegenden grenzüberschreitenden Gesundheitsgefahren ist vor allem dem Ziel der Prävention verpflichtet. Zentrale Instrumente sind das EWRS und der Informationsaustausch wie auch die Zusammenarbeit von Kommission und Mitgliedstaaten im HSC. Während der Corona-Pandemie wurden die Schwachstellen dieses unverbindlichen[22] Systems deutlich, die 2013 schlechterdings nicht antizipiert werden konnten. Zwar sei der Informationsaustausch erleichtert, die dafür gefundenen Strukturen aber ungeeignet, um eine einheitliche Vorgehensweise unter den Mitgliedstaaten oder gar eine gemeinschaftliche Reaktion auf Unionsebene umzusetzen. Die Kommission verschreibt sich daher dem Ziel einer vorausschauenden Gesundheitspolitik und möchte hierfür einen breiteren und vor allem verbindlichen Rahmen setzen.[23]

a) Vorsorge- und Reaktionsplanung, Art. 5

Ein wesentliches Element soll der Vorsorge- und Reaktionsplan für Gesundheitskrisen und Pandemien werden. Diesen erstellt die Kommission gemeinsam mit den Mitgliedstaaten und den zuständigen Agenturen der Union. Er soll die in den Mitgliedstaaten bestehenden – nunmehr aber nach Art. 6 mit der Kommission abzustimmenden – Pandemiepläne ergänzen und zielt insbesondere auf Kooperation und Informationsaustausch zwischen Union und Mitgliedstaaten, epidemiologische Überwachung, Risikobewertung, Krisenkommunikation sowie Vorsorge- und Reaktionsplanung. Die Vorsorge soll nicht an den Grenzen der Mitgliedstaaten enden, sondern grenz-, aber auch

---

21 *Europäische Kommission*, Schaffung einer Europäischen Gesundheitsunion, KOM(2020) 724 endg., S. 13.
22 *Thym/Bornemann* in Huster/Kingreen, Handbuch Infektionsschutzrecht, Kap. 2, Rn. 45.
23 Vorschlag für eine Verordnung zu schwerwiegenden grenzüberschreitenden Gesundheitsgefahren und zur Aufhebung des Beschlusses Nr. 1082/2013/EU, KOM(2020) 727 endg.

sektorenübergreifend organisiert werden. Dies betrifft insbesondere die Maßnahmen zum Gesundheitsschutz, zu Testungen, Kontaktverfolgung, Laborkapazitäten und spezialisierter Behandlung sowie Intensivpflege.

Die Planung selbst wird durch umfassende Berichtspflichten nach Maßgabe des Art. 7 ergänzt. Die Mitgliedstaaten sollen die Kommission im zweijährigen Rhythmus über die Umsetzung der Standards im Gesundheitssystem, die Notfallvorsorge – einschließlich Kapazitäten, Strategien, Planung und Koordinierung und der verfügbaren Ressourcen – informieren. Hieraus erstellt die Kommission in Zusammenarbeit mit dem ECDC und weiteren Agenturen und Institutionen einen Bericht mit Länderprofilen für den HSC. Dieser Bericht ist Basis für Empfehlungen.

Das ECDC führt alle drei Jahre Audits zu den nationalen Pandemieplänen durch, Art. 8. Die daraus resultierenden Empfehlungen – von der Anpassung von Rechtsvorschriften über Schulungen und die Vorstellung von *best practises* – und deren Umsetzung sind in einem Maßnahmeplan der Mitgliedstaaten darzustellen. Diese Berichte bilden wiederum die Grundlage für einen Kommissionsbericht mit Empfehlungen an die einzelnen Mitgliedstaaten zur Vorsorgeplanung, Art. 9. Im HSC sollen sich Kommission und Mitgliedstaaten zu ihren Erfahrungen austauschen, vor allem zu ihren Kapazitäten für das Monitoring und die Reaktion auf grenzüberschreitende Gesundheitserfahrungen, Art. 10.

b) *Gemeinsame Beschaffung medizinischer Gegenmaßnahmen*

Art. 12 schlägt die Etablierung eines gemeinsamen Beschaffungsverfahrens vor. Dieses steht neben den Mitgliedstaaten auch den EFTA-Staaten und den Bewerbern um eine EU-Mitgliedschaft offen. Inhaltlich sind neben der gemeinsamen Beschaffung auch die Vorratshaltung oder die Spende medizinischer Maßnahmen Gegenstand der Planung, die sich neben Arzneimitteln auch auf die Förderung der biomedizinischen Forschung und Entwicklung erstreckt. Eine Exklusivitätsklausel soll einen Binnenwettbewerb unter den Mitgliedstaaten ebenso verhindern wie parallele eigene Beschaffungsaktivitäten. Ergänzt wird das Beschaffungsverfahren durch die sogenannte rescEU-Reserve[24] aus dem Katastrophenschutzverfahren der Union.

---

24 Nach Art. 12 B 1313/2013/EU soll rescEU Hilfe in Überforderungssituationen leisten, in denen die verfügbaren Kapazitäten der Mitgliedstaaten und des Europäischen Katastrophenschutz-Pools nicht ausreichen, um eine Katastrophe zu bewältigen.

c) Monitoring und Frühwarnsystem

Kommission, ECDC und die zuständigen Stellen in den Mitgliedstaaten sollen sich nach Art. 13 zu einem Netz für die epidemiologische Überwachung zusammenfinden. Das Monitoring soll sich unter anderem auf die Ausbreitung übertragbarer Krankheiten, multinationale Ausbrüche, die Beobachtung von Risikofaktoren, Komplikationen und Mortalität sowie die Evaluation präventiver Maßnahmen erstrecken. Die Mitgliedstaaten sollen ihre Daten an die Kommission übermitteln; das ECDC informiert wiederum den HSC über die Vollständigkeit und Qualität der gemeldeten Daten.

Dem ECDC obliegt die Entwicklung einer Surveillance-Plattform, mit der Informationen, Daten und Dokumente digital übermittelt werden, um eine Kontrolle in Echtzeit zu ermöglichen, Art. 14. Auch diesbezüglich findet ein Monitoring verbunden mit einem regelmäßigen Austausch zwischen ECDC, Kommission und Mitgliedstaaten statt. Durch ein neu aufzubauendes Netz von Referenzlaboren sollen Diagnostik, Testmethoden und Einsatz wie Validierung von Tests langfristig vereinheitlicht werden, Art. 15.

Das Frühwarn- und Reaktionssystem EWRS wird in Art. 18 institutionalisiert.[25] Der Verordnungsvorschlag sieht insofern auch den Austausch personenbezogener Daten, etwa aus der Kontaktnachverfolgung, vor. Über das EWRS sollen gegebenenfalls Warnmeldungen durch die Mitgliedstaaten oder die Kommission übermittelt werden, wenn sich eine ungewöhnliche grenzüberschreitende Gesundheitsgefahr abzeichnet, die eine erhebliche Morbidität oder Mortalität erwarten lässt, voraussichtlich mehr als einen Mitgliedstaat betrifft und eine koordinierte Reaktion auf Unionsebene erfordert, Art. 19. In diesem Fall stellt die Kommission eine Risikobewertung und Empfehlungen für geeignete Maßnahmen über den EWRS zur Verfügung, an deren Erstellung neben dem ECDC verschiedene Agenturen mitwirken, Art. 20. Daraufhin ergriffene Maßnahmen werden von den Mitgliedstaaten im HSC und im Benehmen mit der Kommission koordiniert, Art. 21. Dies schließt nicht nur die nationalen Maßnahmen ein, sondern auch Forschungsbedarfe und eine an die nationalen Bedürfnisse und Gegebenheiten angepasste Risiko- und Krisenkommunikation zur widerspruchsfreien Information der Öffentlichkeit und der Gesundheitsberufe. Einzelne Mitgliedstaaten haben die anderen Mitgliedstaaten und die Kommission zu konsultieren, bevor sie Maßnahmen zum öffentlichen Gesundheitsschutz ergreifen – wenn kein unverzügliches Handeln geboten ist.

---

25 Dazu bereits oben Seite 14.

Dies dient als Basis für Empfehlungen der Kommission zu zeitlich befristeten gemeinsamen Maßnahmen, die sich wiederum auf Empfehlungen des ECDC stützen, Art. 22. Die primäre Zuständigkeit der Mitgliedstaaten für die Festlegung ihrer Gesundheitspolitik soll dabei gewahrt werden.

d) Feststellung von Notlagen

Schließlich soll die Kommission nach Art. 23 formell das Bestehen einer „gesundheitlichen Notlage von internationaler Tragweite" feststellen. Sie soll sich dabei mit der WHO abstimmen, ohne an diese gebunden zu sein. Unterstützt wird die Kommission durch einen von ihr selbst einzusetzenden unabhängigen beratenden Ausschuss nach Art. 24. Dieser ist multidisziplinär zusammengesetzt aus Sachverständigen sowie Vertretern des ECDC und der EMA. Sein Beratungsauftrag erstreckt sich auf allgemeine Maßnahmen, auf die Priorisierung der Gesundheitsversorgung oder die Empfehlung politischer Maßnahmen. Die Zusammenstellung dieses Expertenpools vor einer Krisensituation soll gewährleisten, dass der Ausschuss unverzüglich verfügbar und arbeitsfähig ist.[26]

3. Schaffung einer neuen Behörde für Krisenvorsorge und -reaktion

Über die Verordnungsentwürfe hinaus hat die Kommission einen Vorschlag zur Errichtung einer neuen EU-Behörde für die Krisenvorsorge und -reaktion bei gesundheitlichen Notlagen (*Health Emergency Preparedness and Response Authority* – HERA) angekündigt. Der Vorschlag soll bis Ende 2021 vorgelegt werden.[27] Zu den Aufgaben der Behörde sollen eine sogenannte strategische Früherkennung (*horizon scanning*) und Vorausschau (*foresight*) zählen. Damit sollen Gefahrenlagen frühzeitig antizipiert und geeignete Maßnahmen identifiziert werden. Neben der Sammlung von Informationen und Wissen soll die neue Behörde auch infrastrukturelle Fragen in den Blick nehmen, etwa für den Datenaustausch, die Bevorratung und den Vertrieb (potenziell) knapper Güter oder die Entwicklung und Bereitstellung von Technologien und Künstlicher Intelligenz. Dabei soll sie eng mit öffentlichen und privaten Akteuren zusammenarbeiten. Über das Verhältnis von HERA zum ECDC und dem HSC ist

---

26 *Europäische Kommission*, Schaffung einer Europäischen Gesundheitsunion, KOM(2020) 724 endg., S. 9.
27 *Europäische Kommission*, Schaffung einer Europäischen Gesundheitsunion: Stärkung der Krisenvorsorge und -reaktion für Europa, Pressemitteilung vom 11.11.2020, https://ec.europa.eu/commission/presscorner/detail/de/ip_20_2041

derzeit noch nichts bekannt, wiewohl die Kommission versichert, dass „Synergien und Komplementarität mit bestehenden EU-Einrichtungen" gewährleistet werden.[28]

III. Einordnung des Vorschlags für eine Europäische Gesundheitsunion

Dass neben der Empfehlung von Abstands- und Hygieneregeln die Schließung der Binnengrenzen eine der ersten Maßnahmen war, mit denen die Mitgliedstaaten im Frühjahr 2020 der Corona-Pandemie begegnen wollten, hat den Binnenmarkt zweifellos stark beeinträchtigt. Sie war angesichts der weltweiten wie auch der innerstaatlichen Mobilität kaum geeignet, eine Ausbreitung der Pandemie zu verhindern. Zugleich sind vielen Unionsbürgern die Intensität des wirtschaftlichen, beruflichen und privaten Austauschs zwischen den Mitgliedstaaten und die Selbstverständlichkeit fehlender Grenzkontrollen im Alltag bewusst geworden. Es ist daher nachvollziehbar und im Interesse der europäischen Integration geboten, angesichts grenzüberschreitender Krisen nicht auf nationalstaatliche Lösungen zurückzufallen.

1. Gesundheitspolitische Kompetenzen der Union

Aufgrund des Prinzips der begrenzten Einzelermächtigung nach Art. 5 Abs. 1 und 2 EUV darf die Union nur in den Angelegenheiten tätig werden, für die ihr die Mitgliedstaaten ausdrücklich die Kompetenz zugewiesen haben.

In Art. 4 Abs. 2 lit. k) AEUV ist der Union die geteilte Zuständigkeit für „gemeinsame Sicherheitsanliegen im Bereich der öffentlichen Gesundheit hinsichtlich der in diesem Vertrag genannten Aspekte" eingeräumt. Daher können sowohl die Union als auch die Mitgliedstaaten gesetzgeberisch tätig werden – die Mitgliedstaaten indes nur, sofern und soweit die Union ihre Zuständigkeit nicht ausgeübt hat, Art. 2 Abs. 2 AEUV. Allein der Umstand, dass eine bestimmte Materie nach Art. 4 AEUV (auch) der Kompetenz der Union unterliegt, sagt aber nichts über das zulässige Ausmaß der Rechtsetzung auf europäischer Ebene aus. Augenfällig ist dies bei nahezu allen Politiken mit sozialem Bezug. Die Ausgestaltung der Systeme sozialer Sicherheit ist Angelegenheit der Mitgliedstaaten. Ihr Primat ist in Art. 153 Abs. 4 AEUV primärrechtlich festgeschrieben, sodass sich unionsrechtliche Interventionen insofern auf die

---

28 *Europäische Kommission*, Schaffung einer Europäischen Gesundheitsunion, KOM(2020) 724 endg., S. 24.

Unterstützung und Ergänzung mitgliedstaatlicher Politik zu beschränken haben, Art. 153 Abs. 1 AEUV. Gleiches gilt für die Gesundheitspolitik: Art. 4 Abs. 2 lit. k) AEUV verweist für die inhaltliche Präzisierung der unionalen Befugnisse auf das sonstige Primärrecht. Einschlägig ist insofern der der Produktsicherheit gewidmete[29] Art. 168 Abs. 4 AEUV.

Darüber hinaus obliegt der Union nach Art. 6 Satz 3 lit. a) AEUV die Unterstützung, Koordinierung oder Ergänzung von Maßnahmen der Mitgliedstaaten zum Schutz und zur Verbesserung der menschlichen Gesundheit. Aus dem Zusammenspiel dieser Norm mit Art. 168 Abs. 1–3 und Abs. 5–6 AEUV wird ersichtlich, dass die Gesundheitspolitik weitgehend in den Händen der Mitgliedstaaten verbleibt, vgl. Art. 4 Abs. 1, 5 Abs. 2 Satz 2 AEUV.

a) Gesundheitsschutz als Querschnittsaufgabe, Art. 168 Abs. 1 AEUV

Art. 168 Abs. 1 AEUV weist zwar der Union die Sicherstellung eines hohen Gesundheitsschutzniveaus als Querschnittsaufgabe zu, zugleich beschränken sich die Befugnisse der Union auf die Unterstützung der Mitgliedstaaten, Art. 168 Abs. 1 Satz 2 AEUV. Die Ausweisung der Querschnittsaufgabe beinhaltet keine Kompetenzzuweisung, sondern verpflichtet die Union bei der Wahrnehmung ihrer Kompetenzen in anderen Rechtsgebieten die Aufrechterhaltung des Gesundheitsschutzes zu berücksichtigen, ohne dass damit der Gesundheitsschutz zum übergeordneten Ziel jedweden Unionsrechts würde.[30] Den Kommissionsvorschlag trägt diese Klausel daher nicht.

b) Gesundheitliche Aspekte der Produktsicherheit, Art. 168 Abs. 4 AEUV

Nach Art. 168 Abs. 4 AEUV sind Parlament und Rat berechtigt, im ordentlichen Gesetzgebungsverfahren Maßnahmen zu erlassen, die „gemeinsamen Sicherheitsanliegen" verpflichtet sind. Die Rechtsetzungsbefugnis beschränkt sich auf Sicherheitsstandards für Organe, Blut und Blutderivate (lit. a), das

---

29 *Kingreen* in Calliess/Ruffert, AEUV, Art. 168, Rn. 18.
30 EuGH, Beschl. v. 12.7.1996 – C-180/96 R, ECLI: EU: C:1996:308 (Vereinigtes Königreich/Kommission), Rn. 93; *Kingreen* in Calliess/Ruffert, AEUV, Art. 168, Rn. 9; *Schmidt am Busch* in Grabitz/Hilf/Nettesheim, AEUV, Art. 168, Rn. 95; *Lurger* in Streinz, AEUV, Art. 168, Rn. 35; *Niggemeier* in von der Groeben/Schwarze, AEUV, Art. 168, Rn. 8; *Wallrabenstein* in Schlachter/Heinig, Enzyklopädie des Europarechts, Band 7: Europäisches Arbeits- und Sozialrecht, § 8, Rn. 74; ausführlich *Kment*, EuR 2007, 275 (passim).

Veterinärwesen und den Pflanzenschutz (lit. b) sowie Qualitäts- und Sicherheitsstandards für Arzneimittel und Medizinprodukte (lit. c). Auf dieser Basis ist das europäische Zulassungsverfahren für Arzneimittel etabliert worden,[31] das in der Verantwortung der EMA die Ergebnisse eingehender klinischer Prüfungen auswertet und damit zu einer Nutzen-Risiko-Bewertung kommt.[32] Die Regelung ist für die Zulassung von Impfstoffen zur Vorbeugung bzw. Medikamenten zur Behandlung der Covid19-Erkrankung von erheblicher Bedeutung. Sie ermöglicht zudem das Setzen einheitlicher Standards für Medizinprodukte,[33] wie etwa Corona-Tests, medizinische Schutzmasken („OP-Masken") und – je nach Verwendung – Desinfektionsmittel.[34] Das Setzen von Mindeststandards für sonstige Schutzausrüstung ist dagegen nicht Gegenstand von Art. 168 Abs. 4 AEUV, wohl aber durch die Vorgaben zum Binnenmarkt gedeckt. So trägt etwa Art. 114 Abs. 1 und 3 AEUV die europäische Schutzausrüstungsverordnung[35] und – außerhalb der Pandemielage – eine Vielzahl weiterer Rechtsakte.[36]

In der Pandemiebekämpfung durch abgestimmte und koordinierte Maßnahmen der Mitgliedstaaten kann die auf die Produktsicherheit abzielende Ermächtigung des Art. 168 Abs. 4 AEUV trotz ihrer erheblichen Bedeutung für das Arzneimittel- und das Medizinprodukterecht nicht nutzbar gemacht werden. Die avisierte Ausweitung des Mandats der EMA zur Verhinderung von Engpässen bei Arzneimitteln und Medizinprodukten lässt sich denn auch eher auf die Sicherstellung des Binnenmarktes nach Art. 114 AEUV als auf die Verankerung von Qualitäts- und Sicherheitsstandards stützen. Im Hinblick auf das beschleunigte wissenschaftliche Beratungsverfahren für Arzneimittel mit

---

31 Verordnung (EG) Nr. 726/2004 vom 31.3.2004 zur Festlegung von Gemeinschaftsverfahren für die Genehmigung und Überwachung von Human- und Tierarzneimitteln und zur Errichtung einer Europäischen Arzneimittel-Agentur, ABl. L 136 v. 30.4.2004, 1 ff.
32 Dazu ausführlich *Janda* in Ruffert, Enzyklopädie des Europarechts, Band 5: Europäisches sektorales Wirtschaftsrecht, § 9 (passim).
33 Verordnung (EU) Nr. 2017/745 vom 5.4.2017 über Medizinprodukte, zur Änderung der Richtlinie 2001/83/EG, der Verordnung (EG) Nr. 178/2002 und der Verordnung (EG) Nr. 1223/2009 und zur Aufhebung der Richtlinien 90/385/EWG und 93/42/EWG des Rates, ABl. L 117 v. 5.5.2017, 1 ff.
34 *Seitz*, EuZW 2020, 449, 451.
35 Verordnung (EU) 2016/425 vom 9.3.2016 über persönliche Schutzausrüstungen und zur Aufhebung der Richtlinie 89/686/EWG des Rates, ABl. L 81, 51 ff.
36 Vgl. die Übersicht bei *Ebsen*, NZS 2020, 539, 541.

Potenzial zur Bekämpfung von Notlagen stellt Art. 168 Abs. 4 AEUV dagegen eine taugliche Grundlage dar.

c) Förderung der Zusammenarbeit unter den Mitgliedstaaten, Art. 168 Abs. 2 AEUV

Die im Kommissionsvorschlag angeregte intensivere Kooperation von Union und Mitgliedstaaten mit Drittstaaten sowie internationalen Organisationen wie der WHO ist von Art. 168 Abs. 3 AEUV gedeckt. Danach fördern Union und Mitgliedstaaten die Zusammenarbeit mit Drittstaaten und den für das Gesundheitswesen zuständigen internationalen Organisationen.

Für die Zusammenarbeit zwischen den Mitgliedstaaten ist Art. 168 Abs. 2 AEUV maßgeblich: diese soll durch die Union gefördert werden. Die Regelung bezieht sich auf das mit der Titel-Überschrift „Gesundheitswesen" nur unzureichend umrissene[37] Gebiet der *Public Health*, also den umfassenden Schutz der Bevölkerung – nicht des Individuums – vor schweren Erkrankungen sowie die effiziente und gerechte Verteilung der hierfür erforderlichen Ressourcen.[38] Besonders herausgestellt wird die Bekämpfung weit verbreiteter schwerer Krankheiten und die Beobachtung, frühzeitige Meldung und Bekämpfung schwerwiegender grenzüberschreitender Gesundheitsgefahren (Abs. 1 UA 2 Satz 2) sowie die Komplementarität der Gesundheitsdienste in Grenzregionen (Abs. 2 UA 1 Satz 2). Die Regelung ist Basis für zahlreiche Aktionsprogramme der Union zum Thema Gesundheit.[39]

Mit dem Begriff der weit verbreiteten schweren Krankheiten wird auf häufige und territorial ausgebreitete Erkrankungen, die potenziell tödlich sind, rekurriert – traditionell etwa Herzerkrankungen, Krebs oder Diabetes.[40] Der Wortlaut der Norm ist aber hinreichend offen und erstreckt sich zweifellos auch auf neue Erkrankungen wie Covid-19. Demgegenüber bezieht sich der Begriff der grenzüberschreitenden Gesundheitsgefahren weniger auf virusinduzierte

---

37 *Wallrabenstein* in Schlachter/Heinig, Enzyklopädie des Europarechts, Band 7: Europäisches Arbeits- und Sozialrecht, § 8, Rn. 40.
38 Zum Begriff *Schmidt am Busch* in Grabitz/Hilf/Nettesheim, AEUV, Art. 168, Rn. 9; *Niggemeier* in *von der Groeben/Schwarze*, AEUV, Art. 168, Rn. 10 f.
39 Siehe den umfassenden Überblick bei *Zeeb*, GSP 3/2019, 27 ff.
40 *Schmidt am Busch* in Grabitz/Hilf/Nettesheim, AEUV, Art. 168, Rn. 13; *Lurger* in Streinz, AEUV, Art. 168, Rn. 24; *Niggemeier* in *von der Groeben/Schwarze*, AEUV, Art. 168, Rn. 15; *Wallrabenstein* in Schlachter/Heinig, Enzyklopädie des Europarechts, Band 7: Europäisches Arbeits- und Sozialrecht, § 8, Rn. 152; *Frenz/Götzkes*, MedR 2010, 613, 614 f.

Pandemien als auf Gefahren durch biologische oder chemische Anschläge oder Umweltverschmutzung, Industrieunfälle oder Naturereignisse.[41] Art. 2 Abs. 1 lit. a ii) B 1082/2013/EU nennt aber explizit auch übertragbare Krankheiten als Gesundheitsgefahr. Eine strikte Abgrenzung wird nicht immer möglich sein; sie ist auch nicht geboten. Die in Art. 168 Abs. 1 UA 2 Satz 2 AEUV angesprochenen Mittel zur Bekämpfung von grenzüberschreitenden Gesundheitsgefahren wie die Beobachtung und frühzeitige Meldung zielen darauf ab, dass die betroffenen Mitgliedstaaten schnell und aufeinander abgestimmt reagieren können.[42] Genau dies entspricht dem Anliegen der Kommission, eine Europäische Gesundheitsunion zu schaffen. Das komplementäre Zusammenwirken der „Gesundheitsdienste" in den Grenzregionen – der Begriff umfasst nicht allein die öffentlichen Gesundheitsämter, sondern auch und gerade die Leistungserbringer im Gesundheitswesen[43] – hat in der Pandemie beträchtliche Bedeutung erlangt.

d) Fördermaßnahmen zum Gesundheitsschutz, Art. 168 Abs. 5 AEUV

Wie die Maßnahmen der Förderung der Kooperation unter den Mitgliedstaaten im Einzelnen auszugestalten sind, ergibt sich nicht aus Art. 168 Abs. 2 AEUV, sondern aus Art. 168 Abs. 5 AEUV.[44] Sie müssen überdies dem Subsidiaritätsgrundsatz des Art. 5 Abs. 3 EUV genügen, dürfen also nicht um ihrer selbst ergriffen werden, und müssen die Zuständigkeit der Mitgliedstaaten aus Art. 168 Abs. 7 AEUV achten. Die unionalen Maßnahmen wirken damit allenfalls komplementär zu denen der Mitgliedstaaten.[45]

Nach Art. 168 Abs. 5 AEUV dürfen Parlament und Rat „Fördermaßnahmen zum Schutz und zur Verbesserung der menschlichen Gesundheit sowie insbesondere zur Bekämpfung der weit verbreiteten schweren grenzüberschreitenden Krankheiten, Maßnahmen zur Beobachtung, frühzeitigen Meldung und Bekämpfung schwerwiegender grenzüberschreitender Gesundheitsgefahren ..." erlassen. Die Harmonisierung nationalen Rechts ist ausdrücklich

---

41 *Schmidt am Busch* in Grabitz/Hilf/Nettesheim, AEUV, Art. 168, Rn. 15; *Gassner* in Kluckert, Das neue Infektionsschutzrecht, § 1, Rn. 74; *Frenz/Götzkes*, MedR 2010, 613, 615.
42 *Schmidt am Busch* in Grabitz/Hilf/Nettesheim, AEUV, Art. 168, Rn. 16.
43 *Schmidt am Busch* in Grabitz/Hilf/Nettesheim, AEUV, Art. 168, Rn. 37; *Niggemeier* in von der Groeben/Schwarze, AEUV, Art. 168, Rn. 20.
44 *Kingreen* in Calliess/Ruffert, AEUV, Art. 168, Rn. 14.
45 *Wallrabenstein* in Schlachter/Heinig, Enzyklopädie des Europarechts, Band 7: Europäisches Arbeits- und Sozialrecht, § 8, Rn. 88.

ausgeschlossen. Das Harmonisierungsverbot sperrt als lex specialis auch angleichende Maßnahmen im Gesundheitsschutz, die nach Art. 114 AEUV im Interesse des Binnenmarktes geboten sein mögen.[46] Der Unterschied zwischen den Fördermaßnahmen zum Gesundheitsschutz und den Maßnahmen im Hinblick auf grenzüberschreitende Gesundheitsgefahren liegt darin, dass sich erstere vor allem auf die Schaffung von Anreizstrukturen, finanzielle Förderung oder sonstige unverbindliche Instrumente beziehen, während für letztere sämtliche Handlungsformen des Art. 288 AEUV zur Verfügung stehen.[47] Die Aufzählung der Maßnahmen ist nicht abschließend („insbesondere"); ihre Offenheit bezieht sich jedoch nur auf die konkreten Handlungsfelder, nicht aber auf die Limitierungen der Aktionsformen und Instrumente.

Art. 168 Abs. 5 AEUV stellt die Bekämpfung der „weit verbreiteten schweren grenzüberschreitenden Krankheiten" heraus, bezieht sich also auf Epidemien und Pandemien. Wiewohl mit dem Coronavirus erstmals eine weltweite Gesundheitskrise ausgelöst worden ist, war die Norm auch bisher nicht bedeutungslos, sondern bot etwa nach Ausbruch des SARS-Virus, aber auch des Ebola- oder des Zika-Virus eine Grundlage für ein europaweit koordiniertes Vorgehen.[48] Die Erarbeitung einer gemeinsamen Impfstrategie lässt sich ebenso unter die zu ergreifenden Maßnahmen subsumieren wie die von der Kommission vorgeschlagenen Frühwarn- und Reaktionssysteme.[49] Gleiches gilt für die Errichtung europäischer Institutionen und Agenturen mit Gesundheitsbezug,[50] solange und soweit diese nicht in die ureigenen Kompetenzen der Mitgliedstaaten eingreifen, sondern diese lediglich ergänzen. Sollen durch die Agenturen über die Sammlung von Gesundheitsdaten hinaus also verbindliche Strategien für die Mitgliedstaaten vorgegeben werden, wäre dies nicht von

---

46 Insofern kommt es darauf an, ob die Maßnahme schwerpunktmäßig dem Gesundheitsschutz zuzuordnen ist. Steht dagegen die Verwirklichung des Binnenmarktes im Vordergrund, greift Art. 168 Abs. 7 AEUV insofern nicht, *Thym/Bornemann* in Huster/Kingreen, Handbuch Infektionsschutzrecht, Kap. 2, Rn. 58.
47 Zu den historischen Gründen der Unterscheidung *Kingreen* in Calliess/Ruffert, AEUV, Art. 168, Rn. 15; siehe auch *Niggemeier* in von der Groeben/Schwarze, AEUV, Art. 168, Rn. 53; *Lübbig* in Pechstein/Nowak/Häde, Frankfurter Kommentar, Art. 186 AEUV, Rn. 29; *Thym/Bornemann* in Huster/Kingreen, Handbuch Infektionsschutzrecht, Kap. 2, Rn. 52; *Frenz/Götzkes*, MedR 2010, 613, 616; *Sander*, VSSR 2005, 447, 451.
48 *Seitz*, EuZW 2020, 449, 453; *Wallrabenstein* in Schlachter/Heinig, Enzyklopädie des Europarechts, Band 7: Europäisches Arbeits- und Sozialrecht, § 8, Rn. 141.
49 *Schmidt am Busch* in Grabitz/Hilf/Nettesheim, AEUV, Art. 168, Rn. 19.
50 *Niggemeier* in von der Groeben/Schwarze, AEUV, Art. 168, Rn. 59 für ECDC.

der primärrechtlichen Ermächtigung gedeckt.⁵¹ Gleiches gälte für eine unionsrechtliche Verpflichtung von Unternehmen, Schutzausrüstung in bestimmter Menge zu produzieren.⁵²

Der Kommissionsentwurf zur Überführung des B 2013/1082/EU in eine Verordnung beinhaltet neben der Formalisierung der Strukturen für die Vorsorge- und Reaktionsplanung vor allem unterstützende und moderierende Maßnahmen auf Unionsebene, die vom Sammeln und Bereitstellen von Informationen bis zur Abgabe von unverbindlichen Empfehlungen reichen. Er kann daher auf Art. 168 Abs. 5 AEUV gestützt werden. Gleiches gilt für die Änderung der ECDC-Verordnung, die ebenfalls an den strukturellen Grundlagen für einen verbesserten Informations- und Datenaustausch unter den Mitgliedstaaten ansetzt, ohne diesen aber verbindliche Vorgaben zu machen.

e) Primat der Mitgliedstaaten, Art. 168 Abs. 7 AEUV

Art. 168 Abs. 7 AEUV betont, dass die Mitgliedstaaten die Verantwortung für die Festlegung ihrer Gesundheitspolitik und für die Organisation des Gesundheitswesens – einschließlich der Verwaltung – sowie die medizinische Versorgung tragen. Auch die Zuweisung finanzieller Mittel obliegt den Mitgliedstaaten. Sie legen folglich autonom fest, wie sie ihr System der sozialen Absicherung im Krankheitsfall ausgestalten, welche medizinischen Leistungen unter welchen Voraussetzungen zu erbringen sind und wie diese finanziert werden.⁵³ Die Regelung beinhaltet keine Bereichsausnahme, sondern lediglich eine Kompetenzausübungsschranke für die Union: diese soll auch im Rahmen ihrer unterstützenden Maßnahmen die Zuständigkeit der Mitgliedstaaten „wahren".⁵⁴ Eine Konvergenz der Systeme kann allenfalls im Rahmen der in Art. 168 Abs. 2 UA 2 AEUV verankerten offenen Methode der Koordinierung erreicht werden. Dabei tauschen sich die Mitgliedstaaten – unter Moderation durch die Kommission – über ihre Erfahrungen und nationalrechtlichen Maßnahmen im Gesundheitswesen aus, ausgerichtet an gemeinsam definierten

---

51 *Schmidt am Busch* in Grabitz/Hilf/Nettesheim, AEUV, Art. 168, Rn. 70.
52 *Thym/Bornemann* in Huster/Kingreen, Handbuch Infektionsschutzrecht, Kap. 2, Rn. 15.
53 *Wallrabenstein* in Schlachter/Heinig, Enzyklopädie des Europarechts, Band 7: Europäisches Arbeits- und Sozialrecht, § 8, Rn. 93 f.; *Niggemeier* in von der Groeben/Schwarze, AEUV, Art. 168, Rn. 75 f.; siehe auch *Sander*, VSSR 2005, 447, 453 zum früheren Art. 152 EGV.
54 *Kingreen* in Calliess/Ruffert, AEUV, Art. 168, Rn. 25; *Schmidt am Busch* in Grabitz/Hilf/Nettesheim, AEUV, Art. 168, Rn. 82.

Zielen wie etwa dem hohen Niveau an Gesundheitsschutz oder der allgemein zugänglichen Versorgung und deren langfristiger Finanzierbarkeit.[55] Solche organisatorischen Strukturen sind vom Harmonisierungsverbot nicht erfasst; dieses beschränkt sich auf materiell-rechtliche Regeln.[56]

f) Zwischenergebnis

Das durch Art. 168 AEUV definierte europäische Gesundheitsrecht hat einen klaren Schwerpunkt in der Gefahrenabwehr; weder die Organisation noch die konkrete Ausgestaltung der Gesundheitsversorgung sind sein Gegenstand.[57] Daher bestehen gewisse Überschneidungen zum Katastrophenschutz nach Art. 196 AEUV. Der Begriff bezieht sich auf Unglücksfälle, die einen außergewöhnlich großen Schaden nach sich ziehen, wie Naturereignisse, Industrieunfälle, aber auch terroristische Anschläge.[58] Er umfasst damit ein breiteres Anwendungsfeld als Art. 168 AEUV. Hier wie dort beschränkt sich die Aufgabe der Union jedoch auf unterstützende Maßnahmen unter Ausschluss jedweder Harmonisierung. Da sich der Vorschlag COM(2020)724 vor allem auf beratende und koordinierende Strukturen erstreckt, sind seine einzelnen Elemente von der Kompetenz der Union gedeckt. Er steht im Einklang mit dem in Art. 168 AEUV verankerten Ziel der Prävention[59] von schweren Erkrankungen, insbesondere durch die Erforschung und die Beseitigung ihrer Ursachen sowie die Verhinderung ihrer Übertragung. Dies dient dem Gesundheitsschutz der gesamten Bevölkerung der EU. Die Kommission strebt gerade keine Erweiterung der gesundheitspolitischen Befugnisse der Union an. Der Grad der Verbindlichkeit der Verfahren in den Frühwarn- und Reaktionssystemen wird durch die drei Verordnungsentwürfe jedoch erhöht und auf die Mitgliedstaaten

---

55 Angestoßen durch *Europäische Kommission*, Modernisierung des Sozialschutzes für die Entwicklung einer hochwertigen, zugänglichen und zukunftsfähigen Gesundheitsversorgung und Langzeitpflege: Unterstützung der einzelstaatlichen Strategien durch die „offene Koordinierungsmethode", KOM(2004) 304 endg.
56 *Frenz/Götzkes*, MedR 2010, 613, 617.
57 *Kingreen* in Calliess/Ruffert, AEUV, Art. 168, Rn. 1.
58 *Calliess* in Calliess/Ruffert, AEUV, Art. 196, Rn. 2; *Classen* in von der Groeben/Schwarze, AEUV, Art. 196, Rn. 4; *Nettesheim* in Grabitz/Hilf/Nettesheim, AEUV, Art. 196, Rn. 13; *Matz-Lück* in Pechstein/Nowak/Häde, Frankfurter Kommentar, Art. 196 AEUV, Rn. 3.
59 *Frenz/Götzkes*, MedR 2010, 613, 613; *Schmidt am Busch* in Grabitz/Hilf/Nettesheim, AEUV, Art. 168, Rn. 8; *Lurger* in Streinz, AEUV, Art. 168, Rn. 18; siehe auch *Sander*, VSSR 2005, 447, 449 zum früheren Art. 152 EGV.

kommen erhebliche Berichtspflichten zu. Da aber nur das Verfahren als solches verbindlicher ausgestaltet werden soll, steht der Vorschlag nicht im Widerspruch zu der gemäß Art. 168 Abs. 2 AEUV auf Moderation und Unterstützung reduzierte Rolle der Union.[60]

2. Vereinbarkeit mit dem Grundsatz der Subsidiarität

Neben einer expliziten Kompetenzzuweisung müssen unionale Rechtsakte in geteilter Zuständigkeit dem Subsidiaritätsprinzip genügen. Dies setzt nach Art. 5 Abs. 3 EUV voraus, dass die Ziele der in Betracht gezogenen Maßnahmen von den Mitgliedstaaten weder auf zentraler noch auf regionaler oder lokaler Ebene ausreichend verwirklicht werden können. Stattdessen müssen sie wegen ihres Umfangs oder ihrer Wirkungen auf Unionsebene besser zu verwirklichen sein. Es bedarf also „deutlicher Vorteile"[61] und eines qualitativ wie quantitativ zu bemessenden Mehrwerts[62] im Vergleich zur Rechtsetzung durch einzelstaatliche Rechtsakte: Souveränitätsverluste der Mitgliedstaaten sind dabei gegen den aus der unionsrechtlichen Regelung zu erwartenden Gewinn abzuwägen.[63]

Auch diesem Kriterium hält der Kommissionsvorschlag stand. Die Corona-Pandemie hat gezeigt, dass die Mitgliedstaaten allein kaum in der Lage sind, die Vielzahl der mit der weltweiten Gesundheitskrise verbundenen Herausforderungen zu bewältigen. Die Aussage, dass ein Virus nicht an Ländergrenzen haltmacht, ist inzwischen Allgemeingut. Die Pandemie wirkt sich auf alle Mitgliedstaaten gleichermaßen aus, mögen sie auch in unterschiedlichem Maße davon betroffen sein. Die Abstimmung von Maßnahmen zur Verhinderung der Virusübertragung jenseits von Grenzschließungen ist dafür ein ebenso deutliches Beispiel wie das gemeinschaftliche Vorgehen bei der Impfstoffbeschaffung, die eine gleichmäßige Versorgung der gesamten Bevölkerung der Union sicherstellt anstatt eine Binnenkonkurrenz unter den Mitgliedstaaten

---

60 Vgl. *Frenz/Götzkes*, MedR 2010, 613, 617; *Wallrabenstein* in Schlachter/Heinig, Enzyklopädie des Europarechts, Band 7: Europäisches Arbeits- und Sozialrecht, § 8, Rn. 122.

61 *Europäische Kommission*, „Bessere Rechtsetzung 2003" gemäß Artikel 9 des Protokolls über die Anwendung der Grundsätze der Subsidiarität und der Verhältnismäßigkeit vom 12 12.2003, KOM(2003) 770 endg., S. 19.

62 *Calliess* in Calliess/Ruffert, EUV, Art. 5 Rn. 41.

63 *Häde* in Pechstein/Nowak, Frankfurter Kommentar, Art. 5 EUV, Rn. 96 f.; *Calliess* in Calliess/Ruffert. EUV, Art. 5 Rn. 41; Bast in Grabitz/Hilf/Nettesheim, EUV, Art. 5, Rn. 54 f.

aufzubauen. Mit dem Kommissionsvorschlag wird die grundlegende Befugnis der Mitgliedstaaten zur Ausgestaltung ihres Gesundheitswesens nicht angetastet, Souveränitätsverluste stehen daher nicht zu befürchten. Zugleich lässt sich durch eine koordinierte Strategie ein Flickenteppich unterschiedlicher und einander widersprechender nationalstaatlicher Vorgehensweisen bei Quarantänemaßnahmen, Kontaktverfolgung oder zur Test- und Impfstrategie verhindern. Ein abgestimmtes Handeln auf Unionsebene würde die Gleichzeitigkeit ergriffener Maßnahmen fördern. Die Sicherstellung der grenzüberschreitenden Mobilität der Angehörigen medizinischer Berufe dient ebenso den Interessen des Binnenmarktes wie ein funktionierender Handel mit Arzneimitteln, Tests und Schutzausrüstung. Dieses übergeordnete Anliegen kann auf Unionsebene besser verwirklicht werden als im nationalen Recht. Es trägt den in COM(2020) 727 vorgeschlagenen unionsweiten Vorsorgeplan, mit dem die Kapazitäten der mitgliedstaatlichen Gesundheitssysteme erfasst und überwacht werden in gleichem Maße wie die gemeinschaftliche Absprache über Reaktionsmaßnahmen. Gleiches gilt für die stärkere Einbindung des ECDC.

Auch die Ausweitung des Mandats der EMA genügt den Anforderungen des Subsidiaritätsgrundsatzes, wird dadurch nicht zuletzt eine Beeinträchtigung des Binnenmarktes durch das Verhindern des Handels mit Arzneimitteln und Medizinprodukten abgewehrt.[64] Die deutschen Ausfuhrbeschränkungen für Atemschutzmasken im März 2020, als Italien besonders stark von der neu aufgekommenen Pandemie betroffen war, sollten hierfür ein mahnendes Vorbild sein.[65] Zugleich bietet eine gleichmäßige Verteilung von Arzneimitteln und Medizinprodukten in allen Mitgliedstaaten angesichts der weiterhin bestehenden Mobilität eine größere Gewähr für eine Eindämmung der Weiterverbreitung des Virus als das Anlegen nationaler Reserven. Die Nutzung digitaler Instrumente für den Datenaustausch und die gemeinschaftlich koordinierte und geförderte Forschung an Arzneimitteln mit Potenzial zur Bekämpfung von

---

64 Exportverbote verstoßen freilich erst dann gegen die Warenverkehrsfreiheit aus Art. 35 AEUV, wenn ein Mitgliedstaat Güter hortet, ohne dass hierfür ein medizinisch-epidemiologischer Anlass besteht. Grundsätzlich hindert der freie Binnenmarkt die Mitgliedstaaten zumindest nicht, der Versorgung der eigenen Bevölkerung Priorität einzuräumen, *Thym/Bornemann* in Huster/Kingreen, Handbuch Infektionsschutzrecht, Kap. 2, Rn. 14; siehe auch *Gassner* in Kluckert, Das neue Infektionsschutzrecht, § 1, Rn. 87.

65 Siehe auch die Debatte über den sogenannten „Impfstoffnationalismus", vgl. *Häberle/Kotzur*, NJW 2021, 132, 136.

Notlagen schafft Synergieeffekte.[66] Der Austausch von Gesundheitsdaten für das Risikomonitoring spart im Vergleich zum einzelstaatlichen Vorgehen Zeit. Insgesamt kann sich eine auf europäischer Ebene koordinierte und gebündelte Strategie durchaus als effizient erweisen:[67] Das Ziel eines umfassenden Gesundheitsschutzes durch vorsorgende Beobachtung und Strategieentwicklung, der breiten und ständigen Verfügbarkeit von Arzneimitteln und Medizinprodukten und der grenzüberschreitenden Erbringung von Gesundheitsleistungen lässt sich auf Unionsebene besser i.S.v. Art. 5 Abs. 3 EUV erreichen als durch die Mitgliedstaaten allein.

3. Negative Integration

Über die Zuweisung von Rechtsetzungskompetenzen wirken sich im Wege der sogenannten negativen Integration die Vorgaben zum europäischen Binnenmarkt aus. Die Zirkulation von Kapital, Gütern und Dienstleistungen zwischen den Mitgliedstaaten ist durch die Grundfreiheiten gewährleistet. Sie sind nach der ständigen Rechtsprechung des EuGH nicht erst im Falle diskriminierender Eingriffe verletzt, sondern durch jedwede Beschränkungen, die ihre Wahrnehmung weniger attraktiv erscheinen lassen.[68] Die negative Integration zielt auf die Beseitigung derartiger Handelshemmnisse und wirkt sich insofern mittelbar harmonisierend aus, als nationale Gesetzgebung den Zielsetzungen des Binnenmarktes nicht zuwiderlaufen darf. Anders als im Kontext der positiven Integration wird nationales Recht hier also nicht durch den Erlass von Sekundärrechtsakten, sondern durch die (gerichtliche) Anwendung der Grundfreiheiten beeinflusst.[69] Die negative Integration prägt auch das Gesundheitswesen, sofern die grenzüberschreitende Patientenmobilität oder der Handel mit Gesundheitsgütern und -dienstleistungen betroffen sind.[70]

---

66 Zugleich ist jedoch zu konstatieren, dass das ohnehin von verschiedenen, unzureichend systematisierten Verfahrensarten geprägte europäische Arzneimittelrecht - dazu *Gassner*, PharmR 2019, 209, 210 f. - um eine neue Facette erweitert wird.
67 So wenig überraschend *Europäische Kommission*, Schaffung einer Europäischen Gesundheitsunion, KOM(2020) 724 endg., S. 1.
68 Vgl. nur EuGH, C-415/93 (Bosman).
69 Dazu *Kingreen* in Calliess/Ruffert, AEUV, Art. 36, Rn. 2 ff.; *Terhechte* in Pechstein/Nowak/Häde, Frankfurter Kommentar, Art. 114 AEUV, Rn. 9; *Thym/Bornemann* in Huster/Kingreen, Handbuch Infektionsschutzrecht, Kap. 2, Rn. 5 f.
70 *Krajewski*, EuR 2010, 165, 168; *Wollenschläger*, EuR 2012, 149, 155; *Thym/Bornemann* in Huster/Kingreen, Handbuch Infektionsschutzrecht, Kap. 2, Rn. 9 ff.; siehe auch *Wallrabenstein* in Schlachter/Heinig, Enzyklopädie des Europarechts,

Jedoch stehen sämtliche Grundfreiheiten unter dem *ordre public*-Vorbehalt,[71] der gerade auch den Schutz der Gesundheit und des Lebens von Menschen einbezieht. Beschränkungen im öffentlichen Interesse sind nur dann von vornherein unzulässig, wenn sie zu willkürlicher Diskriminierung führen oder sich als verschleierte Beschränkung des Handels zwischen den Mitgliedstaaten erweisen, vgl. Art. 36 AEUV. Vor diesem Hintergrund erweisen sich die Vorschläge der Kommission wohl als Vorwegnahme individuellen Rechtsschutzes zur Gewährleistung der Grundfreiheiten und ermöglichen zugleich die in Art. 168 Abs. 1 AEUV vorgesehene Berücksichtigung des Gesundheitsschutzes im Binnenmarkt.

IV. Rechtspolitische Zweckmäßigkeit des Kommissionsvorschlags

Bewegen sich die Kommissionsvorschläge demnach in dem durch das Primärrecht abgesteckten Rahmen, stellt sich die Frage, ob sie in ihren Inhalten zweckmäßig sind, also tatsächlich zu einer konsistenten und kohärenten Pandemiebewältigungsstrategie zwischen den Mitgliedstaaten beitragen können. Das Vertrauen der Bevölkerung in die Wirkmacht einer Europäischen Gesundheitsunion ist hoch: Nach einer Umfrage des Eurobarometers aus dem Sommer 2020, auf die sich auch die Kommission beruft,[72] befürwortet eine Mehrheit der Unionsbürger eine „aktivere Rolle" der Union beim Gesundheitsschutz, sowohl im Hinblick auf die Kompetenzen der EU als auch auf die finanzielle Ausstattung.[73] Auch das Europäische Parlament hatte bereits früh gefordert, Lehren aus den Erfahrungen der Corona-Pandemie zu ziehen und eine Europäische Gesundheitsunion zu schaffen. Im Wesentlichen forderte das Parlament eine verstärkte Zusammenarbeit zwischen EU und Mitgliedstaaten und eine

---

Band 7: Europäisches Arbeits- und Sozialrecht, § 8, Rn. 98 mit einer Übersicht zur Kasuistik des EuGH.
71 *Lurger* in Streinz, AEUV, Art. 168, Rn. 32.
72 *Europäische Kommission*, Schaffung einer Europäischen Gesundheitsunion, KOM(2020) 724 endg., S. 1.
73 *European Parliament*, Public Opinion in Times of Covid-19, abrufbar unter https:// www.europarl.europa.eu/at-your-service/de/be-heard/eurobarometer/public-opinion-in-the-eu-in-time-of-coronavirus-crisis-2

Ausschöpfung der in den Verträgen enthaltenen gesundheitspolitischen Kompetenzen der Union.[74]

1. Einordnung in bestehende Strukturen

Bereits jetzt existieren vielfältige Strukturen für eine abgestimmte Gesundheitspolitik der Mitgliedstaaten, die auch und gerade durch die Offene Methode der Koordinierung angestoßen worden ist.

Mit dem HSC besteht ein mit Vertretern der Mitgliedstaaten besetztes Gremium, in dem sich diese im Benehmen mit der Kommission zur Vorsorge vor und Reaktion auf Gesundheitskrisen austauschen und ihre Kommunikation abstimmen. Das ECDC und andere Agenturen der Europäischen Union können bereits jetzt Empfehlungen abgeben. Auch insofern übt der HSC eine wichtige Schnittstellenfunktion aus, nicht zuletzt wegen des in Art. 168 Abs. 7 AEUV verankerten Harmonisierungsverbots.[75] Neben dem HSC besteht mit dem EWRS ein bei der Kommission angesiedeltes Frühwarn- und Reaktionssystem. Dieses wird gemäß Art. 8 VO (EG) 851/2004 vom ECDC betrieben und soll ausweislich Art. 8 Abs. 1 Satz 2 B 2013/1082/EU eine „ständige Verbindung zwischen der Kommission und den auf nationaler Ebene zuständigen Behörden zum Zwecke der Warnmeldung, der Bewertung von Gesundheitsrisiken und der Festlegung der zum Schutz der öffentlichen Gesundheit notwendigen Maßnahmen" ermöglichen. Auf Ratsebene ist im Januar 2020 mit dem IPCR[76] eine „Integrierte Regelung der EU für die politische Reaktion auf Krisen", also eine weitere Struktur für den Informationsaustausch, ins Leben gerufen worden. Die hochrangige Lenkungsgruppe aus Kommission, EMA und Experten ist ad hoc zur Überwachung möglicher Engpässe eingerichtet worden. Diese Strukturen werden durch den Kommissionsvorschlag nicht angetastet, sie werden teilweise – wie etwa die Lenkungsgruppe – verstetigt. Sie vereinen, wenngleich in unterschiedlicher Zusammensetzung, Vertreter der Mitgliedstaaten, der Organe der Union, ihrer Agenturen sowie der Wissenschaft.

---

74 Entschließung 2020/2691(RSP) des Europäischen Parlaments vom 10.7.2020 zur Strategie der EU im Bereich der öffentlichen Gesundheit für die Zeit nach der COVID-19-Pandemie.
75 Ausführlich zum HSC *Niggemeier* in von der Groeben/Schwarze, AEUV, Art. 168, Rn. 57 ff.
76 Integrated Political Crisis Response Mechanism.

Die Europäische Gesundheitsunion – Vorschläge der EU-Kommission 35

Für das Funktionieren der Gremien und die Effektivität und Effizienz ihrer Aufgabenerledigung ist das Engagement der Mitgliedstaaten essenziell. Die Kommissionsvorschläge sehen eine verstärkte Konsultation und Beratung auf allen Ebenen vor. Die bereits durch B 2013/1082/EU etablierten Berichtspflichten werden dadurch ausgeweitet und teilweise in höherer Frequenz eingefordert. Indes stellt die Kommission in ihrem Papier fest, dass zahlreiche Sitzungen des HSC stattgefunden haben, diese teilweise aber nur gering frequentiert waren.[77] Auch waren die Berichte der Mitgliedstaaten bisher weder kohärent, noch lieferten sie einen klaren inhaltlichen Überblick über die Kapazitäten und Reaktionsmöglichkeiten der nationalen Gesundheitssysteme.[78] Dass die Kriterien für die Berichterstattung nunmehr konsolidiert und vereinheitlicht werden, ist daher ein Fortschritt. Zugleich bestehen Zweifel auch an der zukünftigen Effektivität des Berichtswesens, bindet dieses doch erhebliche Ressourcen. Die regelmäßige und verbindliche Überprüfung der nationalen oder lokalen Pandemiepläne durch das ECDC unter Aufsicht der Kommission erweitern die Zahl der Anlässe, für die die Mitgliedstaaten Zuarbeit zu leisten haben. Die Aussicht auf finanzielle Förderung mag einen Anreiz für die zuverlässige Mitwirkung geben – sichergestellt ist dies jedoch nicht, zumal in Krisensituationen die Erfüllung der ureigentlichen Verwaltungsaufgaben Vorrang haben wird.

Auch der bereits in Art. 12 RL 2011/24/EU vorgesehene Aufbau europäischer Referenznetzwerke zwischen Gesundheitsdienstleistern und Fachzentren der Mitgliedstaaten[79] bleibt in seinem Verhältnis zu den neuen Netzwerkfunktionen (etwa für Labors) unklar. Diese dienen ebenso der Bündelung von Forschung und Fortbildung sowie dem Austausch von Informationen.

Das bereits seit dem Vertrag von Amsterdam bestehende „dichte Netz (administrativer) gesundheitspolitischer Steuerung"[80] wird mit dem Kommissionsvorschlag um weitere Fäden ergänzt. Das Engagement der Mitgliedstaaten ist jedoch auch vor dem Hintergrund des Harmonisierungsverbots aus Art. 168 Abs. 7 AEUV nicht zuverlässig zu gewährleisten. So darf das ECDC den Mitgliedstaaten nur unverbindliche Empfehlungen geben. Deren Beitrag zu unionsweit einheitlichen Lösungen ist fraglich. Eine unzureichende Mitwirkung an den Konsultations- und Informationsaustauschverfahren stellt zwar einen

---

77 *Europäische Kommission*, Schaffung einer Europäischen Gesundheitsunion, KOM(2020) 724 endg., S. 7.
78 *Europäische Kommission*, Schaffung einer Europäischen Gesundheitsunion, KOM(2020) 724 endg., S. 14 f.
79 Dazu kurz *Wollenschläger*, EuR 2012, 149, 180.
80 *Hanika*, MedR 1998, 193, 195.

Verstoß gegen das Gebot der loyalen Zusammenarbeit aus Art. 4 Abs. 3 EUV dar.[81] Ein Vertragsverletzungsverfahren wird jedoch gerade im Falle pandemiebedingter Notlagen kaum ein geeignetes Instrument sein, um alle Mitgliedstaaten auf die gemeinsame Zielerreichung zu verpflichten.

2. Schaffung einer neuen Behörde für Krisenvorsorge

Auch die noch zu gründende EU-Behörde für die Krisenvorsorge und -reaktion (HERA) wirft Fragen auf. Agenturen sind eigenständige Rechtspersonen, die von den Organen der Union getrennt sind; mit ihnen wird gleichsam eine weitere Verwaltungsebene unterhalb der Organe der EU eingezogen.[82] Der EuGH stand der Übertragung von Entscheidungsbefugnissen an Institutionen außerhalb der Verträge im Hinblick auf das institutionelle Gleichgewicht des organisatorischen Aufbaus der Gemeinschaft zunächst skeptisch gegenüber.[83] Inzwischen ist jedoch allgemein anerkannt, dass die Schaffung von Agenturen grundsätzlich von der jeweiligen primärrechtlichen Sachkompetenz der Union gedeckt ist – freilich in den Grenzen des Subsidiaritätsgrundsatzes.[84] Die „Agenturisierung" wird unter anderem damit begründet, dass die Agenturen regulatorische und administrative Aufgaben übernehmen und sich die Kommission auf die Erarbeitung rechtspolitischer Initiativen konzentrieren kann.[85]

Die erforderliche primärrechtliche Grundlage für HERA dürfte in Art. 168 Abs. 5, Art. 196 AEUV zu verorten sein. Ihr Tätigkeitsfeld und ihre Arbeitsweise sind durch Sekundärrecht zu determinieren, für das die Kommission bis Ende 2021 einen Vorschlag unterbreiten wird. Unklar ist vor allem die Einordnung von HERA in das bestehende Institutionengefüge. Werden die Agenturen schon länger als „Mischverwaltung zwischen Unions- und nationaler Verwaltung" kritisch betrachtet,[86] verstärkt sich die Gefahr der intransparenten Vermischung von Zuständigkeiten, wenn bestehende Agenturen wie die ECDC nunmehr um eine weitere ergänzt werden sollen, die aber einen ähnlichen und teilweise überlappenden Aufgabenbereich hat. Neue Agenturen benötigen

---

81 *Frenz/Götzkes*, MedR 2010, 613, 617; siehe auch *Sander*, VSSR 2005, 447, 452 zum früheren Art. 152 EGV.
82 *Priebe*, EuZW 2015, 268, 268 f.
83 EuGH, 13.6.1958, C-9/56 (Meroni).
84 *Stelkens* in Stelkens/Bonk/Sachs, VwVfG, Europäisches Verwaltungsrecht, Rn. 164 m.w.N.; *Priebe*, EuZW 2015, 268, 269.
85 Kritisch *Kilb*, EuZW 2006, 268, 273.
86 So etwa *Priebe*, EuZW 2015, 268, 272.

Personal, finanzielle Mittel und Infrastruktur. Zugleich steigt der Aufwand zur Koordinierung aller Akteure.[87]

3. „Resilienz der EU" als Ziel des Kommissionsvorschlags

Dezidiertes Ziel des Kommissionsvorschlags für eine Gesundheitsunion ist die Stärkung der „Resilienz der Europäischen Union", im Grunde soll es jedoch um die Resilienz der Strukturen zur Pandemievorsorge und -bekämpfung in den Mitgliedstaaten gehen. Die Kommission identifiziert Gesundheit als „Grundvoraussetzung für eine dynamische Wirtschaft, die Wachstum, Innovation und Investitionen fördert".[88] Die zu schaffende Gesundheitsunion soll nicht zuletzt „zu einem widerstandsfähigen Binnenmarkt und einer nachhaltigen wirtschaftlichen Erholung beitragen".[89] Damit bleibt die Kommission dem Binnenmarktkontext und seiner immanenten Wettbewerbslogik verhaftet. Freilich ist zuzugeben, dass sich die Pandemie erheblich auf die Wirtschaft aller Mitgliedstaaten ausgewirkt hat. In erster Linie und vor allem anderen gefährdet das Virus aber Gesundheit und Leben der Menschen und bedroht den gesellschaftlichen Zusammenhalt – und dies weltweit.[90] Der Aspekt der Solidarität unter den Mitgliedstaaten kommt aber deutlich zu kurz, ebenso die Qualität der Gesundheitsversorgung, eine Stärkung der sozialen Sicherungssysteme wie auch der Arbeitsbedingungen in Gesundheitswesen und Pflege. Der fehlende Bezug zum Recht eines jeden Menschen auf Zugang zu Gesundheitsvorsorge und ärztliche Versorgung (Art. 35 GRC) wurde bereits bei früheren gesundheitsbezogenen Aktionsprogrammen der EU kritisiert.[91]

V. Fazit

Die Abstimmungs- und Kooperationsdefizite auf europäischer Ebene in den Pandemiejahren 2020 und 2021 spiegeln die entsprechenden Defizite auf nationaler Ebene. Insofern sind sie Ausweis einer allgemeinen Planlosigkeit der zuständigen Träger, die angesichts der unerwarteten und vorbildlosen pandemischen Situation kaum überraschen mag. Die wirksame Pandemiebekämpfung

---

87 *Kilb*, EuZW 2006, 268, 273; *Priebe*, EuZW 2015, 268, 272.
88 *Europäische Kommission*, Schaffung einer Europäischen Gesundheitsunion, KOM(2020) 724 endg., S. 1.
89 *Europäische Kommission*, Schaffung einer Europäischen Gesundheitsunion, KOM(2020) 724 endg., S. 3.
90 So auch *Seitz*, EuZW 2020, 449, 449.
91 *Zeeb*, GSP 3/2019, 27, 30.

scheiterte in den ersten Wochen nicht unbedingt an fehlender Abstimmung, sondern am fehlenden Wissen über das Virus. Auch ein Jahr nach Auftritt der ersten Verdachts- und Erkrankungsfälle sind die richtigen Strategien keineswegs klar – die Diskussionen um die Lockerung von Grundrechtseinschränkungen basieren zwar auf wissenschaftlichen Erkenntnissen, erweisen sich aber zugleich als langsames Vorantasten auf der Suche nach einem politisch tragbaren Weg aus dem „Lockdown". In der medizinischen Wissenschaft wird der Austausch ohnehin weltweit geführt; gesundheitspolitische Erwägungen können aufgrund des Primats nationalen Rechts auf europäischer Ebene lediglich ausgetauscht und moderiert werden. Eine Gewähr für ein einheitliches Vorgehen und eine einheitliche Befolgung europäischer Empfehlungen (sic!) besteht ebenso wenig wie in den föderalen Strukturen der Bundesrepublik.

Eine umfassende Planung ist bei ungewissen Ereignissen schlechterdings nicht möglich – es können allenfalls Grundstrukturen festgelegt werden, die aber hinreichend flexibel sein müssen, um auf neue Formen von Pandemien reagieren zu können. Die Hoffnung, durch eine rasche Umsetzung der Kommissionsvorschläge künftig besser auf Pandemien vorbereitet zu sein, könnte sich als Trugschluss erweisen. Andere Verbreitungswege, andere Krankheitsbilder werden andere Reaktionen erfordern. Der Streit um geeignete und gebotene Maßnahmen wird in jeder Situation neu beginnen, wenngleich er dann feste Strukturen vorfände.

Was wäre also durch die Europäische Gesundheitsunion gewonnen?

Kapazitätslücken werden aufgedeckt und geschlossen,
eine grenzüberschreitende Patientenversorgung würde nicht nur ad hoc organisiert,
Gesundheitsdaten werden auf Basis einer vereinheitlichten digitalen Infrastruktur ausgewertet,
die Maßstäbe für Diagnostik, Testungen und Methoden werden vereinheitlicht.

Gemessen am Umfang der Aufgaben sollte der Fokus daher nicht zwingend in der Schaffung neuer Institutionen liegen,[92] sondern in der Konsolidierung bestehender Ausschüsse, Agenturen, Lenkungs- und Steuerungsgruppen und in der Zusammenführung der Aufgaben in einer klaren Struktur mit eindeutig definierten Zuständigkeiten ohne Doppelstrukturen.

---

92 Siehe etwa die umfangreiche Auflistung der bereits 2006 bestehenden Agenturen bei *Kilb*, EuZW 2006, 268, 270.

Ein gelingendes Zusammenwirken von Union und Mitgliedstaaten bei der Pandemiebekämpfung kann das Zusammengehörigkeitsgefühl der Unionsbürger und damit die europäische Integration insgesamt stärken.[93] Im geltenden primärrechtlichen Rahmen, den die Kommission nicht antasten will, ist die Union auf substantiierte Zuarbeit der Mitgliedstaaten angewiesen. Damit steht und fällt der Erfolg gesundheitspolitischer Maßnahmen in der EU. Eine wirkliche Gesundheitsunion wird so – anders als der Titel des Kommissionsvorschlags es suggeriert – jedenfalls nicht geschaffen.

---

93 Siehe auch *Häberle/Kotzur*, NJW 2021, 132, 135.

Patrick Stockebrandt[1]
Impuls für eine Europäische Gesundheitsunion

I. Einführung

1. Eine Europäische Gesundheitsunion und die Frage der Kompetenzen

Die Abgrenzung zwischen nationalen und europäischen Zuständigkeiten im Gesundheitsbereich ist seit jeher ein stark umstrittenes Thema. In ihrer Rede zur Lage der Union 2020 skizzierte Kommissionspräsidentin von der Leyen, dass die EU während der COVID-19-Pandemie zwar vieles erreicht habe, aber die Aufgabe nun auch sei, sich für künftige Krisen besser zu wappnen, um v.a. effektiver auf grenzübergreifende Gesundheitsgefahren reagieren zu können.[2]

Hierzu hat die EU-Kommission – unter dem Motto „Schaffung einer Europäischen Gesundheitsunion"[3] – im November 2020 drei Rechtsakte[4] vorgeschlagen, die v.a. die Europäische Arzneimittel-Agentur[5] (EMA) und das Europäische Zentrum für die Prävention und die Kontrolle von Krankheiten[6]

---

1 Frau *Lea Schodrowski, LL.B.* sei herzlich für Korrekturen und Anmerkungen gedankt.
2 Siehe von der Leyen (2020), Rede zur Lage der Union 2020, S. 4 f., https://ec.europa.eu/info/sites/info/files/soteu_2020_de.pdf. Letzter Abruf aller Quellen: 01.10.2021.
3 Siehe Pressemitteilung der EU-Kommission vom 11. November 2020, abrufbar unter https://ec.europa.eu/commission/presscorner/detail/de/ip_20_2041.
4 Nachfolgend vereinfacht auch als „Kommissionsvorschläge" bezeichnet.
5 Vorschlag COM(2020) 725 vom 11. November 2020 für eine Verordnung zu einer verstärkten Rolle der Europäischen Arzneimittel-Agentur – nachfolgend verkürzt: Vorschlag COM(2020) 725.
6 Vorschlag COM(2020) 726 vom 11. November 2020 zur Änderung der Verordnung (EG) Nr. 851/2004 zur Errichtung eines Europäischen Zentrums für die Prävention und die Kontrolle von Krankheiten – nachfolgend verkürzt: Vorschlag COM(2020) 726.

(ECDC) stärken und eine neue Rechtsgrundlage zu schwerwiegenden grenzüberschreitenden Gesundheitsgefahren[7] schaffen sollen.[8]
Darüber hinaus soll jedoch auch über die Zuständigkeiten der EU im Gesundheitsbereich gesprochen werden. Dies sei – so Kommissionspräsidentin von der Leyen – „klarer als je zuvor" und eine lohnende und dringende Aufgabe für die Konferenz zur Zukunft Europas.[9]

2. Die EU-Zukunftskonferenz

Die EU-Zukunftskonferenz soll ein öffentliches Forum für Bürgerdebatten über zentrale Prioritäten und Herausforderungen Europas sein.[10] Ein zentrales Ziel der Konferenz ist es daher, Debatten mit und zwischen den Bürgern über die Zukunft Europas (technisch) zu ermöglichen.[11] Es ist ein herausforderndes Ziel in einer Europäischen Union bestehend aus 27 Mitgliedstaaten und etwa 450 Millionen Einwohnern.

Eine speziell durchgeführte EU-weite Umfrage der EU-Kommission und des Europäischen Parlaments (sog. Eurobarometer) zeigt, dass sich 51 % der EU-Bürger an der Zukunftskonferenz beteiligen wollen[12] und 92 % bei den Entscheidungen über die Zukunft Europas auch mehr berücksichtigt werden

---

7 Vorschlag COM(2020) 727 vom 11. November 2020 für eine Verordnung zu schwerwiegenden grenzüberschreitenden Gesundheitsgefahren – nachfolgend verkürzt: Vorschlag COM(2020) 727.
8 Siehe hierzu insgesamt auch die begleitende Mitteilung der EU-Kommission vom 11. November 2020 zur Schaffung einer Europäischen Gesundheitsunion, https://ec.europa.eu/info/sites/info/files/communication-european-health-union-resilience_de.pdf.
9 Nachfolgend: EU-Zukunftskonferenz. Siehe insgesamt von der Leyen (2020), Rede zur Lage der Union 2020, S. 5, https://ec.europa.eu/info/sites/info/files/soteu_2020_de.pdf.
10 Siehe hierzu auch die entsprechende Webseite der EU-Zukunftskonferenz, abrufbar unter https://futureu.europa.eu/.
11 Siehe insgesamt auch EU-Parlament/Rat/EU-Kommission (2021), Gemeinsame Erklärung zur Konferenz über die Zukunft Europas, https://ec.europa.eu/info/sites/default/files/de-_gemeinsame_erklarung_zur_konferenz_uber_die_zukunft_europas.pdf.
12 Eurobarometer (2021), Die Zukunft Europas, S. 5: 51 % im EU-weiten Durchschnitt, https://www.europarl.europa.eu/at-your-service/files/be-heard/eurobarometer/2021/future-of-europe-2021/de-key-findings.pdf.

wollen.[13] Dabei war es v.a. auch die COVID-19-Pandemie, die die EU-Bürger dazu veranlasst hat, über die Zukunft Europas nachzudenken.[14]

Die im Mai 2021 begonnene EU-Zukunftskonferenz soll im Frühjahr 2022 unter der französischen EU-Ratspräsidentschaft abgeschlossen werden und den drei EU-Organen – Europäisches Parlament, Rat und EU-Kommission – Schlussfolgerungen vorlegen.[15] Dabei ist bisher noch unklar, ob eine bloße Grundsatzerklärung oder ein detailliertes Dokument verabschiedet werden kann.

Die EU-Zukunftskonferenz kann selbst keine Vertragsänderungen beschließen, da hierfür das Verfahren gemäß Art. 48 EUV durchlaufen werden muss.[16] Soweit sie jedoch mit konkreten Vorschlägen zur Erneuerung der Europäischen Union abgeschlossen werden kann, vermag dies sicherlich als Grundlage für eine kommende Debatte über die Änderung der europäischen Verträge dienen können.

3. Impuls für eine zukünftige EU-Gesundheitsunion

Die gesundheitspolitischen Kompetenzen der EU sind seit dem Maastrichter Vertrag Zug um Zug aufgebaut, ergänzt und erweitert worden.[17] Die EU-Kommission und das Europäische Parlament wünschen sich nun – gerade auch als Reaktion auf die COVID-19-Pandemie – den Aufbau einer Europäischen Gesundheitsunion.[18]

---

13 Eurobarometer (2021), Die Zukunft Europas, S. 9: 92 % („stimme voll und ganz zu" sowie „stimme eher zu"), 6 % („stimme eher nicht zu" sowie „stimme überhaupt nicht zu") und 2 % („weiß nicht") im EU-weiten Durchschnitt, https://www.europ arl.europa.eu/at-your-service/files/be-heard/eurobarometer/2021/future-of-europe-2021/de-key-findings.pdf.
14 Siehe die Ergebnisse bei Eurobarometer (2021), Die Zukunft Europas, S. 12 f., https:// www.europarl.europa.eu/at-your-service/files/be-heard/eurobarometer/2021/fut ure-of-europe-2021/de-key-findings.pdf.
15 Siehe den vorläufigen Ablaufplan der Konferenz, abrufbar unter https://futureu.eur opa.eu/uploads/decidim/attachment/file/12999/sn02900.en21.pdf sowie Deutscher Bundestag (2021), Ausschüsse der 19. Wahlperiode, Ausschuss Europäische Union, Konferenz zur Zukunft Europas, https://www.bundestag.de/ausschuesse/pe1_eu ropaeischeunion/zukunft-europas-853468.
16 Siehe hierzu Cremer, in: Calliess/Ruffert (Hrsg.), EUV/AEUV, 5. Auflage 2016, Art. 48 EUV, Rn. 1 ff.
17 Siehe Lurger, in: Streinz (Hrsg.), EUV/AEUV, 3. Auflage 2018, Art. 168 AEUV, Rn. 1-16.
18 Siehe zum einen: Entschließung des Europäischen Parlaments vom 10. Juli 2020 zur Strategie der EU im Bereich der öffentlichen Gesundheit für die Zeit nach der

Trotz der zuvor genannten Entwicklungen sind es weiterhin die Mitgliedstaaten, die weitestgehend für den Gesundheitsbereich zuständig sind. Hierzu gehören nach Art. 168 Abs. 7 AEUV die Gesundheitspolitik, die Organisation des Gesundheitswesens sowie die medizinische Versorgung samt deren Verwaltung und die Zuweisung der dafür bereitgestellten Mittel. Fraglich ist demnach, was unter dem bestehenden Vertragswerk rechtlich zulässig ist und ob und inwiefern ggf. entsprechende Vertragsänderungen auf der EU-Zukunftskonferenz zu avisieren sind.

Vorliegend soll für den Bereich der Bekämpfung von Pandemien[19] ein Impuls für eine zukünftige EU-Gesundheitsunion gegeben werden. Als Grundlage hierfür sollen zunächst die Rechtsgrundlagen im europäischen Primärrecht aufgearbeitet werden (Abschnitt II). Sodann soll mit Blick auf die Pandemiebekämpfung eine konkrete Idee für eine Fortentwicklung gegeben werden, wobei sogleich auch dessen Vereinbarkeit mit bestehendem EU-Primärrecht zu prüfen sein wird (Abschnitt III). Ein Fazit (Abschnitt IV) fasst die Erkenntnisse zusammen.

II. Relevante Kompetenzen im Primärrecht der EU

1. Einführung

Die Zuständigkeiten der EU bestimmen sich nach dem Prinzip der begrenzten Einzelermächtigung. Gemäß Art. 5 Abs. 1 S. 1 und Abs. 2 EUV wird die EU nur tätig, wenn die Mitgliedstaaten sie dazu ermächtigt haben.[20] Die gesundheitspolitischen Zuständigkeiten der EU sind v.a. auch durch den primärrechtlich garantierten Verantwortungsbereich der Mitgliedstaaten gemäß Art. 168 Abs. 7 AEUV begrenzt. Demnach sind diese allein verantwortlich für die Festlegung ihrer Gesundheitspolitik sowie für die Organisation des Gesundheitswesens

---

COVID-19-Pandemie, Nr. 1, https://www.europarl.europa.eu/doceo/document/TA-9-2020-0205_DE.pdf; sowie zum anderen: Mitteilung der EU-Kommission vom 11. November 2020 zur Schaffung einer Europäischen Gesundheitsunion, https://ec.europa.eu/info/sites/info/files/communication-european-health-union-resilience_de.pdf.

19 Eine Pandemie kann definiert werden als eine Epidemie – d.h. ein Auftreten von Krankheitsfällen deutlich über der normalen Erwartung –, die weltweit oder in einem sehr großen Gebiet auftritt, internationale Grenzen überschreitet und in der Regel eine große Zahl von Menschen betrifft; siehe Porta (Hrsg.), A Dictionary of Epidemiology, 5. Auflage 2008, S. 79 f. und S. 179.

20 Siehe hierzu Streinz, in: Streinz (Hrsg.), EUV/AEUV, 3. Auflage 2018, Art. 5 EUV, Rn. 8-12.

und die medizinische Versorgung. Die konkrete Reichweite dieses Verantwortungsbereichs ist nicht immer eindeutig, da die inhaltliche Bestimmung jener Rechtsbegriffe des Art. 168 Abs. 7 AEUV im Einzelnen schwierig ist.[21]

Grundsätzlich kann festgehalten werden, dass unter Gesundheitspolitik *„die politische Gestaltung der Rahmenbedingungen der Gesundheitsversorgung"*, v.a. die *„Planung, Organisation, Steuerung und Finanzierung des Gesundheitssystems"* zu verstehen ist.[22] Das Gesundheitswesen *„umfasst die Gewährleistung der Einrichtungen und Organisationen, deren Aufgabe die Förderung der Gesundheit sowie die Vorbeugung und Behandlung von Krankheiten und Verletzungen ist"*.[23] In Abgrenzung dazu ist die medizinische Versorgung als *„der Standard der medizinischen Versorgung, d.h. der nach den nationalen Vorschriften gewährte Leistungsumfang zu verstehen"*.[24]

Insofern verbleibt den Mitgliedstaaten hier ein weitgehender Verantwortungsbereich. Dieser umfasst beispielsweise auch die Entscheidungen über das nationalstaatliche System der Krankenversicherung in seiner konkreten Ausgestaltung[25] und damit z.B. auch die Entscheidung, ob die Krankenversicherten auf Sachleistungsbasis behandelt werden oder ein System der Kostenerstattung genutzt wird.[26]

Obgleich den Mitgliedstaaten ein großer Verantwortungsbereich verbleibt, ist festzuhalten, dass anderes europäisches Recht, das den Gesundheitsbereich zunächst auch nicht unmittelbar betreffen muss, auch Auswirkungen auf die Gesundheitspolitik und das Gesundheitswesen der Mitgliedstaaten haben kann.[27]

---

21 Schmidt am Busch, in: Grabitz/Hilf/Nettesheim (Hrsg.), Das Recht der Europäischen Union, 73. EL, Mai 2021, Art. 168 AEUV, Rn. 78 m.w.N.

22 Schmidt am Busch, in: Grabitz/Hilf/Nettesheim (Hrsg.), Das Recht der Europäischen Union, 73. EL, Mai 2021, Art. 168 AEUV, Rn. 79 m.w.N.

23 Schmidt am Busch, in: Grabitz/Hilf/Nettesheim (Hrsg.), Das Recht der Europäischen Union, 73. EL, Mai 2021, Art. 168 AEUV, Rn. 80 m.w.N.

24 Schmidt am Busch, in: Grabitz/Hilf/Nettesheim (Hrsg.), Das Recht der Europäischen Union, 73. EL, Mai 2021, Art. 168 AEUV, Rn. 81 m.w.N.

25 Schmidt am Busch, in: Grabitz/Hilf/Nettesheim (Hrsg.), Das Recht der Europäischen Union, 73. EL, Mai 2021, Art. 168 AEUV, Rn. 78; Lübbig, in: Pechstein/Nowak/Häde (Hrsg.), EUV/GRC/AEUV, 2017, Art. 168 AEUV, Rn. 34.

26 Niggemeier, in: von der Groeben/Schwarze/Hatje (Hrsg.), Europäisches Unionsrecht, 7. Auflage 2015, Art. 168 AEUV, Rn. 75.

27 Siehe exemplarisch dazu die Ausführungen zum Zusammenhang zwischen Werbung für Apotheken und der Richtlinie über den elektronischen Geschäftsverkehr

Dies gilt beispielsweise auch für die Grundfreiheiten im Binnenmarkt. Denn der Verantwortungsbereich der Mitgliedstaaten nach Art. 168 Abs. 7 EUV entbindet diese nicht von der Beachtung jener Freiheiten.[28] So verpflichten die Grundfreiheiten die Mitgliedstaaten *„unvermeidlich [dazu], einige Anpassungen in ihren nationalen Systemen der sozialen Sicherheit vorzunehmen, ohne dass dies als Eingriff in ihre souveräne Zuständigkeit in dem betreffenden Bereichen angesehen werden könnte."*[29]

Inwieweit entsprechende Anpassungen des nationalen Gesundheitssystems (noch) vertretbar sind, muss im Einzelfall und nach dem Grundsatz der Verhältnismäßigkeit geprüft werden.[30] Das bedeutet, dass die Kompetenzen der Mitgliedstaaten im Bereich der Gesundheits- und Sozialpolitik und die Kompetenzen der EU für den Binnenmarkt in wechselseitiger Kompatibilität ausgeübt werden müssen.[31]

2. EU-Kompetenzen

Für die vorliegende Untersuchung können drei Bereiche[32] im europäischen Primärrecht identifiziert werden, in denen i.w.S. gesundheitspolitisches EU-Handeln möglich ist: (1) Gemeinsame Sicherheitsanliegen im Bereich der öffentlichen Gesundheit; (2) Förderung, Unterstützung, Koordinierung und Ergänzung sowie (3) Rechtsangleichung im Binnenmarkt.

[(EG) 2000/31] in: EuGH, Urteil v. 1. Oktober 2020, Rechtssache C-649/18, insbesondere Rn. 47-74, https://eur-lex.europa.eu/legal-content/DE/TXT/PDF/?uri=CELEX:62018CJ0649&qid=1632478563111&from=DE. Siehe im Allgemeinen auch Niggemeier, in: von der Groeben/Schwarze/Hatje (Hrsg.), Europäisches Unionsrecht, 7. Auflage 2015, Art. 168 AEUV, Rn. 75.

28 Siehe Schmidt am Busch, in: Grabitz/Hilf/Nettesheim (Hrsg.), Das Recht der Europäischen Union, 73. EL, Mai 2021, Art. 168 AEUV, Rn. 84; Lübbig, in: Pechstein/Nowak/Häde (Hrsg.), EUV/GRC/AEUV, 1. Aufl. 2017, Art. 168 AEUV, Rn. 37; Niggemeier, in: von der Groeben/Schwarze/Hatje (Hrsg.), Europäisches Unionsrecht, 7. Auflage 2015, Art. 168 AEUV, Rn. 74 f.

29 EuGH, Urteil v. 13. Mai 2003, C-385/99, Rn. 102, https://eur-lex.europa.eu/legal-content/DE/TXT/PDF/?uri=CELEX:61999CJ0385&from=DE.

30 Siehe entsprechend Niggemeier, in: von der Groeben/Schwarze/Hatje (Hrsg.), Europäisches Unionsrecht, 7. Auflage 2015, Art. 168 AEUV, Rn. 75.

31 Siehe entsprechend Niggemeier, in: von der Groeben/Schwarze/Hatje (Hrsg.), Europäisches Unionsrecht, 7. Auflage 2015, Art. 168 AEUV, Rn. 74.

32 Vorliegend werden mögliche Maßnahmen im Bereich Katastrophenschutz (Art. 196 AEUV) und auf der Grundlage der sog. Solidaritätsklausel (Art. 222 AEUV) nicht betrachtet.

a) Gemeinsame Sicherheitsanliegen im Bereich der öffentlichen Gesundheit

Gemäß Art. 4 Abs. 2 lit. k) AEUV teilen sich die EU und die Mitgliedstaaten die Zuständigkeit für bestimmte gemeinsame Sicherheitsanliegen im Bereich der öffentlichen Gesundheit. Nach Art. 168 Abs. 4 AEUV sind möglich: (1) Maßnahmen zur Festlegung hoher Qualitäts- und Sicherheitsstandards für Organe und Substanzen menschlichen Ursprungs sowie Blut und Blutderivate; (2) Schutzmaßnahmen für die Bevölkerung in den Bereichen Veterinärwesen und Pflanzenschutz sowie (3) die Festlegung hoher Qualitäts- und Sicherheitsstandards für Arzneimittel und Medizinprodukte.[33]

Die letztgenannten Qualitäts- und Sicherheitsstandards erfassen Regelungen, die unmittelbar der Sicherheit von Arzneimitteln und Medizinprodukten dienen. Demnach sind Schutzvorschriften möglich, die dahingehend die Qualität, Wirksamkeit und Unbedenklichkeit sicherstellen sollen.[34] Dies erfolgt v.a. durch Vorschriften zur Marktzulassung, wie sie etwa die Medizinprodukte-Verordnung[35] und andere europäische Rechtsakte vorsehen.[36]

b) Förderung, Unterstützung, Koordinierung und Ergänzung

Die EU ist gemäß Art. 6 lit. a) AEUV für Förderungs-, Unterstützungs-, Koordinierungs- und Ergänzungsmaßnahmen zum Schutz und zur Verbesserung der menschlichen Gesundheit zuständig. Dies wird konkretisiert in Art. 168 Abs. 1-3 sowie Abs. 5-6 AEUV. Demnach sind Maßnahmen zur Verbesserung der Gesundheit der Bevölkerung, zur Verhütung von Humankrankheiten und zur Beseitigung von Ursachen für die Gefährdung der körperlichen

---

33 Siehe auch Obwexer, in: von der Groeben/Schwarze/Hatje (Hrsg.), Europäisches Unionsrecht, 7. Auflage 2015, Art. 4 AEUV, Rn. 32.
34 Schmidt am Busch, in: Grabitz/Hilf/Nettesheim (Hrsg.), Das Recht der Europäischen Union, 73. EL, Mai 2021, Art. 168 AEUV, Rn. 61. Siehe z.B. auch Erwägungsgrund 82 der Verordnung über klinische Prüfungen mit Humanarzneimitteln [(EU) 536/2014].
35 Verordnung über Medizinprodukte [(EU) 2017/745].
36 Z.B. Richtlinie zur Schaffung eines Gemeinschaftskodexes für Humanarzneimittel [(EG) 2001/83]; Verordnung zur Festlegung von Unionsverfahren für die Genehmigung und Überwachung von Human- und Tierarzneimitteln und zur Errichtung einer Europäischen Arzneimittel-Agentur [(EG) 726/2004]; Verordnung über In-vitro-Diagnostika [(EU) 2017/746].

und geistigen Gesundheit möglich.[37] In jenen Bereichen kann die EU demnach Maßnahmen der Mitgliedstaaten fördern, unterstützen, koordinieren oder deren Politik ergänzen.

Art. 168 Abs. 5 AEUV ermächtigt die EU dazu, Fördermaßnahmen zum Schutz und zur Verbesserung der menschlichen Gesundheit sowie insbesondere zur Bekämpfung der weit verbreiteten schweren grenzüberschreitenden Krankheiten und Maßnahmen zur Beobachtung, frühzeitigen Meldung und Bekämpfung schwerwiegender grenzüberschreitender Gesundheitsgefahren zu erlassen. Jedoch im Unterschied zur – in der Vorschrift explizit untersagten – Rechtsangleichung, muss es sich dabei um Maßnahmen handeln, durch die die Mitgliedstaaten und private Akteure mittels positiver Anreize zu einem bestimmten Verhalten motiviert werden.[38] In Betracht kommen dabei z.B. Förderprogramme wie „EU4Health"[39] und der Aufbau von Netzwerken samt ihrer Subventionierung sowie die Formulierung von gesundheitspolitischen Aktionsplänen[40].[41]

Bei der Bekämpfung von grenzüberschreitenden Krankheiten und Gesundheitsgefahren hat die EU gemäß Art. 168 Abs. 5 EUV eine koordinierende Funktion. So kann sie Gremien wie den Gesundheitssicherheitsausschuss[42]

---

37 Siehe insgesamt Obwexer, in: von der Groeben/Schwarze/Hatje (Hrsg.), Europäisches Unionsrecht, 7. Auflage 2015, Art. 6 AEUV, Rn. 13, der jedoch – anders als vorliegend – Art. 168 Abs. 7 AEUV in diese Liste mit aufnimmt.
38 Schmidt am Busch, in: Grabitz/Hilf/Nettesheim (Hrsg.), Das Recht der Europäischen Union, 73. EL, Mai 2021, Art. 168 AEUV, Rn. 69.
39 Hierdurch werden u.a. Maßnahmen von Gesundheitsorganisationen und Nichtregierungsorganisationen aus den Mitgliedstaaten finanziert; siehe EU-Kommission (2021), EU4Health 2021–2027 – eine Vision für eine gesündere Europäische Union, https://ec.europa.eu/health/funding/eu4health_de.
40 Dies sind i.d.R. Mitteilungen der EU-Kommission, in denen diese darlegt, wie sie ein bestimmtes gesundheitspolitisches Problem anzugehen gedenkt. Beispiele: der Aktionsplan zur Bekämpfung antimikrobieller Resistenzen [COM(2017) 339] sowie der strategische Ansatz für Arzneimittel in der Umwelt [COM(2019) 128].
41 Schmidt am Busch, in: Grabitz/Hilf/Nettesheim (Hrsg.), Das Recht der Europäischen Union, 73. EL, Mai 2021, Art. 168 AEUV, Rn. 70.
42 Im Rahmen des dritten Kommissionsvorschlags – Vorschlag COM(2020) 727 – sollen die Zuständigkeiten des (bestehenden) Gesundheitssicherheitsausschusses v.a. auch um die Annahme von Leitlinien und Stellungnahmen zur Unterstützung der Mitgliedstaaten bei der Prävention und Kontrolle schwerwiegender grenzüberschreitender Gesundheitsgefahren erweitert werden. Siehe hierzu Erwägungsgrund 3 sowie Art. 4 Abs. 2 lit. d) und Art. 21 Abs. 1 lit. c) des Vorschlags COM(2020) 727.

aufbauen, in denen sich die Mitgliedstaaten in Krisenfällen untereinander und mit der EU-Kommission über Risikoeinschätzungen austauschen. Jedoch kann das eigentliche, nationale Risiko- und Kommunikationsmanagement nicht an die EU-Kommission, und mithin auch nicht an andere Organe oder Gremien der EU, delegiert werden.[43]

Die Europäische Union darf auch eigene EU-Institutionen – wie z.B. das Europäische Zentrum für die Prävention und die Kontrolle von Krankheiten (ECDC)[44] – errichten. Jedoch muss der Zweck solcher Einrichtungen die Sammlung und Verwaltung von Daten sein. Alles über die Datenerhebung hinaus – z.B. die Formulierung von Strategien mit verbindlicher Wirkung für die Mitgliedstaaten – ist hiervon bisher nicht gedeckt.[45]

c) Rechtsangleichung im Binnenmarkt

Die Schaffung eines gemeinsamen Marktes ohne Binnengrenzen gehört zum Wesenskern der Europäischen Union und ist nach Art. 3 Abs. 3 EUV eines ihrer Ziele. Dementsprechend erstrecken sich die zwischen den Mitgliedstaaten und der EU geteilten Zuständigkeiten gemäß Art. 4 Abs. 2 lit. a) AEUV auch auf den Binnenmarkt.

Auf Grundlage des Art. 114 AEUV kann die EU Maßnahmen zur Rechtsangleichung im Binnenmarkt erlassen, wodurch mitgliedstaatliche

---

43 Siehe Schmidt am Busch, in: Grabitz/Hilf/Nettesheim (Hrsg.), Das Recht der Europäischen Union, 73. EL, Mai 2021, Art. 168 AEUV, Rn. 70. Siehe insbesondere auch die Ausführungen von Niggemeier, in: von der Groeben/Schwarze/Hatje (Hrsg.), Europäisches Unionsrecht, 7. Auflage 2015, Art. 168 AEUV, Rn. 60.
44 Die ersten beiden Kommissionsvorschläge – Vorschlag COM(2020) 725 sowie Vorschlag COM(2020) 726 – zielen vor allem darauf ab, die Kompetenzen der EMA und des ECDC bei gesundheitlichen Krisensituationen auszubauen. Mit Blick auf den dritten Kommissionsvorschlag – Vorschlag COM(2020) 727 – ist jedoch zu kritisieren, dass es an einer entsprechenden Definition der „Notlage im Bereich der öffentlichen Gesundheit auf Unionsebene" in der Verordnung fehlt. Sie ist notwendig, um Vorhersehbarkeit und Rechenschaft gegenüber Mitgliedstaaten und EU-Bürgern sicherzustellen.
45 Schmidt am Busch, in: Grabitz/Hilf/Nettesheim (Hrsg.), Das Recht der Europäischen Union, 73. EL, Mai 2021, Art. 168 AEUV, Rn. 70. Dies ändert sich auch nicht durch die zuvor angesprochene Stärkung des Gesundheitssicherheitsausschusses aufgrund des dritten Kommissionsvorschlags – Vorschlag COM(2020) 727 –; siehe oben, Fn. 42. Denn der Gesundheitssicherheitsausschuss soll dahingehend in Form von Leitlinien und Stellungnahmen tätig werden; siehe hierzu Erwägungsgrund 3 sowie Art. 4 Abs. 2 lit. d) und Art. 21 Abs. 1 lit. c) des Vorschlags COM(2020) 727.

Rechtsvorschriften an einen EU-Standard angeglichen werden. Dies dient der Verringerung und Beseitigung von Rechtsunterschieden zwischen den Mitgliedstaaten.[46] Die Vorschrift setzt voraus, dass (1) der avisierte europäische Rechtsakt auf Angleichung gerichtet ist, (2) Rechts- und Verwaltungsvorschriften der Mitgliedstaaten angeglichen werden sollen und (3) die Angleichung die Errichtung oder das Funktionieren des Binnenmarktes zum Gegenstand hat.[47]

Die EU darf dabei im Grundsatz auch Sachverhalte harmonisieren – und somit Rechtsvorschriften erlassen –, bei denen der Gesundheitsbereich maßgeblich berührt wird. Sie darf jedoch die Zuständigkeit der Mitgliedstaaten nicht umgehen.[48] Insoweit ist dies als „Grenze" der Harmonisierung im Gesundheitsbereich zu verstehen.[49]

3. Zwischenergebnis

Obgleich den Mitgliedstaaten ein weitgehender Verantwortungsbereich im Gesundheitsbereich, v.a. für ihre Gesundheitspolitik sowie für die Organisation ihres Gesundheitswesens, verbleibt, ermöglichen verschiedene Kompetenzen im EU-Primärrecht ein europäisches Handeln in diesem Bereich.

Vorliegend relevant sind: (1) Art. 168 Abs. 4 AEUV [Gemeinsame Sicherheitsanliegen im Bereich der öffentlichen Gesundheit]; (2) Art. 168 Abs. 5 AEUV [Förderung, Unterstützung, Koordinierung und Ergänzung] sowie (3) Art. 114 AEUV [Rechtsangleichung im Binnenmarkt], die nachfolgend für die Prüfung der Vereinbarkeit des noch vorzustellenden Impulses heranzuziehen sein werden.

---

46 Frenz, Europarecht, 2. Aufl. 2016, Rn. 733.
47 Korte, in: Calliess/Ruffert (Hrsg.), EUV/AEUV, 5. Auflage 2016, Art. 114 AEUV, Rn. 1, 20, 21, 34, 38.
48 Siehe hierzu Kingreen, in: Calliess/Ruffert (Hrsg.), EUV/AEUV, 5. Auflage 2016, Art. 168 AEUV, Rn. 25 sowie Niggemeier, in: von der Groeben/Schwarze/Hatje (Hrsg.), Europäisches Unionsrecht, 7. Auflage 2015, Art. 168 AEUV, Rn. 73.
49 Inzwischen wurden einige Rechtsakte im Gesundheitsbereich auch auf diese Rechtsgrundlage gestützt, so z.B.: Richtlinie zur Schaffung eines Gemeinschaftskodexes für Humanarzneimittel [(EG) 2001/83]; Verordnung zur Festlegung von Unionsverfahren für die Genehmigung und Überwachung von Human- und Tierarzneimitteln und zur Errichtung einer Europäischen Arzneimittel-Agentur [(EG) 726/2004]; Richtlinie über die Ausübung der Patientenrechte in der grenzüberschreitenden Gesundheitsversorgung [(EU) 2011/24]; Verordnung über Medizinprodukte [(EU) 2017/745] und Verordnung über In-vitro-Diagnostika [(EU) 2017/746].

III. Impuls für eine zukünftige EU-Gesundheitsunion
1. Gemeinsame Pandemiebekämpfung

Eine Pandemie kann definiert werden als eine Epidemie – d.h. ein Auftreten von Krankheitsfällen deutlich über der normalen Erwartung –, die weltweit oder in einem sehr großen Gebiet auftritt, internationale Grenzen überschreitet und in der Regel eine große Zahl von Menschen betrifft.[50] Die COVID-19-Pandemie hat die Europäische Union vor verschiedene Herausforderungen gestellt, v.a. auch durch die (zeitweise) Einführung nationaler Kontrollen an den Binnengrenzen der Europäischen Union.[51]

Mit Blick auf pandemische Ereignisse und deren Eindämmung hat gemeinsames Handeln auf EU-Ebene einen echten Mehrwert und ist ein ausschlaggebender Faktor, um jenen grenzüberschreitenden Gesundheitsgefahren innerhalb der EU effektiv und effizient begegnen zu können. Dabei müssen jedoch klare Regelungen bestehen.[52] Denn auch wenn europäische Grundfreiheiten und europäische Grundrechte während einer Pandemie grundsätzlich einschränkbar sind, müssen jene Beeinträchtigungen verhältnismäßig sein, nur so kurz wie nötig bestehen und gerichtlich überprüfbar sein. Vor allem muss für EU-Bürger ersichtlich sein, was wo wann gilt, damit sie ihre europäischen Freiheitsrechte auch tatsächlich wahrnehmen können.

Die COVID-19-Pandemie hat u.a. gezeigt, dass bereits der Vergleich der Situationen in den Mitgliedstaaten schwierig war. Dies war v.a. auf unterschiedliche

---

50 Porta (Hrsg.), A Dictionary of Epidemiology, 5. Auflage 2008, S. 79 f. und S. 179.
51 Siehe hierzu auch Calliess, in: Berliner Online-Beiträge zum Europarecht, Nr. 128, S. 3, https://www.jura.fu-berlin.de/forschung/europarecht/bob/berliner_online_beitraege/Paper128-Calliess/BOB-128-Calliess-neu.pdf.
52 Mit Blick auf den dritten Kommissionsvorschlag – Vorschlag COM(2020) 727 – ist gerade zu kritisieren, dass es an einer Definition der „Notlage im Bereich der öffentlichen Gesundheit auf Unionsebene" in der Verordnung fehlt. Insofern ist bisher unklar, welche Umstände erforderlich sind, um eine solche Notlage auszulösen, und es ist dementsprechend auch nicht ersichtlich, wann eine solche Situation endet bzw. enden muss. Eine Definition in der Verordnung ist notwendig, um Vorhersehbarkeit und Rechenschaft gegenüber Mitgliedstaaten und EU-Bürgern sicherzustellen. Selbst das im Verhandlungsmandat des Rates vorgesehene Recht der EU-Kommission, die entsprechenden Kriterien in einem Durchführungsrechtsakt festzulegen (siehe Art. 23 Abs. 4 des Ratsdokuments Nr. 11093/21 vom 28. Juli 2021), reicht nicht aus, da die Definition als wesentliches Element vom europäischen Gesetzgeber festgelegt werden muss.

Verfahren der Datenerhebung und der Datenübertragung zurückzuführen. So konnte die Verbreitungssituation zu einem gegebenen Zeitpunkt z.T. nicht belastbar ermittelt werden.[53]

Daher sollten Begriffsbestimmungen, Methoden und Kriterien[54] im Pandemiefall[55] auf EU-Ebene verbindlich festgelegt werden können. Dies gilt für die Definition eines Infektionsfalles, der Todesursache und der Genesung[56] sowie die Festlegung von Testverfahren und die gegenseitige Anerkennung von Testergebnissen.[57]

2. Vereinbarkeit mit bestehendem EU-Primärrecht

Fraglich ist, ob der vorgeschlagene Impuls auf der Grundlage des geltenden EU-Primärrechts[58] umsetzbar ist.

---

53 Siehe z.B. Entschließung des Europäischen Parlaments vom 17. September 2020 zu COVID-19: EU-weite Koordinierung von medizinischen Beurteilungen und Risikoeinstufungen und die Folgen für den Schengen-Raum und den Binnenmarkt, Nr. G, Nr. H und Nr. 9, https://www.europarl.europa.eu/doceo/document/TA-9-2020-0240_DE.pdf.
54 Siehe z.B. auch die Mitteilung der EU-Kommission vom 19. Januar 2021: Gemeinsam gegen COVID-19, S. 9 f., https://eur-lex.europa.eu/legal-content/DE/TXT/PDF/?uri=CELEX:52021DC0035&from=DE, im Hinblick auf eine einheitliche Festlegung von Inzidenzwerten.
55 Anknüpfungspunkt könnte grundsätzlich die „Notlage im Bereich der öffentlichen Gesundheit auf Unionsebene" des dritten Kommissionsvorschlags – Vorschlag COM(2020) 727 – sein. Dies müsste jedoch Teil der – noch fehlenden – Definition in der Verordnung werden. Siehe hierzu auch Fn. 52.
56 So auch bereits vom Europäischen Parlament gefordert; siehe Entschließung des Europäischen Parlaments vom 17. September 2020 zu COVID-19: EU-weite Koordinierung von medizinischen Beurteilungen und Risikoeinstufungen und die Folgen für den Schengen-Raum und den Binnenmarkt, Nr. 18, https://www.europarl.europa.eu/doceo/document/TA-9-2020-0240_DE.pdf.
57 So kann der Rat auf Grundlage des Art. 168 Abs. 6 AEUV den Mitgliedstaaten derzeit nur empfehlen, die Ergebnisse von COVID-19-Tests, die in anderen Mitgliedstaaten von zertifizierten Gesundheitseinrichtungen durchgeführt wurden, gegenseitig anzuerkennen; siehe Empfehlung des Rates vom 21. Januar 2021 für einen einheitlichen Rahmen für den Einsatz und die Validierung von Antigen-Schnelltests und die gegenseitige Anerkennung der Ergebnisse von COVID-19-Tests in der EU, Nr. 17, https://eur-lex.europa.eu/legal-content/DE/TXT/PDF/?uri=CELEX:32021H0122(01)&from=DE.
58 Vorliegend werden nur die in Abschnitt II.2 herausgearbeiteten Bereiche betrachtet.

a) Gemeinsame Sicherheitsanliegen im Bereich der öffentlichen Gesundheit

Gemäß Art. 168 Abs. 4 AEUV teilen sich EU und Mitgliedstaaten die Zuständigkeit für bestimmte gemeinsame Sicherheitsanliegen im Bereich der öffentlichen Gesundheit. Jedoch können die o.g. EU-einheitlichen Begriffsbestimmungen, Methoden und Kriterien nicht auf der Grundlage jener Zuständigkeit verbindlich festgelegt werden, da die von der Rechtsgrundlage erfassten Sachbereiche[59] schon inhaltlich nicht betroffen sind.

b) Förderung, Unterstützung, Koordinierung und Ergänzung

Im Hinblick auf die Zuständigkeiten zur Förderung, Unterstützung, Koordinierung und Ergänzung nach Art. 168 Abs. 1–3 und 5–6 AEUV erscheint Art. 168 Abs. 5 AEUV auf den ersten Blick eine denkbare Rechtsgrundlage zu sein. Denn diese ermöglicht der EU Fördermaßnahmen zum Schutz und zur Verbesserung der menschlichen Gesundheit und zur Bekämpfung weit verbreiteter schwerer grenzüberschreitender Krankheiten zu erlassen. Jedoch untersagt die Vorschrift explizit, dass eine Rechtsangleichung vorgenommen wird. Vielmehr muss es sich um Maßnahmen handeln, durch die die Mitgliedstaaten und private Akteure mittels positiver Anreize zu einem bestimmten Verhalten motiviert werden.[60]

Vorliegend wird jedoch für eine rechtsverbindliche Festlegung der Begriffsbestimmungen, Methoden und Kriterien auf EU-Ebene im Pandemiefall plädiert. Dies ist insofern nicht auf Basis des Art. 168 Abs. 5 AEUV möglich. Zwar kann der Rat gemäß Art. 168 Abs. 6 AEUV beispielsweise die gegenseitige Anerkennung von COVID-19-Testergebnissen empfehlen,[61] diese Empfehlungen sind jedoch gemäß Art. 288 Abs. 5 AEUV nicht verbindlich. Insofern

---

59 Organe und Substanzen menschlichen Ursprungs; Blut und Blutderivate; das Veterinärwesen; der Pflanzenschutz; Arzneimittel und Medizinprodukte; siehe Abschnitt II.2.a.
60 Siehe Schmidt am Busch, in: Grabitz/Hilf/Nettesheim (Hrsg.), Das Recht der Europäischen Union, 73. EL, Mai 2021, Art. 168 AEUV, Rn. 69 sowie insgesamt Abschnitt II.2.b.
61 Siehe Empfehlung des Rates vom 21. Januar 2021 für einen einheitlichen Rahmen für den Einsatz und die Validierung von Antigen-Schnelltests und die gegenseitige Anerkennung der Ergebnisse von COVID-19-Tests in der EU, Nr. 17, https://eur-lex.europa.eu/legal-content/DE/TXT/PDF/?uri=CELEX:32021H0122(01)&from=DE.

scheidet dahingehend auch Art. 168 Abs. 6 AEUV als taugliche Rechtsgrundlage aus.

c) Rechtsangleichung im Binnenmarkt

Auf Grundlage des Art. 114 AEUV kann die EU Maßnahmen zur Rechtsangleichung im Binnenmarkt erlassen, wodurch mitgliedstaatliche Rechtsvorschriften an einen EU-Standard angeglichen werden. Die EU darf im Grundsatz auch Sachverhalte harmonisieren – und somit Rechtsvorschriften erlassen –, bei denen der Gesundheitsbereich maßgeblich berührt wird. Sie darf dabei jedoch die Zuständigkeit der Mitgliedstaaten für das Gesundheitswesen nicht umgehen.[62]

Die EU darf zwar nach Art. 168 Abs. 5 AEUV bei der Pandemiebekämpfung koordinierend tätig werden, jedoch ist die Rechtsangleichung nach dem Wortlaut des Vertrags explizit untersagt. Die rechtsverbindliche Festlegung der Begriffsbestimmungen, Methoden und Kriterien auf EU-Ebene im Pandemiefall verbleibt daher im Verantwortungsbereich der Mitgliedstaaten und kann auch nicht auf Art. 114 AEUV gestützt werden.[63]

3. Ergebnis

Das EU-Primärrecht enthält zwar verschiedene Kompetenzen für europäisches Handeln im Gesundheitsbereich, jedoch derzeit keine taugliche Rechtsgrundlage, um den vorgeschlagenen Impuls umzusetzen.[64]

---

62 Siehe hierzu Kingreen, in: Calliess/Ruffert (Hrsg.), EUV/AEUV, 5. Auflage 2016, Art. 168 AEUV, Rn. 25 sowie Niggemeier, in: von der Groeben/Schwarze/Hatje (Hrsg.), Europäisches Unionsrecht, 7. Auflage 2015, Art. 168 AEUV, Rn. 73 sowie insgesamt Abschnitt II.2.c.

63 Siehe entsprechend auch Callies, in: Berliner Online-Beiträge zum Europarecht, Nr. 128, S. 13, https://www.jura.fu-berlin.de/forschung/europarecht/bob/berliner_online_beitraege/Paper128-Calliess/BOB-128-Calliess-neu.pdf.

64 Entsprechendes gilt auch im Hinblick auf die hier nicht näher thematisiere sog. Kompetenzergänzungsklausel des Art. 352 AEUV. Diese *„soll die zwischen den Zielen der Union und den Befugnissen ihrer Organe bestehenden Diskrepanzen und Lücken durch eine Ausdehnung der Kompetenzen der Unionsorgane überbrücken, um eine fortschreitende Integration (…) zu gewährleisten. Damit soll (…) eine (…) Fortentwicklung des Unionsrechts „unterhalb" der förmlichen Vertragsänderung ermöglicht [werden], was ihr u.a. wegen des Parlamentsvorbehalts nach § 8 IntVG"* – d.h. des deutschen Integrationsverantwortungsgesetzes – kaum zu gelingen vermag; siehe Rossi, in: Calliess/Ruffert (Hrsg.), EUV/AEUV, 5. Auflage 2016, Art. 352 AEUV,

IV. Fazit

Es hat sich gezeigt, dass der EU inzwischen unterschiedliche Kompetenzen in den europäischen Verträgen zur Verfügung stehen, um im Gesundheitsbereich tätig zu werden. Jedoch verbleibt das Gros der gesundheitsbezogenen Kompetenzen bei den Mitgliedstaaten, Art. 168 Abs. 7 AEUV.

Die Pandemiebekämpfung ist ein Bereich, in dem europäisches Handeln einen Mehrwert generieren kann. Einer Pandemie sollte insofern auch auf EU-Ebene effektiv und effizient begegnet werden können. Jedoch müssen klare Regelungen für eine gemeinsame Pandemiebekämpfung bestehen. Vor allem muss für EU-Bürger ersichtlich sein, was wo wann gilt, damit sie ihre europäischen Freiheitsrechte auch tatsächlich wahrnehmen können.

Der vorgeschlagene Impuls – die verbindliche Festlegung von Begriffsbestimmungen, Methoden und Kriterien im Pandemiefall auf EU-Ebene – kann nicht auf Grundlage des bestehenden EU-Primärrechts umgesetzt werden. Daher soll er als Beitrag zur Debatte über eine Europäische Gesundheitsunion dienen. Dahingehende Vertragsänderungen sind auf verschiedene Weise denkbar[65] und sollten auf der EU-Zukunftskonferenz debattiert werden. In der Tat ist dies eine lohnende und dringende Aufgabe mit Blick auf die Zukunft Europas.

Rn. 10. Siehe hierzu auch Frenz, Europarecht, 2. Auflage 2016, Rn. 749. Mit Blick auf den vorliegenden Untersuchungsgegenstand kann darüber hinaus festgehalten werden: Auch die Kompetenzergänzungsklausel kann nicht herangezogen werden, da diese nicht dazu genutzt werden darf, um Harmonisierungsverbote zu umgehen, Art. 352 Abs. 3 AEUV; siehe Rossi, in: Calliess/Ruffert (Hrsg.), EUV/AEUV, 5. Auflage 2016, Art. 352 AEUV, Rn. 89.

65 Siehe z.B. Callies, in: Berliner Online-Beiträge zum Europarecht, Nr. 128, S. 18–20, https://www.jura.fu-berlin.de/forschung/europarecht/bob/berliner_online_beitraege/Paper128-Calliess/BOB-128-Calliess-neu.pdf.

Minou Banafsche

Der bundesdeutsche Gesundheitsföderalismus in Alltag und Krise

I. Einleitung

Am 27.3.2020 wurde das Gesetz zum Schutz der Bevölkerung bei einer epidemischen Lage von nationaler Tragweite, das sog. Erste Bevölkerungsschutzgesetz, vom Bundestag beschlossen,[1] das überwiegend am 28.3.2020 in Kraft trat (Art. 7 des Ersten Bevölkerungsschutzgesetzes). Es war das erste von insgesamt drei Bevölkerungsschutzgesetzen. Das Zweite Bevölkerungsschutzgesetz wurde knapp zwei Monate später, am 19.5.2020, beschlossen[2] und trat im Kern am 23.5.2020 in Kraft (Art. 18 des Zweiten Bevölkerungsschutzgesetzes). Weitere sechs Monate später – am 18.11.2020 – folgte das Dritte Bevölkerungsschutzgesetz[3] mit Wirkung überwiegend vom 19.11.2020 (Art. 8 des Dritten Bevölkerungsschutzgesetzes).

Im Fokus aller drei Gesetze standen Änderungen des IfSG, die das in Art. 20 Abs. 1 und 28 Abs. 1 GG verankerte föderale Prinzip der Bundesrepublik Deutschland, dem durch die Kompetenzverteilung zwischen Bund und Ländern Ausdruck verliehen wird, stark strapaziert haben und noch immer strapazieren. So heißt es gleich zu Beginn der Entwurfsbegründung zum Ersten Bevölkerungsschutzgesetz, dass die bestehende Kompetenzverteilung – die Ausführung des IfSG durch die Länder gem. Art. 83 GG als eigene Angelegenheit mit der daraus resultierenden Befugnis zur Anordnung von Maßnahmen der Verhütung und Bekämpfung übertragbarer Krankheiten – „in der Normallage" ausreiche, um die Ausbreitung eines Krankheitserregers zu verhindern.[4] Das aktuelle Ausbruchsgeschehen der durch das neuartige Coronavirus SARS-CoV-2 verursachten Krankheit COVID-19 zeige indes, dass im seuchenrechtlichen Notfall das Funktionieren des Gemeinwesens erheblich gefährdet sein könne. In einer sich dynamisch entwickelnden Ausbruchssituation könne

---

1 BGBl. I, S. 587.
2 Zweites Gesetz zum Schutz der Bevölkerung bei einer epidemischen Lage von nationaler Tragweite, BGBl. I, S. 1018.
3 Drittes Gesetz zum Schutz der Bevölkerung bei einer epidemischen Lage von nationaler Tragweite, BGBl. I, S. 2397.
4 BT-Drucks. 19/18111, S. 1.

für die öffentliche Gesundheit in der gesamten Bundesrepublik durch eine sich grenzüberschreitend ausbreitende übertragbare Krankheit eine erhebliche Gefährdung eintreten, der nur begrenzt auf Landesebene begegnet werden könne.[5] Dem sollte ausweislich der Entwurfsbegründung nunmehr durch die Feststellung einer epidemischen Lage von nationaler Tragweite durch den Deutschen Bundestag begegnet werden. Mit dieser Feststellung sollte die Bundesregierung in die Lage versetzt werden, schnell mit schützenden Maßnahmen einzugreifen, um einer Destabilisierung des gesamten Gesundheitssystems vorzubeugen.[6]

Konkret bedeutete dies eine Ermächtigung des Bundesministeriums für Gesundheit (BMG), durch Anordnung oder Rechtsverordnung ohne Zustimmung des Bundesrates Maßnahmen unter anderem zur Grundversorgung mit Arzneimitteln, einschließlich Betäubungsmitteln, mit Medizinprodukten, Labordiagnostik, Hilfsmitteln, Gegenständen der persönlichen Schutzausrüstung und Produkten zur Desinfektion sowie zur Stärkung der personellen Ressourcen im Gesundheitswesen zu treffen.[7] Eine derart weitreichende Übertragung von Regelungsbefugnissen auf das BMG greift jedoch in erheblichem Maße in das grundgesetzliche Kompetenzgefüge ein. Damit will sich der nachfolgende Beitrag befassen, wobei die Ermächtigungsnorm des § 5 Abs. 2 S. 1 IfSG im Mittelpunkt der Betrachtung stehen soll. Begonnen werden soll mit einem kurzen Überblick über das deutsche Gesundheitssystem und die Entwicklung der „Covid-19-Gesetzgebung". Anschließend soll die Feststellung einer epidemischen Lage von nationaler Tragweiter durch den Deutschen Bundestag gem. § 5 Abs. 1 S. 1 und 6 IfSG näher beleuchtet werden, welche die Befugnisse des BMG aktiviert, um, anknüpfend daran, auf ausgewählte verfassungsrechtliche Problemstellungen einzugehen.

II. Das deutsche Gesundheitssystem

Das deutsche Gesundheitssystem wird nach der Kompetenzordnung des Grundgesetzes größtenteils bundesrechtlich, zum Teil aber auch landesrechtlich reguliert. Die Abgrenzung der Gesetzgebungszuständigkeiten bereitet zum Teil durchaus Probleme.

---

5 BT-Drucks. 19/18111, S. 1.
6 BT-Drucks. 19/18111, S. 1.
7 BT-Drucks. 19/18111, S. 1.

Der bundesdeutsche Gesundheitsföderalismus in Alltag und Krise 59

Auf Bundesebene ist das Gesundheitsrecht[8] auf unterschiedliche Kompetenztitel der konkurrierenden Gesetzgebung verteilt. Diese umfasst gem. Art. 74 Abs. 1 Nr. 12 GG zunächst die Sozialversicherung[9], darunter die gesetzliche Krankenversicherung, die im SGB V abschließend geregelt ist. Art. 74 Abs. 1 Nr. 19 GG weist dem Bund außerdem die konkurrierende Gesetzgebungszuständigkeit für unterschiedliche das Gesundheitswesen betreffende Bereiche zu: für Maßnahmen gegen gemeingefährliche oder übertragbare Krankheiten bei Menschen und Tieren, für die Zulassung zu den ärztlichen und anderen Heilberufen sowie zum Heilgewerbe, ferner für das Recht des Apothekenwesens, der Arzneien, der Medizinprodukte, der Heilmittel, der Betäubungsmittel und der Gifte. Art. 74 Abs. 1 Nr. 19a GG erfasst schließlich die wirtschaftliche Sicherung der Krankenhäuser sowie die Regelung der Krankenhauspflegesätze; von diesem Kompetenztitel hat der Bund – indes nicht abschließend – durch das KHG und das KHEntgG Gebrauch gemacht.

Probleme ergeben sich vor allem bei der Abgrenzung von der Berufszulassung zu ärztlichen Heilberufen i. S. d. Art. 74 Abs. 1 Nr. 19 GG und der Berufsausübung, die an sich in die Regelungszuständigkeit der Länder fällt[10], aber durch das im SGB V geregelte Vertragsarztrecht nicht unerheblich mitbestimmt wird. Denn dort ist nicht nur die Zulassung zur Teilnahme an der vertragsärztlichen Versorgung geregelt; es werden auch zahlreiche Pflichten der Vertragsärzte statuiert, die an sich die Berufsausübung betreffen.

Auch im Krankenhausrecht lässt sich eine klare Trennung zwischen den Regelungsbereichen von Bund und Ländern nicht vornehmen. Gerade die Bereiche der Krankenhauszulassung nach dem SGB V und der den Ländern obliegenden Krankenhausplanung sowie der dualen Krankenhausfinanzierung greifen vielfach ineinander, was zu zahlreichen Schnittstellen führt. Verflechtungen ergeben sich zunehmend auch in Fragen der Qualitätssicherung. So wurde mit § 6 Abs. 1a KHG eine Norm geschaffen[11], mit der die Beschlüsse des

---

8   Zum Rechtsgebiet des Gesundheitsrechts *Igl*, Begriff und System des Gesundheitsrechts, in: Igl/Welti (Hrsg.), Gesundheitsrecht, 3. Aufl. 2018, Kap. 1 Rn. 1 ff.
9   Zum Begriff der Sozialversicherung als „weitgefasste[m] verfassungsrechtliche[m] Gattungsbegriff" BVerfG, Beschl. v. 8.4.1987 – 2 BvR 909/82, BVerfGE 75, 108 (146); siehe schon BSG, Urt. v. 20.12.1957 – 7 RKg 4/56, BSGE 6, 213 (228), das konstatiert, dass die Sozialversicherung einem ständigen Wandel unterworfen sei.
10 Zu der Abgrenzung siehe etwa *Oeter*, in: von Mangoldt/Klein/Starck (Hrsg.), GG, Bd. 2, 7. Aufl. 2018, Art. 74 Rn. 136.
11 Eingefügt durch Art. 1 Nr. 2 des Gesetzes zur Reform der Strukturen der Krankenhausversorgung (Krankenhausstrukturgesetz – KHSG) vom 10.12.2015, BGBl. I, S. 2229.

Gemeinsamen Bundesausschusses (G-BA) nach § 136c Abs. 1 SGB V zur Qualitätssicherung Bestandteil des Krankenhausplans werden (S. 1). In § 6 Abs. 1a S. 2 KHG wird den Ländern allerdings „im Rahmen ihrer Planungshoheit"[12] die Möglichkeit eingeräumt, die Geltung der Beschlüsse durch Landesrecht ganz oder teilweise auszuschließen oder einzuschränken.[13]

Und nicht zuletzt können sich Überschneidungen bzw. Kollisionen zwischen dem auf Grundlage des Art. 74 Abs. 1 Nr. 19 Var. 1 GG erlassenen IfSG einerseits und den auf der Residualkompetenz nach Art. 70 Abs. 1 Hs. 1 GG[14] basierenden Katastrophenschutzgesetzen der Länder andererseits ergeben.[15]

III. Die „Covid-19-Gesetzgebung" in Bezug auf § 5 IfSG

Das IfSG[16] wurde am 20.7.2000 als Art. 1 des Gesetzes zur Neuordnung seuchenrechtlicher Vorschriften (Seuchenrechtsneuordnungsgesetz – SeuchRNeuG)[17] erlassen und trat im Wesentlichen am 1.1.2001 in Kraft (Art. 5 Abs. 1 S. 1 und Abs. 2 SeuchRNeuG). Gleichzeitig mit Inkrafttreten des IfSG trat das Bundes-Seuchengesetz vom 18.7.1961[18] in der Fassung vom 18.12.1979[19] außer Kraft (Art. 5 Abs. 1 S. 2 Nr. 1 SeuchRNeuG). Allein seit dem der Erlass des Ersten Bevölkerungsschutzgesetzes am 27.3.2020 ist das IfSG – das Erste Bevölkerungsschutzgesetz eingerechnet – 23-mal geändert worden, zuletzt durch Art. 1 des Gesetzes zur Stärkung der Impfprävention gegen COVID-19 und zur Änderung weiterer Vorschriften im Zusammenhang mit der COVID-19-Pandemie

---

12 Siehe die Entwurfsbegründung zum KHSG, BT-Drucks. 18/5372, S. 50.
13 Dazu auch *Kaltenborn*, Verfassungsrechtliche Vorgaben für das Krankenhausrecht, in: Huster/Kaltenborn (Hrsg.), Krankenhausrecht, 2. Aufl. 2017, § 2 Rn. 2 ff.
14 Zum Regel-Ausnahme-Verhältnis des Art. 70 Abs. 1 GG siehe nur BVerfG, Urt. v. 27.7.2004 – 2 BvF 2/02, BVerfGE 111, 226 (247).
15 Näher zur Kompetenzabgrenzung zwischen Bund und Ländern im Bereich des Katastrophenschutzes etwa *Kluckert*, Verfassungs- und verwaltungsrechtliche Grundlagen des Infektionsschutzrechts, in: Kluckert (Hrsg.), Das neue Infektionsschutzgesetz, 2. Aufl. 2021, § 2 Rn. 1 ff., 10 ff.; siehe auch die Wissenschaftlichen Dienste des Deutschen Bundestages, Infektionsschutzgesetz und Katastrophenschutzgesetze der Länder, WD 3 - 3000 - 082/20, Stand: 9.4.2020.
16 Gesetz zur Verhütung und Bekämpfung von Infektionskrankheiten beim Menschen (Infektionsschutzgesetz – IfSG).
17 BGBl. I, S. 1045.
18 Gesetz zur Verhütung und Bekämpfung übertragbarer Krankheiten beim Menschen (Bundes-Seuchengesetz), BGBl. I, S. 1012.
19 BGBl. I, S. 2262.

vom 10.12.2021[20] mit Wirkung vom 12.12.2021 (Art. 23 Abs. 1 des Impfpräventionsstärkungsgesetzes).

1. Das Erste Bevölkerungsschutzgesetz

Eine wichtige Änderung des IfSG durch Art. 1 Nr. 4 des Ersten Bevölkerungsschutzgesetzes war die Neufassung des § 5, der seither die epidemische Lage von nationaler Tragweite regelt. § 5 Abs. 1 S. 1 IfSG in der Fassung vom 27.3.2020 statuierte zunächst lediglich die Pflicht des Deutschen Bundestages zur Feststellung einer epidemischen Lage von nationaler Tragweite („stellt […] fest"), wenn die Voraussetzungen vorlagen, ferner die Pflicht zur Aufhebung, wenn die Voraussetzungen nicht mehr vorlagen (S. 2). Die Voraussetzungen einer epidemischen Lage von nationaler Tragweite wurden jedoch im IfSG an keiner Stelle definiert.

Trotz der Unbestimmtheit ihrer Voraussetzungen wurde das BMG gem. § 5 Abs. 2 IfSG „im Rahmen der epidemischen Lage von nationaler Tragweite" umfangreich zum Erlass weitreichender Verordnungen und Anordnungen ermächtigt. Der Katalog enthielt etwa die Ermächtigung zur Anordnung, natürliche Personen bei oder nach deren Einreise in die Bundesrepublik zu bestimmten Handlungen zu verpflichten, wie zur Bekanntgabe von Identität, Reiseroute und Kontaktdaten, zur Auskunftserteilung über den Gesundheitszustand und dazu, sich ärztlich untersuchen zu lassen (§ 5 Abs. 2 Nr. 1 IfSG). Die Ermächtigungsnorm umfasste ferner den Erlass von Rechtsverordnungen ohne Zustimmung des Bundesrates, mit denen Ausnahmen von geltendem Bundesrecht, wie dem SGB V, zugelassen werden konnten (§ 5 Abs. 2 Nr. 4 lit. a IfSG). Auch die gem. § 91 Abs. 6 SGB V rechtsverbindlichen Beschlüsse des G-BA[21], darunter primär die auf Grundlage des § 92 SGB V erlassenen Richtlinien, konnten per Rechtsverordnung angepasst, ergänzt oder gar ausgesetzt werden (§ 5 Abs. 2 Nr. 7 lit. a IfSG). Ebenso konnten bestimmte Abweichungen von der Approbationsordnung für Ärzte (ÄApprO 2002) vorgenommen werden (§ 5 Abs. 2 Nr. 7 lit. b IfSG).

In § 5 Abs. 2 Nr. 3 IfSG fand sich zudem eine Verordnungsermächtigung, die es dem BMG gestattete, Ausnahmen von den Vorschriften des IfSG sowie

---

20 BGBl. I, S. 5162.
21 Zu der nach wie vor umstrittenen Frage nach der Rechtsnormqualität der Richtlinien des G-BA m. w. N. *Schmidt-De Caluwe*, in: Becker/Kingreen (Hrsg.), SGB V, 7. Aufl. 2020, § 91 Rn. 60 f.

der auf dessen Grundlage erlassenen Rechtsverordnungen in Bezug auf bestimmte Bereiche zuzulassen, um die Abläufe im Gesundheitswesen und die Versorgung der Bevölkerung aufrechtzuerhalten. Das BMG erhielt damit also die Möglichkeit, nicht nur von den Vorschriften des IfSG, sondern auch von den eigenen, auf dessen Grundlage erlassenen Rechtsverordnungen abzuweichen.

2. Das Zweite Bevölkerungsschutzgesetz

Durch Art. 1 Nr. 3 des Zweiten Bevölkerungsschutzgesetzes wurden die Befugnisse des BMG nach § 5 IfSG noch ausgeweitet. So wurde etwa der Tatbestand des § 5 Abs. 2 Nr. 7 lit. b IfSG in der Fassung des Ersten Bevölkerungsschutzgesetzes um zusätzliche Befugnisse zur Abweichung von der ÄApprO 2002 ergänzt. In § 5 Abs. 2 Nr. 7 IfSG in der Fassung des Ersten Bevölkerungsschutzgesetzes wurden mit lit. c und d entsprechende Verordnungsermächtigungen bezüglich der Approbationsordnung für Zahnärzte und der Approbationsordnung für Apotheker eingefügt. Ferner wurde das BMG durch den neuen § 5 Abs. 2 S. 1 Nr. 10 IfSG ermächtigt, durch Rechtsverordnung ohne Zustimmung des Bundesrates unbeschadet des jeweiligen Ausbildungsziels und der Patientensicherheit abweichende Regelungen von den Berufsgesetzen der Gesundheitsfachberufe und den auf deren Grundlage erlassenen Rechtsverordnungen zu treffen, insbesondere hinsichtlich der Dauer der Ausbildungen, der Nutzung digitaler Unterrichtsformate, der Besetzung der Prüfungsausschüsse, der staatlichen Prüfungen und der Durchführung der Eignungs- und Kenntnisprüfungen. Davon umfasst waren insgesamt 21 Ausbildungen, die in einem neuen § 5 Abs. 2 S. 2 IfSG abschließend aufgezählt wurden.

3. Das Dritte Bevölkerungsschutzgesetz

Erst mit Art. 1 Nr. 4 lit. a des Dritten Bevölkerungsschutzgesetzes erfolgte eine begriffliche Bestimmung des Tatbestands der epidemischen Lage von nationaler Tragweite in § 5 Abs. 1 S. 4 IfSG. § 5 Abs. 1 S. 1 IfSG wurde dahingehend geändert, dass dem Bundestag nun hinsichtlich der Feststellung ein Ermessen eingeräumt wurde („kann […] feststellen"). Zudem wurde in § 5 Abs. 1 S. 3 IfSG vorgeschrieben, dass nicht mehr nur die Aufhebung, sondern auch die Feststellung im Bundesgesetzblatt bekannt zu machen waren. Die Änderungen des § 5 Abs. 1 IfSG waren jedoch im Gesetzentwurf zum Dritten Bevölkerungsschutzgesetz selbst gar nicht vorgesehen, sondern wurden erst im Laufe

des Gesetzgebungsverfahrens durch eine Beschlussempfehlung des Ausschusses für Gesundheit eingebracht.[22]
Des Weiteren wurden die Ermächtigungen des § 5 Abs. 2 S. 1 Nr. 1 bis 3 IfSG durch Art. 1 Nr. 4 lit. b des Dritten Bevölkerungsschutzgesetzes aufgehoben. Allerdings wurden die Ermächtigungen nach § 5 Abs. 2 S. 1 Nr. 1 und 2 IfSG im Wesentlichen in den durch Art. 1 Nr. 18 lit. d des Dritten Bevölkerungsschutzgesetzes neu gefassten § 36 IfSG überführt (Abs. 8 bis 10).[23] Mit der Überführung wurden die bis dahin als Anordnungsermächtigungen des BMG verfassten Regelungen zu Verordnungsermächtigungen „hochgestuft", die – bis auf die Ermächtigung nach § 36 Abs. 7 S. 1 IfSG – nicht mehr das BMG, sondern die Bundesregierung adressierten; eine auf Grundlage des § 36 Abs. 7 S. 1 IfSG erlassene Verordnung bedarf jetzt grundsätzlich der Zustimmung des Bundesrates. Besonders sensible Vorgaben, wie die Pflicht zur Duldung ärztlicher Untersuchungen (§ 5 Abs. 2 Nr. 1 lit. e IfSG in der Fassung des Ersten Bevölkerungsschutzgesetzes), wurden den Ermächtigungen entzogen und im Gesetz selbst verankert. Außerdem ist die Bindung der Ermächtigungen an die Feststellung einer epidemischen Lage von nationaler Tragweite nach § 5 Abs. 1 S. 1 und 6 IfSG entfallen. Die Entwurfsbegründung zum Dritten Bevölkerungsschutzgesetz macht dazu jedoch keine Angaben.[24] Zur Aufhebung der Verordnungsermächtigung des § 5 Abs. 2 S. 1 Nr. 3 IfSG heißt es lediglich, dass die im rechtswissenschaftlichen Schrifttum umstrittene Ermächtigung entfallen könne, weil von ihr vom BMG kein Gebrauch gemacht worden sei.[25]

4. Das Gesetz zur Fortgeltung der epidemischen Lage von nationaler Tragweite

Am 29.3.2021 wurde das Gesetz zur Fortgeltung der die epidemische Lage von nationaler Tragweite betreffenden Regelungen beschlossen.[26] Durch Art. 1 Nr. 1 lit. a cc) i. V. m. Art. 11 Abs. 1 des Gesetzes zur Fortgeltung der epidemischen Lage von nationaler Tragweite wurden mit Wirkung vom 31.3.2021 in den § 5 Abs. 1 IfSG zwei neue Sätze eingefügt. § 5 Abs. 1 S. 3 IfSG bestimmt, dass die Feststellung nach Satz 1 als nach Satz 2 aufgehoben gilt, sofern der Deutsche Bundestag nicht spätestens drei Monate nach der Feststellung nach Satz 1 das

---

22 BT-Drucks. 19/24334, S. 12.
23 Siehe auch BT-Drucks. 19/23944, S. 25, 35 ff.
24 BT-Drucks. 19/23944, S. 25, 35 ff.
25 BT-Drucks. 19/23944, S. 25.
26 BGBl. I, S. 370.

Fortbestehen der epidemischen Lage von nationaler Tragweite feststellt; dies gilt entsprechend, sofern der Deutsche Bundestag nicht spätestens drei Monate nach der Feststellung des Fortbestehens der epidemischen Lage von nationaler Tragweite das Fortbestehen erneut feststellt. Dabei gilt gem. § 5 Abs. 1 S. 4 IfSG die Feststellung des Fortbestehens nach S. 3 als Feststellung i. S. d. S. 1. Mit der Neuregelung wurde eine Fortgeltung der Feststellung einer epidemischen Lage von nationaler Tragweite über den 31.3.2021 hinaus ermöglicht, nachdem § 5 Abs. 4 S. 1 IfSG in der Fassung des Ersten Bevölkerungsschutzgesetzes das Außerkrafttreten einer auf Grundlage des § 5 Abs. 2 IfSG erlassenen Verordnung spätestens mit Ablauf des 31.3.2021 vorgesehen hatte.[27]

5. Der aktuelle Gesetzesstand[28]

Den letzten Beschluss über die Feststellung des Fortbestehens der epidemischen Lage von nationaler Tragweite hat der Deutsche Bundestag am 25.8.2021 gefasst.[29] Mangels erneuter Feststellung ihres Fortbestehens spätestens am 25.11.2021 gilt die Feststellung gem. § 5 Abs. 1 S. 3 Hs. 2 IfSG als nach S. 2 aufgehoben. Die gesetzliche Grundlage des § 5 Abs. 1 S. 1 IfSG für die Feststellung einer epidemischen Lage von nationaler Tragweite durch den Deutschen Bundestag besteht aber unverändert fort, so dass sie, wenn die Voraussetzungen nach § 5 Abs. 1 S. 6 IfSG vorliegen, jederzeit wieder getroffen werden könnte. Die rechtliche Auseinandersetzung mit dem Instrument der Feststellung einer epidemischen Lage von nationaler Tragweite ist damit nicht obsolet geworden. Im Gegenteil werden mittlerweile angesichts des rasanten Anstiegs der Zahl an „Omikron-Fällen"[30] die Rufe nach einer Reaktivierung der epidemischen Lage von nationaler Tragweite zunehmend lauter.[31]

---

27 Siehe die Entwurfsbegründung zum Gesetz zur Fortgeltung der epidemischen Lage von nationaler Tragweite, BT-Drucks. 19/26545, S. 13, 16.
28 Der vorliegende Beitrag berücksichtigt die Gesetzeslage bis einschließlich 7.1.2022.
29 BGBl. I, S. 4072.
30 Eine tägliche Übersicht des Robert Koch-Instituts zu den „Omikron-Fällen" ist abrufbar unter https://www.rki.de/DE/Content/InfAZ/N/Neuartiges_Coronavirus/Situationsberichte/Omikron-Faelle/Omikron-Faelle.html?__blob=publicationFile (7.1.2022).
31 Siehe beispielhaft die Pressemitteilung der Deutschen Interdisziplinären Vereinigung für Intensiv- und Notfallmedizin vom 1.12.2021, abrufbar unter https://www.divi.de/aktuelle-meldungen-intensivmedizin/pm-divi-fordert-umgehend-bundesweit-einheitliche-massnahmen-zur-groesstmoeglichen-kontaktbeschraenkung (7.1.2022).

IV. Die Feststellung des Deutschen Bundestages nach § 5 Abs. 1 IfSG

Gem. § 5 Abs. 1 S. 1 IfSG kann der Deutsche Bundestag eine epidemische Lage von nationaler Tragweite feststellen, wenn die Voraussetzungen nach S. 6 vorliegen. Gem. § 5 Abs. 1 S. 2 IfSG muss er die Feststellung aufheben, wenn die Voraussetzungen nicht mehr vorliegen. Hier ergeben sich Fragen sowohl im Hinblick auf die Rechtsnatur des Feststellungsbeschlusses als auch im Hinblick auf die Anforderungen an dessen Wirksamkeit.

1. Die Rechtsnatur des Feststellungsbeschlusses

Wie der Feststellungsbeschluss nach § 5 Abs. 1 S. 1 IfSG rechtlich zu qualifizieren ist, lässt sich weder dem Gesetz selbst noch den Gesetzesmaterialien entnehmen.[32] Klar ist zunächst nur, dass es sich bei der Feststellung nicht um ein förmliches Gesetz handelt. Es handelt sich aber auch nicht bloß um einen schlichten Parlamentsbeschluss ohne rechtlich verbindliche Wirkung. Vielmehr ist der Feststellungsbeschluss darauf gerichtet, die unter anderem in § 5 Abs. 2 S. 1 IfSG vorgesehenen Befugnisse des BMG zu aktivieren Dies ergibt sich unmittelbar aus § 5 Abs. 2 S. 1 IfSG, wonach das BMG „im Rahmen der epidemischen Lage von nationaler Tragweite" zum Erlass von Verordnungen und Anordnungen ermächtigt wird. Ihre Feststellung hat somit für die Regelungsbefugnisse des BMG konstitutive Wirkung.[33]

Damit weist der Feststellungsbeschluss nach § 5 Abs. 2 S. 1 IfSG konzeptionell eine gewisse Ähnlichkeit zur Feststellung des Verteidigungsfalls nach Art. 115a GG auf, der im Schrifttum als „Staatsleitungsakt von konstitutiver Bedeutung" qualifiziert wird.[34] Er ist jedoch nicht verfassungsrechtlich, sondern nur

---

32 Siehe die Entwurfsbegründung zum Ersten Bevölkerungsschutzgesetz, BT-Drucks. 19/18111, S. 18; ferner die Beschlussempfehlung und den Bericht des Ausschusses für Gesundheit zum Entwurf eines Dritten Bevölkerungsschutzgesetzes, BT-Drucks. 19/24334, S. 12, 70.
33 Siehe auch *Shirvani*, Gesundheitsnotstand und Kompetenzordnung – Zum infektionsschutzrechtlichen Feststellungsbeschluss des Bundestages, JZ 2021, S. 109 (111 f.), der den Feststellungsbeschluss wegen der dadurch bewirkten Kompetenzübertragung im Bereich der Normsetzung und des Normvollzugs gleichermaßen als „Parlamentsakt mit hybrider Wirkung" bezeichnet.
34 *Grote*, in: von Mangoldt/Klein/Starck (Hrsg.), GG, Bd. 3, 7. Aufl. 2018, Art. 115a Rn. 24.

einfachgesetzlich legitimiert.[35] Zudem ist das Verfahren zur Feststellung einer epidemischen Lage von nationaler Tragweite im Vergleich zur Feststellung des Verteidigungsfalls nach Art. 115a GG deutlich weniger stark formalisiert. So trifft der Bundestag die Feststellung des Verteidigungsfalls mit Zustimmung des Bundesrates (Art. 115a Abs. 1 S. 1 GG) und auf Antrag der Bundesregierung (Art. 115a Abs. 1 S. 2 GG). Die Feststellung bedarf gem. Art. 115a Abs. 1 S. 2 GG darüber hinaus einer Mehrheit von zwei Dritteln der abgegebenen Stimmen, mindestens der Mehrheit der Mitglieder des Bundestages i. S. d. Art. 121 GG. Gem. Art. 115a Abs. 3 S. 1 GG wird die Feststellung gem. Art. 82 GG durch den Bundespräsidenten im Bundesgesetzblatt verkündet. Die Bekanntmachung der Feststellung einer epidemischen Lage von nationaler Tragweite im Bundesgesetzblatt sieht § 5 Abs. 1 S. 3 IfSG seit dessen Änderung durch das Dritte Bevölkerungsschutzgesetz ebenfalls vor.[36] Bundesrat und Bundesregierung spielen dagegen bei der Feststellung einer epidemischen Lage von nationaler Tragweite nach § 5 Abs. 1 S 1 IfSG keine Rolle. Auch eine absolute Mehrheit oder qualifizierte Abstimmungsmehrheit für die Beschlussfassung schreibt das IfSG nicht vor.

2. Die Wirksamkeitsvoraussetzungen des Feststellungsbeschlusses

Die Anforderungen an die formelle Wirksamkeit des Feststellungsbeschlusses nach § 5 Abs. 1 IfSG sind somit gering. Mangels abweichender Vorgaben genügt die einfache Abstimmungsmehrheit (Art. 42 Abs. 2 S. 1 GG). Hinzu kommt die Bekanntmachung des Beschlusses im Bundesgesetzblatt (§ 5 Abs. 1 S. 3 IfSG).

Die Materielle Wirksamkeit des Beschlusses setzt zum einen voraus, dass eine epidemische Lage von nationaler Tragweite i. S. d. § 1 Abs. 1 S. 6 IfSG vorliegt. Dabei kommt dem Bundestag eine Einschätzungsprärogative zu,[37] deren Umfang unter Berücksichtigung insbesondere des konkreten Sachverhalts und

---

35 Von einem „kraft einfachen Rechts bindenden Parlamentsbeschluss mit spezifisch verwaltungsrechtlichen Folgen" spricht *Rixen*, Die epidemische Lage von nationaler Tragweite – einfachrechtliche Regelungen und verfassungsrechtliche Problematik, in: Kluckert (Hrsg.), Das neue Infektionsschutzrecht, 2. Aufl. 2021, § 4 Rn. 7.
36 Siehe oben III.3.
37 Beispielhaft *Gerhardt*, IfSG, 5. Aufl. 2021, § 5 Rn. 4, 7; *Hollo*, in: Kießling (Hrsg.), IfSG, 2. Aufl. 2021, § 5 Rn. 9; *Shirvani*, Gesundheitsnotstand und Kompetenzordnung – Zum infektionsschutzrechtlichen Feststellungsbeschluss des Bundestages, JZ 2021, S. 109 (111).

der Schwierigkeit der Prognose zu ermitteln ist.[38] Zum anderen muss der Bundestag sein Ermessen auf der Rechtsfolgenseite (§ 5 Abs. 1 S. 1 IfSG) rechtmäßig ausgeübt haben.

a) Der Tatbestand der epidemischen Lage von nationaler Tragweite

Gem. § 5 Abs. 1 S. 6 IfSG liegt eine epidemische Lage von nationaler Tragweite vor, wenn eine ernsthafte Gefahr für die öffentliche Gesundheit in der gesamten Bundesrepublik Deutschland besteht, weil die Weltgesundheitsorganisation (WHO) eine gesundheitliche Notlage von internationaler Tragweite ausgerufen hat und die Einschleppung einer bedrohlichen übertragbaren Krankheit in die Bundesrepublik Deutschland droht (Nr. 1) oder eine dynamische Ausbreitung einer bedrohlichen übertragbaren Krankheit über mehrere Länder in der Bundesrepublik Deutschland droht oder stattfindet (Nr. 2). Die Begriffsbestimmung einer epidemischen Lage von nationaler Tragweite wurde erst durch das Dritte Bevölkerungsschutzgesetz in § 5 Abs. 1 S. 6 IfSG geregelt.[39] Erläuternde Hinweise dazu lassen sich den Gesetzesmaterialien allerdings nicht entnehmen.[40]

aa) Das Bestehen einer ernsthaften Gefahr für die öffentliche Gesundheit

Die Formulierung des § 5 Abs. 1 S. 6 IfSG macht deutlich, dass das Bestehen einer ernsthaften Gefahr für die öffentliche Gesundheit keiner gesonderten Prüfung respektive Feststellung bedarf, sondern angenommen wird, wenn einer der in Nr. 1 oder Nr. 2 genannten Fälle vorliegt. Denn die Gefahr besteht nach dem Wortlaut des § 5 Abs. 1 S. 6 IfSG, „weil" ein Fall nach Nr. 1 oder Nr. 2 vorliegt; die beiden Fälle begründen also die Annahme einer ernsthaften Gefahr für die öffentliche Gesundheit.[41]

Die öffentliche Gesundheit ist dabei als kollektives Rechtsgut von der individuellen Gesundheit zu unterscheiden.[42] Das ergibt sich bereits aus dem Passus der epidemischen Lage „von nationaler Tragweite". Auch die

---

38 So im Zusammenhang mit der Feststellung der Erforderlichkeit einer bundesgesetzlichen Regelung im gesamtstaatlichen Interesse nach Art. 72 Abs. 2 GG BVerfG, Urt. v. 24.10.2002 – 2 BvF 1/01, BVerfGE 106, 62 (152).
39 Siehe oben III.3.
40 Siehe BT-Drucks. 19/24334, S. 12, 70.
41 Siehe auch VGH BaWü, Beschl. v. 9.11.2021 – 1 S 3254/21, juris, Rn. 34.
42 So im Ergebnis *Kingreen*, Grundlagen des deutschen Infektionsschutzrechts, in: Huster/Kingreen (Hrsg.), Handbuch Infektionsschutzrecht, 2021, Kap. 1 Rn. 104.

Entwurfsbegründung zum Ersten Bevölkerungsschutzgesetz stellt dezidiert auf die „öffentliche Gesundheit in der gesamten Bundesrepublik" bzw. das „gesamte Gesundheitswesen" ab.[43]

bb) Die gefahrbegründenden Ereignisse nach § 5 Abs. 1 S. 6 Nr. 1 und 2 IfSG

§ 5 Abs. 1 S. 6 IfSG sieht zwei Alternativen vor, bei deren Vorliegen das Gesetz vom Bestehen einer ernsthaften Gefahr für die öffentliche Gesundheit ausgeht.

(1) Die Einschleppungsalternative (Nr. 1)

Gem. § 5 Abs. 1 S. 6 Nr. 1 IfSG ist eine solche Gefahr anzunehmen, wenn die WHO eine gesundheitliche Notlage von internationaler Tragweite ausgerufen hat und die Einschleppung einer bedrohlichen übertragbaren Krankheit in die Bundesrepublik Deutschland droht. Die Regelung nimmt Bezug auf Art. 12 i. V. m. Art. 1 der Internationalen Gesundheitsvorschriften (2005) der WHO, die durch die 58. Weltgesundheitsversammlung am 23.5.2005 angenommen[44] und durch das „Gesetz zu den Internationalen Gesundheitsvorschriften (2005) (IGV) vom 23 Mai 2005" vom 20.7.2007[45] nach Maßgabe des Art. 59 Abs. 2 S. 1 GG in deutsches Recht überführt wurden.[46] Damit stehen die IGV (2005) in der deutschen Rechtsordnung im Rang einfachen Bundesrechts.[47]

Gem. Art. 1 IGV (2005) bedeutet „gesundheitliche Notlage von internationaler Tragweite" ein außergewöhnliches Ereignis, das durch die grenzüberschreitende Ausbreitung von Krankheiten eine Gefahr für die öffentliche Gesundheit in anderen Staaten darstellt und möglicherweise eine abgestimmte internationale Reaktion erfordert. Unter einer „Gefahr für die öffentliche Gesundheit" ist

---

43 BT-Drucks. 19/18111, S. 1; darauf rekurrieren auch die Wissenschaftlichen Dienste des Deutschen Bundestages, Vorliegen einer epidemischen Lage von nationaler Tragweite im Sinne des § 5 Absatz 1 Infektionsschutzgesetz – Begriffsverständnis und Feststellung durch den Deutschen Bundestag, WD 9 - 3000 - 045/20, Stand: 8.6.2020, S. 10; ebenso *Kingreen*, Grundlagen des deutschen Infektionsschutzrechts, in: Huster/Kingreen (Hrsg.), Handbuch Infektionsschutzrecht, 2021, Kap. 1 Rn. 104.
44 WHA58.3.
45 BGBl. II, S. 930.
46 Ausführlich zu den IGV (2005) *Gassner*, Internationales und Europäisches Infektionsschutzrecht, in: Kluckert (Hrsg.), Das neue Infektionsschutzrecht, 2. Aufl. 2021, § 1 Rn. 29 ff.
47 Siehe nur BVerfG, Beschl. vom 14.10.2004 – 2 BvR 1481/04, BVerfGE 111, 307 (316 f.); aus dem Schrifttum *Kempen*, in: von Mangoldt/Klein/Starck (Hrsg.), GG, Bd. 2, 7. Aufl. 2018, Art. 59 Rn. 92.

gem. Art. 1 IGV (2005) die Wahrscheinlichkeit eines Ereignisses zu verstehen, das die Gesundheit von Bevölkerungsgruppen beeinträchtigen kann, wobei solche Ereignisse besonders zu beachten sind, die sich grenzüberschreitend ausbreiten oder eine ernste und unmittelbare Bedrohung darstellen können.

Zusätzlich zur Ausrufung einer gesundheitlichen Notlage von internationaler Tragweite durch die WHO gem. Art. 12 i. V. m. Art. 1 IGV (2005) setzt § 5 Abs. 1 S. 6 Nr. 1 IfSG voraus, dass die Einschleppung einer bedrohlichen übertragbaren Krankheit in die Bundesrepublik Deutschland droht. Unter einer übertragbaren Krankheit ist gem. § 2 Nr. 3 IfSG eine durch Krankheitserreger oder deren toxische Produkte, die unmittelbar oder mittelbar auf den Menschen übertragen werden, verursachte Krankheit zu verstehen. Die bedrohliche übertragbare Krankheit wird in § 2 Nr. 3a IfSG definiert als übertragbare Krankheit, die auf Grund klinisch schwerer Verlaufsformen oder ihrer Ausbreitungsweise eine schwerwiegende Gefahr für die Allgemeinheit verursachen kann.[48]

(2) Die Ausbreitungsalternative (Nr. 2)

Gem. § 5 Abs. 1 S. 6 Nr. 2 IfSG wird die Annahme einer ernsthaften Gefahr für die öffentliche Gesundheit durch das Drohen oder Stattfinden einer dynamischen Ausbreitung einer bedrohlichen übertragbaren Krankheit über mehrere Länder in der Bundesrepublik Deutschland begründet. Da sich die bedrohliche übertragbare Krankheit i. S. d. § 2 Nr. 3a IfSG begrifflich gerade durch das Potenzial zur Ausbreitung auszeichnet, impliziert die Feststellung einer solchen Krankheit im Zweifel das Drohen einer dynamischen Ausbreitung i. S. d. § 6 Abs. 1 S. 6 Nr. 2 Alt. 1 IfSG, so dass bei Nachweis einer bedrohlichen übertragbaren Krankheit innerhalb der Bundesrepublik der Tatbestand einer epidemischen Lage von nationaler Tragweite in der Regel erfüllt sein wird.

b) Das Feststellungsermessen des Deutschen Bundestages

Bei Vorliegen der Voraussetzungen nach § 5 Abs. 1 S. 6 IfSG kann der Bundestag gem. § 5 Abs. 1 S. 1 IfSG eine epidemische Lage von nationaler Tragweite

---

48 Eingefügt in das Gesetz durch Art. 1 Nr. 3 des Gesetzes zur Modernisierung der epidemiologischen Überwachung übertragbarer Krankheiten vom 17.7.2017, BGBl. I, S. 2615; die dazu ergangene Entwurfsbegründung (BT-Drucks. 18/10938, S. 47) verweist im vorliegenden Zusammenhang auf die bereits in der Entwurfsbegründung zum SeuchRNeuG enthaltene Begriffsbestimmung von bedrohlichen übertragbaren Krankheiten (BT-Drucks. 14/2530, S. 47, zu § 5 IfSG).

feststellen. Mit dem Dritten Bevölkerungsschutzgesetz wurde die bis dahin normierte Pflicht zur Feststellung durch die Einräumung eines Ermessens ersetzt.[49] Die damit verfolgte Intention lässt sich den Gesetzesmaterialien nicht entnehmen.[50] Es ist jedoch zweifelhaft, ob überhaupt Konstellationen denkbar wären, in denen der Bundestag bei Annahme des Bestehens einer ernsthaften Gefahr für die öffentliche Gesundheit in der gesamten Bundesrepublik Deutschland nach Maßgabe des § 5 Abs. 1 S. 6 Nr. 1 oder 2 IfSG sein Ermessen pflichtgemäß gleichwohl dahingehend ausüben könnte, dass er von der Feststellung einer epidemischen Lage von nationaler Tragweite absähe. Vielmehr liegt es nahe, in solchen Fällen von einer Ermessensreduktion auf Null auszugehen.[51] Dies gilt umso mehr, als sich der Bundestag bei negativer Ausübung seines Feststellungsermessens möglicherweise in Widerspruch zu eigenem Tun setzen würde. Denn das Bestehen einer epidemischen Lage von nationaler Tragweite i. S. d. § 5 Abs. 1 S. 6 IfSG ist der einzige Sachgrund für die weitreichenden Ermächtigungen des BMG, die mit erheblichen verfassungsrechtlichen und einfachgesetzlichen Folgen verbunden sind. Das wiederum bedeutet, dass der Gesetzgeber selbst die Erfüllung des Tatbestandes des § 5 Abs. 1 S. 6 IfSG für so gravierend erachtet hat, dass es aus seiner Sicht gerechtfertigt war, daran derart weitreichende Ermächtigungen der Exekutive zu knüpfen. Die durch § 5 Abs. 1 S. 1 IfSG nunmehr eingeräumte Option, die Feststellung einer epidemischen Lage von nationaler Tragweite bei Vorliegen der Voraussetzungen des § 5 Abs. 1 S. 6 IfSG trotzdem nicht zu treffen, entzieht damit den gesetzlichen Ermächtigungen des BMG zumindest ein Stück weit die Legitimation.

Unabhängig davon besteht aber grundsätzlich kein Spannungsfeld zwischen § 5 Abs. 1 S. 1 IfSG und § 5 Abs. 1 S. 2 IfSG, der die Aufhebung der Feststellung einer epidemischen Lage von nationaler Tragweite bei Entfallen der Voraussetzungen nach § 5 Abs. 1 S. 6 IfSG nicht in das Ermessen des Bundestages stellt, sondern verbindlich vorschreibt.[52] Denn dann, wenn es um grundrechtsrelevante Entscheidungen der öffentliche Gewalt geht, erscheint es gerade angemessen, dieser hinsichtlich der Frage, ob sie eine solche Entscheidung trifft, einen Entscheidungsspielraum zu belassen, um eventuelle Besonderheiten des konkreten Einzelfalls berücksichtigen zu können. Übt die öffentliche Gewalt

---

49 Siehe oben III.3.
50 Siehe BT-Drucks. 19/24334, S. 70.
51 Siehe auch *Gerhardt*, IfSG, 5. Aufl. 2021, § 5 Rn. 8.
52 Anders wohl *Sangs*, Das Dritte Gesetz zum Schutz der Bevölkerung bei einer epidemischen Lage von nationaler Tragweite und Gesetzgebung während der Pandemie, NVwZ 2020, S. 1780 (1781).

ihr Ermessen positiv aus, ist es jedoch aus Gründen der Verhältnismäßigkeit zwingend geboten, die Maßnahme bei Entfallen der Tatbestandsvoraussetzungen zu beenden bzw. die Entscheidung aufzuheben.

V. Verfassungsrechtliche Probleme

Verfassungsrechtlich problematisch sind die weitreichenden Verordnungs- und Anordnungsermächtigungen des BMG zum einen im Hinblick auf das Verhältnis von Bundesgesetzgeber und Bundesverwaltung, die Rechtsetzungsbefugnisse betreffend, zum anderen im Hinblick auf das Verhältnis von Bund und Ländern, sowohl die Gesetzgebungs- als auch die Verwaltungszuständigkeit betreffend.

1. Das IfSG im horizontalen Kompetenzgefüge des Grundgesetzes

Mit der Feststellung einer epidemischen Lage von nationaler Tragweite durch den Bundestag gem. § 5 Abs. 1 S. 1 und 6 IfSG werden unter anderem die Befugnisse des BMG nach § 5 Abs. 2 S. 1 Nr. 4, 7, 8 und 10 IfSG aktiviert, im Rahmen einer epidemischen Lage von nationaler Tragweite die dort genannten Maßnahmen durch Rechtsverordnung zu treffen. Darüber hinaus wird das BMG an vielen Stellen des IfSG auch ohne das Erfordernis der vorherigen Feststellung einer epidemischen Lage von nationaler Tragweite nach § 5 Abs. 1 S. 1 und 6 IfSG zum Verordnungserlass ermächtigt, zum Beispiel durch § 20 Abs. 6 IfSG (Anordnung einer Teilnahme bedrohter Teile der Bevölkerung an Schutzimpfungen oder anderen Maßnahmen der spezifischen Prophylaxe) oder durch § 36 Abs. 7 IfSG[53] (Regulierung der Einreise von Personen in die Bundesrepublik Deutschland). In beiden Fällen wird das Grundrecht auf körperliche Unversehrtheit aus Art. 2 Abs. 2 S. 1 GG eingeschränkt (§ 20 Abs. 14 und § 36 Abs. 13 IfSG); im Falle des § 36 Abs. 7 IfSG werden zudem die Grundrechte auf Freiheit der Person aus Art. 2 Abs. 2 S. 2 GG und auf Freizügigkeit aus Art. 11 Abs. 1 GG eingeschränkt (§ 36 Abs. 13 IfSG).

a) Die Wesentlichkeitstheorie als allgemeiner parlamentsgesetzlicher Vorbehalt

Vor diesem Hintergrund stellt sich zunächst die Frage nach der Vereinbarkeit der Ermächtigungen des BMG zum Verordnungserlass mit dem aus dem

---

53 Ursprünglich, das heißt in der Fassung des Ersten Bevölkerungsschutzgesetzes vom 27.3.2020, noch geregelt in § 5 Abs. 2 Nr. 1 IfSG; siehe oben III.3.

Demokratie- und Rechtsstaatsprinzip des Art. 20 GG abgeleiteten Grundsatz des Vorbehalts des Gesetzes, der den Gesetzgeber verpflichtet, „in grundlegenden normativen Bereichen, zumal im Bereich der Grundrechtsausübung, soweit diese staatlicher Regelung zugänglich ist, alle wesentlichen Entscheidungen selbst zu treffen [...]"[54] und eben nicht der Verwaltung zu überlassen.[55] Der Umfang des parlamentarischen Regelungsvorbehalts bestimmt sich ausweislich der Rechtsprechung des BVerfG „nach der Intensität, mit welcher die Grundrechte der Regelungsadressaten betroffen werden."[56] Handelt es sich demnach um einschneidende Maßnahmen, die für die Verwirklichung eines Grundrechts erhebliche Bedeutung haben, so hat dies „typischerweise ein Verbot der Normdelegation und ein Gebot größerer Regelungsdichte durch den parlamentarischen Gesetzgeber zur Folge [...]."[57] Das bedeute allerdings noch nicht, so das BVerfG, dass ergänzende Regelungen durch Rechtsverordnung ausgeschlossen seien.[58] Soweit ein Delegationsverbot im Sinne eines parlamentsgesetzlichen Vorbehalts nicht besteht, darf der Gesetzgeber die Exekutive zur Normsetzung ermächtigen. Dabei muss er jedoch den Anforderungen des Art. 80 Abs. 1 GG genügen.

b) Art. 80 Abs. 1 GG als Konkretisierung der Wesentlichkeitstheorie

Art. 80 Abs. 1 S. 2 GG schreibt vor, dass ein Parlamentsgesetz, das die Exekutive zum Erlass einer Rechtsverordnung ermächtigt, selbst Inhalt, Zweck und Ausmaß der Ermächtigung bestimmen muss. Es handelt sich somit um eine Konkretisierung der Wesentlichkeitstheorie.[59] Das Parlament dürfe sich, so das BVerfG, bei einer Ermächtigung der Exekutive zum Verordnungserlass „nicht durch eine Blankoermächtigung an die Exekutive seiner Verantwortung für die Gesetzgebung entledigen und damit selbst entmachten."[60] Es müsse – entsprechend dem Grundsatz der Gewaltenteilung – stets Herr der Gesetzgebung

---

54 M. w. N. BVerfG, Beschl. v. 8.8.1978 – 2 BvL 8/77, BVerfGE 49, 89 (126); BVerfG, Beschl. v. 1.4.2014 – 2 BvF 1, 3/12, BVerfGE 136, 69, Rn. 102.
55 BVerfG, Urt. v. 24.5.2006 – 2 BvR 669/04, BVerfGE 116, 24 (58).
56 BVerfG, Beschl. v. 20.10.1981 – 1 BvR 640/80, BVerfGE 58, 257 (274).
57 BVerfG, Urt. v. 19.9.2018 – 2 BvF 1, 2/15, BVerfGE 150, 1, Rn. 195; siehe aus dem Schrifttum *Brenner*, in: von Mangoldt/Klein/Starck (Hrsg.), GG, Bd. 2, 7. Aufl. 2018, Art. 80 Rn. 37; *Mann*, in: Sachs (Hrsg.), GG, 9. Aufl. 2021, Art. 80 Rn. 22.
58 BVerfG, Urt. v. 19.9.2018 – 2 BvF 1, 2/15, BVerfGE 150, 1, Rn. 195.
59 BVerfG, Urt. v. 19.9.2018 – 2 BvF 1, 2/15, BVerfGE 150, 1, Rn. 199.
60 BVerfG, Urt. v. 19.9.2018 – 2 BvF 1, 2/15, BVerfGE 150, 1, Rn. 199.

bleiben.⁶¹ Das bedeute, dass der parlamentarische Gesetzgeber durch die Ermächtigung selbst entscheide, welche Fragen durch Rechtsverordnung geregelt werden könnten oder sollten. Dazu müsse er die Grenzen einer solchen Regelung festlegen und angeben, welchem Ziel sie dienen solle (sog. Selbstentscheidungsvorbehalt). Er müsse der ermächtigten Stelle darüber hinaus ein „Programm" an die Hand geben [Anführungsstriche im Original], das mit der Ermächtigung verwirklicht werden solle (sog. Programmfestsetzungspflicht). Und schließlich solle bereits auf Grund der Ermächtigung vorhersehbar sein, in welchen Fällen und mit welcher Tendenz von ihr Gebrauch gemacht würde und welchen Inhalt die auf Grund der Ermächtigung erlassenen Verordnungen haben könnten, so dass sich die Normunterworfenen mit ihrem Verhalten darauf einstellen könnten (sog. Vorhersehbarkeitsgebot).⁶²

Allerdings macht das BVerfG auch deutlich, dass das Erfordernis der hinreichenden Bestimmtheit gesetzlicher Ermächtigungen es dem Gesetzgeber nicht verwehrt, in der Ermächtigungsnorm Generalklauseln und unbestimmte Rechtsbegriffe zu verwenden. Vielmehr genüge es, dass sich die gesetzlichen Vorgaben mit Hilfe allgemeiner Auslegungsregeln erschließen ließen, insbesondere aus dem Zweck, dem Sinnzusammenhang und der Vorgeschichte des (gesamten) Gesetzes.⁶³ Das im konkreten Fall erforderliche Maß an Bestimmtheit hänge daneben von der Eigenart des zu regelnden Sachverhalts ab, insbesondere davon, in welchem Umfang dieser einer genaueren begrifflichen Umschreibung überhaupt zugänglich sei. Sei dies nicht der Fall, so könne es geboten sein, die nähere Ausgestaltung des zu regelnden Sachbereichs dem Verordnungsgeber zu überlassen, der in der Lage sei, die Regelungen rascher und einfacher auf dem neuesten Stand zu halten als der Gesetzgeber. Bei vielgestaltigen, komplexen Lebenssachverhalten oder absehbaren Änderungen der tatsächlichen Verhältnisse seien etwa geringere Anforderungen an die Bestimmtheit zu stellen als bei einfach gelagerten und klar vorhersehbaren Lebenssachverhalten. Dies ermögliche sachgerechte, situationsbezogene Lösungen bei der Abgrenzung von Befugnissen des Gesetzgebers und der Exekutive.⁶⁴

---

61 BVerfG, Urt. v. 19.9.2018 – 2 BvF 1, 2/15, BVerfGE 150, 1, Rn. 199; so auch *Brenner*, in: von Mangoldt/Klein/Starck (Hrsg.), GG, Bd. 2, 7. Aufl. 2018, Art. 80 Rn. 29.
62 BVerfG, Urt. v. 19.9.2018 – 2 BvF 1, 2/15, BVerfGE 150, 1, Rn. 202.
63 BVerfG, Urt. v. 19.9.2018 – 2 BvF 1, 2/15, BVerfGE 150, 1, Rn. 203.
64 BVerfG, Urt. v. 19.9.2018 – 2 BvF 1, 2/15, BVerfGE 150, 1, Rn. 204.

c) Übertragung der verfassungsrechtlichen Maßstäbe auf das IfSG

Problematisch im Hinblick auf die Vereinbarkeit mit den Anforderungen des allgemeinen Gesetzesvorbehalts bzw. des Art. 80 Abs. 1 S. 2 GG als spezieller Ausprägung des allgemeinen Gesetzesvorbehalts erscheinen unter anderem die Verordnungsermächtigung des § 36 Abs. 7 IfSG mit deren besonderer Grundrechtsrelevanz sowie die weitreichenden Ermächtigungen nach § 5 Abs. 2 S. 1 IfSG zur Änderung oder gar Aussetzung zahlreicher Bundesgesetze und der auf Grundlage dieser Gesetze erlassenen Rechtsverordnungen und Beschlüsse des G-BA, die hier exemplarisch einer näheren Prüfung unterzogen werden sollen.

aa) Die Verordnungsermächtigung des § 36 Abs. 7 IfSG

Gem. § 36 Abs. 7 S. 1 IfSG wird das BMG ermächtigt, durch Rechtsverordnung mit Zustimmung des Bundesrates (gem. S. 5 in dringenden Fällen aber auch ohne Zustimmung des Bundesrates) festzulegen, dass Personen, die in die Bundesrepublik Deutschland einreisen wollen oder eingereist sind und die wahrscheinlich einem erhöhten Infektionsrisiko für eine bestimmte bedrohliche übertragbare Krankheit ausgesetzt waren, vor oder nach ihrer Einreise ein ärztliches Zeugnis darüber vorzulegen haben, dass bei ihnen keine Anhaltspunkte für das Vorliegen einer solchen bedrohlichen übertragbaren Krankheit vorhanden sind, sofern dies zum Schutz der Bevölkerung vor einer Gefährdung durch bedrohliche übertragbare Krankheiten erforderlich ist (S. 1). Personen, die kein auf Grund der Rechtsverordnung erforderliches ärztliches Zeugnis vorlegen, sind nach S. 2 qua Gesetz verpflichtet, eine ärztliche Untersuchung auf Ausschluss einer bedrohlichen übertragbaren Krankheit i. S. d. S. 1 zu dulden. Gem. S. 3 können in der Rechtsverordnung nähere Einzelheiten, insbesondere zu den betroffenen Personengruppen, zu den Anforderungen an das ärztliche Zeugnis nach S. 1 und zu der ärztlichen Untersuchung nach S. 2, bestimmt werden.

Hier stellt sich in der Tat die Frage, ob der Parlamentsgesetzgeber die Befugnis zur Regelung dieses Sachverhalts überhaupt auf die Verwaltung übertragen durfte oder den Sachverhalt nicht hätte selbst regeln müssen. Gerade die Pflicht zur Duldung einer ärztlichen Untersuchung ist eine einschneidende Maßnahme, die für die Verwirklichung des Grundrechts auf körperliche Unversehrtheit aus Art. 2 Abs. 2 S. 1 GG erhebliche Bedeutung hat. Zwar wird die Duldungspflicht als solche gesetzlich angeordnet. Allerdings knüpft diese Pflicht unmittelbar an die Regelungsinhalte der Rechtsverordnung nach § 36 Abs. 7 S. 1 und gegebenenfalls S. 3 IfSG zu den betroffenen Personengruppen und den Anforderungen an das ärztliche Zeugnis an; außerdem kann das BMG nach S. 3 nähere

Einzelheiten zu der ärztlichen Untersuchung bestimmen. Daraus erwächst eine erhebliche Grundrechtsrelevanz der dem BMG übertragenen Regelungsmaterie. Sollte man ein Delegationsverbot gleichwohl ablehnen, erschiene es aber jedenfalls gerechtfertigt, einen Verstoß gegen Art. 80 Abs. 1 S. 2 GG zu bejahen. Unbeschadet der dem Gesetzgeber durch das BVerfG eingeräumten Befugnis, die Anforderungen an die Bestimmtheit einer Ermächtigungsnorm bei, wie vorliegend, vielgestaltigen, komplexen und dynamischen Lebenssachverhalten entsprechend zu reduzieren und dem Verordnungsgeber die nähere Ausgestaltung des betreffenden Sachbereichs zu überlassen, genügt § 36 Abs. 7 IfSG weder der Programmsetzungspflicht noch dem Gebot der Vorhersehbarkeit für die Normunterworfenen. So ist bereits unklar, ab wann zulässigerweise von der Annahme, dass eine Person „wahrscheinlich" einem „erhöhten Infektionsrisiko" ausgesetzt war, ausgegangen werden kann. Unklar ist auch, welche Anforderungen an den Nachweis zu stellen sind, dass „keine Anhaltspunkte" für eine bedrohliche übertragbare Krankheit vorliegen, und wann bzw. inwieweit ein solcher Nachweis zum Schutz der Bevölkerung „erforderlich" ist. Ferner enthält die Ermächtigung keinerlei Hinweis zu Umfang und Ablauf der gegebenenfalls zu duldenden ärztlichen Untersuchung. Auch den Gesetzesmaterialien lässt sich dazu nichts entnehmen.[65]

Dass sich der Gesetzgeber der unzureichenden Bestimmtheit der Ermächtigung selbst bewusst war, belegt die Ermächtigung des BMG nach § 36 Abs. 7 S. 3 IfSG, Näheres zu den betroffenen Personengruppen, den Anforderungen an das ärztliche Zeugnis und der ärztlichen Untersuchung zu regeln. Allerdings belässt es der Gesetzgeber bei der bloßen Ermächtigung, anstatt das BMG zur näheren Bestimmung des Tatbestands in der Verordnung zu verpflichten. Damit nimmt er es aber gerade in Kauf, dass das BMG bei Gebrauchmachen von der Ermächtigung nach § 36 Abs. 7 S. 1 IfSG von einer solchen Konkretisierung absieht mit dem Ergebnis, dass dem Bestimmtheitsgebot nicht hinreichend genügt wird.

bb) Die Verordnungsermächtigungen des § 5 Abs. 2 S. 1 IfSG

Zweifel an der Vereinbarkeit mit Art. 80 Abs. 1 S. 2 GG werfen zudem die Ermächtigungen nach § 5 Abs. 2 S. 1 IfSG auf, die es dem BMG in großem Umfang ermöglichen, von geltendem Recht abzuweichen. Dabei werden die Abweichungsbefugnisse überwiegend nicht auf konkrete Normen oder

---

[65] BT-Drucks. 19/18111, S. 19 (zu § 5 Abs. 2 Nr. 1 IfSG); BT-Drucks 19/23944, S. 36 f. (zu § 36 Abs. 8 und 10 S. 2 IfSG).

Normkomplexe der betreffenden Parlamentsgesetze, Verordnungen oder Beschlüsse des G-BA beschränkt; vielmehr erstrecken sie sich pauschal auf ganze Rechtsbereiche. Augenfällig wird dies beispielsweise in § 5 Abs. 2 S. 1 Nr. 4 lit. a IfSG, der es dem BMG gestattet, Ausnahmen unter anderem von den Vorschriften des Arzneimittelgesetzes, des Betäubungsmittelgesetzes, des Apothekengesetzes, des Fünften Buches Sozialgesetzbuch, des Transfusionsgesetzes, des Heilmittelwerbegesetzes sowie der auf ihrer Grundlage erlassenen Rechtsverordnungen zuzulassen. § 5 Abs. 2 S. 1 Nr. 7 lit. a IfSG eröffnet dem BMG zusätzlich die Möglichkeit, untergesetzliche Richtlinien, Regelungen, Vereinbarungen und Beschlüsse der Selbstverwaltungspartner nach dem SGB V – dies betrifft vor allem die Richtlinien des G-BA – und nach Gesetzen, auf die im SGB V Bezug genommen wird, anzupassen, zu ergänzen oder auszusetzen. Für das Recht der gesetzlichen Krankenversicherung etwa bedeutet dies, dass das BMG befugt ist, per Verordnung „das" (das heißt das gesamte) SGB V, „die" (das heißt alle) auf Grundlage des SGB V erlassenen Verordnungen sowie untergesetzliche Richtlinien, Regelungen, Vereinbarungen und Beschlüsse der Selbstverwaltungspartner nach dem SGB V und nach den Gesetzen, auf die im SGB V Bezug genommen wird (das heißt mangels Konkretisierung alle hier genannten Regelwerke) zu ändern oder gar auszusetzen. Das kommt einer Blankoermächtigung gleich, mit welcher der Gesetzgeber seiner Programmfestsetzungspflicht und dem Gebot der Vorhersehbarkeit – selbst unter Berücksichtigung der vom BVerfG formulierten reduzierten Anforderungen an die Bestimmtheit einer Ermächtigung im Falle einer hohen Komplexität und Dynamik des Lebenssachverhalts[66] – nicht mehr gerecht wird.[67]

---

66   Insoweit anders die Wissenschaftlichen Dienste des Deutschen Bundestages, Staatsorganisation und § 5 Infektionsschutzgesetz, WD 3 - 3000 - 080/20, Stand: 2.4.2020, S. 9, welche den „vielgestaltige[n] Sachverhalt' des Infektionsschutzes" als Argument für die Zulässigkeit der Ermächtigungen des § 5 Abs. 2 IfSG ansehen.
67   Siehe auch *Mayen*, Der verordnete Ausnahmezustand – Zur Verfassungsmäßigkeit der Befugnisse des Bundesministeriums für Gesundheit nach § 5 IfSG, NVwZ 2020, S. 828 (831 f.); *Dreier*, Rechtsstaat, Föderalismus und Demokratie in der Corona-Pandemie, DÖV 2021, S. 229 (236 f.); hinsichtlich der Programmfestsetzungspflicht des Gesetzgebers und des Gebots der Vorhersehbarkeit jedenfalls „gewichtige Bedenken" äußern die Wissenschaftlichen Dienste des Deutschen Bundestages, Staatsorganisation und § 5 Infektionsschutzgesetz, WD 3 - 3000 - 080/20, Stand: 2.4.2020, S. 9; vom „Gebot der höchst restriktiven, regelungsplanwahrenden Auslegung" spricht *Rixen*, Die epidemische Lage von nationaler Tragweite – einfachrechtliche Regelungen und verfassungsrechtliche Problematik, in: Kluckert, Das

2. Das IfSG im vertikalen Kompetenzgefüge des Grundgesetzes

Im Verhältnis von Bund und Ländern ergeben sich durch die Ermächtigungen des BMG nach § 5 Abs. 2 S. 1 IfSG zum Erlass von Rechtsverordnungen und Anordnungen Probleme sowohl hinsichtlich der Gesetzgebungs- als auch der Verwaltungszuständigkeit.

a) Die Ebene der Gesetzgebung

Mit Erlass des IfSG hat der Bund von seiner konkurrierenden Gesetzgebungszuständigkeit nach Art. 74 Abs. 1 Nr. 19 Var. 1 GG gem. Art. 72 Abs. 1 GG Gebrauch gemacht.[68] Die Erforderlichkeitsklausel des Art. 72 Abs. 2 GG als – neben den Grenzen der Kompetenztitel des Art. 74 Abs. 1 GG – „zusätzliche Schranke für die Ausübung der Bundeskompetenz"[69] gilt hier nicht. Solange und soweit der Bund von seiner Gesetzgebungszuständigkeit Gebrauch gemacht hat, tritt eine Sperrwirkung für die Länder ein, die insoweit zur Nichtigkeit bestehenden oder später erlassenen Landesrechts führt.[70] Dies gilt unabhängig davon, ob das nicht kompetenzmäßig erlassene Landesrecht den getroffenen bundesrechtlichen Regelungen widerspricht.[71]

---

neue Infektionsschutzrecht, 2. Aufl. 2021, § 4 Rn. 20; siehe auch *Rixen*, Gesundheitsschutz in der Corona-Krise – Die (Neu-)Regelungen des Infektionsschutzgesetzes, NJW 2020, S. 1097 (1102 f.); in diese Richtung auch *Meßling*, Gesetz zum Schutz der Bevölkerung bei einer epidemischen Lage von nationaler Tragweite vom 27.3.2020, NZS 2020, S. 321 (324).
68   Siehe oben II.
69   BVerfG, Urt. v. 24.10.2002 – 2 BvF 1/01, BVerfGE 106, 62 (135).
70   BVerfG, Beschl. v. 14.1.2015 – 1 BvR 931/12, BVerfGE 138, 261, Rn. 50, das Art. 72 Abs. 2 GG als lex specialis zu Art. 31 GG sieht; ebenso *Broemel*, in: von Münch/Kunig (Hrsg.), GG, Bd. 2, 7. Aufl. 2021, Art. 72 Rn. 27; *Oeter*, in: von Mangoldt/Klein/Starck (Hrsg.), GG, Bd. 2, 7. Aufl. 2018, Art. 72, Rn. 86 f.; *Kment*, in: Jarass/Pieroth, GG, 16. Aufl. 2020, Art. 72 Rn. 11a; *Degenhart*, in: Sachs (Hrsg.), GG, 9. Aufl. 2021, Art. 72 Rn. 38; für eine Anwendung des Art. 31 GG hingegen BVerwG, Urt. v. 27.11.1992 – 8 C 9/91, NVwZ 1993, S. 1197 (1197).
71   BVerfG, Beschl. v. 29.3.2000 – 2 BvL 3/96, BVerfGE 102, 99 (115); BVerfG, Urt. v. 10.2.2004 – 2 BvR 834, 1588/02, BVerfGE 109, 190 (230); *Broemel*, in von Münch/Kunig (Hrsg.), GG, Bd. 2, 7. Aufl. 2021, Art. 72 Rn. 27; *Oeter*, in: von Mangoldt/Klein/Starck (Hrsg.), GG, Bd. 2, 7. Aufl. 2018, Art. 72 Rn. 86 f.; *Degenhart*, in: Sachs (Hrsg.), GG, 9. Aufl. 2021, Art. 72 Rn. 33, 38; *Jarass*, Regelungsspielräume des Landesgesetzgebers im Bereich der konkurrierenden Gesetzgebung und in anderen Bereichen, NVwZ 1996, S. 1041 (1043).

aa) Das Gebrauchmachen durch den „IfSG-Gesetzgeber" i. S. d. Art. 72 Abs. 1 GG

Fraglich ist nun, in welchem Umfang der Bund von seiner Gesetzgebungszuständigkeit nach Art. 74 Abs. 1 Nr. 19 Var. 1 GG Gebrauch gemacht hat.

(1) Die Voraussetzungen eines Gebrauchmachens i. S. d. Art. 72 Abs. 1 GG

Ein Gebrauchmachen i. S. d. Art. 72 Abs. 1 GG liegt nach der Judikatur des BVerfG nicht nur dann vor, wenn der Bund positiv eine Regelung getroffen hat.[72] Auch in dem absichtsvollen Unterlassen einer Regelung könne ein Gebrauchmachen von einer Bundeszuständigkeit liegen, das dann insoweit eine Sperrwirkung für die Länder erzeuge. Zu einem erkennbar gewordenen Willen des Bundesgesetzgebers, zusätzliche Regelungen auszuschließen, dürfe sich ein Landesgesetzgeber nicht in Widerspruch setzen, selbst wenn er das Bundesgesetz – gemessen an höherrangigen Grundrechtsverbürgungen – wegen des Fehlens der Regelung für unzureichend halte.[73] Die Frage, ob und inwieweit der Bund von einer Zuständigkeit Gebrauch gemacht habe, könne jedoch, so das BVerfG, im Einzelnen schwer zu entscheiden sein. Die Antwort ergebe sich in erster Linie aus dem Bundesgesetz selbst, in zweiter Linie aus dem hinter dem Gesetz stehenden Regelungszweck, ferner aus der Gesetzgebungsgeschichte und den Gesetzesmaterialien. Das gelte auch bei einem absichtsvollen Regelungsverzicht, der in dem Gesetzestext selbst keinen unmittelbaren Ausdruck finden könne. Ob der Gebrauch, den der Bund von einer Kompetenz gemacht habe, abschließend sei, müsse auf Grund einer Gesamtwürdigung des betreffenden Normenkomplexes festgestellt werden. Jedenfalls aber setze die Sperrwirkung für die Länder voraus, dass der Gebrauch der Kompetenz durch den Bund hinreichend erkennbar sei.[74]

(2) Das IfSG in der Fassung des SeuchRNeuG

Dass der Bund mit dem IfSG in dessen ursprünglicher Fassung von seiner Gesetzgebungszuständigkeit nach Art. 74 Abs. 1 Nr. 19 Var. 1 GG abschließend Gebrauch machen wollte, wird weitgehend bejaht[75] und ergibt sich schon aus

---

72 BVerfG, Urt. v. 27.10.1998 – 1 BvR 2306/96 u. a., BVerfGE 98, 265 (300).
73 BVerfG, Urt. v. 27.10.1998 – 1 BvR 2306/96 u. a., BVerfGE 98, 265 (300).
74 BVerfG, Urt. v. 27.10.1998 – 1 BvR 2306/96 u. a., BVerfGE 98, 265 (300 f.).
75 Aus dem Schrifttum m. w. N. *Sodan*, Infektionsschutzrecht, in: Ehlers/Fehling/Pünder (Hrsg.), Besonderes Verwaltungsrecht, Bd. 2, 4. Aufl. 2020, § 56 Rn. 20; *Kluckert*, Verfassungs- und verwaltungsrechtliche Grundlagen des Infektionsschutzrechts,

der Entwurfsbegründung zum SeuchRNeuG. Dort heißt es, dass eine bundesrechtliche Regelung des Infektionsschutzrechts gem. Art. 72 Abs. 2 GG [damals in der Fassung des Art. 1 Nr. 5 des Gesetzes zur Änderung des Grundgesetzes vom 27.10.1994[76]] zur Herstellung gleichwertiger Lebensverhältnisse im Bundesgebiet erforderlich sei[77,78] Das Ziel, durch die Regelung eine effektive Bekämpfung übertragbarer Krankheiten zu ermöglichen, könne nur erreicht werden, wenn im gesamten Bundesgebiet einheitliche Regelungen zum Schutz der Bevölkerung vor übertragbaren Krankheiten gölten. Bei einer landesrechtlichen Regelung des Infektionsschutzrechts könnten bei unterschiedlicher Ausgestaltung bzw. Nichtregelung je nach Land effektive Schutzmaßnahmen gegen übertragbare Krankheiten nicht ergriffen werden.[79]

(3) Das IfSG in der Fassung des Ersten Bevölkerungsschutzgesetzes

An der Notwendigkeit bundeseinheitlicher Regelungen bzw. Maßnahmen zum Infektionsschutz lässt auch die Entwurfsbegründung zum Ersten Bevölkerungsschutzgesetz keinen Zweifel. Im Gegenteil ist es gerade Regelungsgrund der umfangreichen Ermächtigungen des BMG, einer epidemischen Lage auf Bundesebene effektiver begegnen zu können als auf Landesebene.[80] Das spricht an sich dafür, dass der Gesetzgeber von seiner Regelungszuständigkeit abschließend Gebrauch machen wollte.

Der Wille des Gesetzgebers ist allerdings nur ein Faktor, der bei der Bewertung der Frage, ob der Bund von seiner konkurrierenden Gesetzgebungszuständigkeit abschließend Gebrauch gemacht hat, eine Rolle spielt. In erster Linie ist das Gesetz selbst zu betrachten. Durch die Neufassung des § 5 IfSG durch das Erste Bevölkerungsschutzgesetz, konkret durch die Regelung des § 5 Abs. 2 S. 1 IfSG, könnte aber der Wille des Gesetzgebers, abschließend von seiner Gesetzgebungszuständigkeit nach Art. 74 Abs. 1 Nr. 19 Var. 1 GG

---

in: Kluckert (Hrsg.), Das neue Infektionsschutzrecht, 2. Aufl. 2021, § 2 Rn. 15; *Hollo*, in: Kießling (Hrsg.), IfSG, 2. Aufl. 2021, § 5 Rn. 13.
76 BGBl. I, S. 3146.
77 Die heutige Fassung des Art. 72 Abs. 2 GG, nach der die Erforderlichkeitsklausel auf den Kompetenztitel des Art. 74 Abs. 1 Nr. 19 GG keine Anwendung mehr findet, wurde erst durch Art. 1 Nr. 5 lit. a i. V. m. Art. 2 des Gesetzes zur Änderung des Grundgesetzes vom 28.8.2006 (BGBl. I, S. 2034) mit Wirkung vom 1.9.2006 in das Grundgesetz aufgenommen.
78 BT-Drucks. 14/2530, S. 39.
79 BT-Drucks. 14/2530, S. 39.
80 BT-Drucks. 19/18111, S. 1; siehe auch oben I.

Gebrauch zu machen, durchbrochen worden sein. Denn danach wird das BMG im Rahmen der epidemischen Lage von nationaler Tragweite zum Erlass der dort genannten Verordnungen (Nr. 4, 7, 8 und 10) „unbeschadet der Befugnisse der Länder" ermächtigt. In der Entwurfsbegründung zum Ersten Bevölkerungsschutzgesetz heißt es dazu, diese Anordnungsbefugnisse träten neben die Rechtsetzungs- und Verwaltungsbefugnisse der Länder, gleichgültig, ob sie nach diesem Gesetz oder auf Grundlage anderer Vorschriften bestünden.[81] Regelungen der Länder dürften den Regelungen des Bundes in diesem Rahmen nicht widersprechen.[82]

Nach dem Normwortlaut bezieht sich der Passus „unbeschadet der Befugnisse der Länder" ersichtlich auf alle Ermächtigungen des BMG nach § 5 Abs. 2 S. 1 IfSG, das heißt auf die Verordnungs- und Anordnungsermächtigungen gleichermaßen. Insoweit irritiert es, dass in der Entwurfsbegründung lediglich von „diesen Anordnungsbefugnissen" die Rede ist. Bezugspunkt auch in der Entwurfsbegründung sind jedoch die Rechtsverordnungen und Anordnungen. Es ist also nach dem Wortlaut des § 5 Abs. 2 S. 1 IfSG und den Gesetzesmaterialien zunächst davon auszugehen, dass die Befugnisse der Länder zu Rechtsetzung und Vollzug unberührt bleiben („unbeschadet"). Das wiederum impliziert, dass der Bund den Ländern dem Grunde nach Rechtsetzungsbefugnisse zugesteht. Daher erscheint es zulässig, ein abschließendes Gebrauchmachen des Bundes von seiner konkurrierenden Gesetzgebungszuständigkeit nach Art. 74 Abs. 1 Nr. 19 Var. 1 GG im Regelungskontext des § 5 Abs. 2 S. 1 IfSG abzulehnen.[83] Dadurch indes, dass die Regelungen der Länder denen des Bundes im Rahmen der dem BMG nach § 5 Abs. 2 S. 1 IfSG eingeräumten Regelungsbefugnisse nicht widersprechen dürfen[84] und ebendieser Rahmen außerordentlich weit gefasst ist, beschränkt sich die Gesetzgebungskompetenz der Länder letztlich weitgehend auf inhaltlich dem Bundesrecht gleichlautende Vorgaben, was faktisch einer Sperrwirkung nahekommt.

---

81 BT-Drucks. 19/18111, S. 19.
82 BT-Drucks. 19/18111, S. 19.
83 Siehe auch *Rixen*, Die epidemische Lage von nationaler Tragweite – einfachrechtliche Regelungen und verfassungsrechtliche Problematik, in: Kluckert (Hrsg.), Das neue Infektionsschutzrecht, 2. Aufl. 2021, § 4 Rn. 41, der von einer „einzelfallabhängigen Öffnungsklausel zugunsten der Länder" spricht.
84 Vgl. BT-Drucks. 19/18111, S. 19.

bb) Die Verordnungsermächtigungen des BMG als Gebrauchmachen i. S. d. Art. 72 Abs. 1 GG

Allerdings gilt es zu klären, ob bzw. wie der Umstand, dass der Bund zahlreiche seiner Regelungsbefugnisse per Verordnungsermächtigung an die Exekutive des Bundes delegiert hat, das Auslösen einer Sperrwirkung nach Art. 72 Abs. 2 GG – und vorliegend entsprechend das Auslösen des Widerspruchsverbots für die Länder – beeinflusst.

Gem. Art. 72 Abs. 1 GG tritt eine Sperrwirkung nur ein, soweit der Bund von seiner konkurrierenden Gesetzgebungszuständigkeit „durch Gesetz" Gebrauch gemacht hat. Ginge man mit einem Teil des Schrifttums davon aus, dass bereits der Erlass einer Verordnungsermächtigung als solcher ein Gebrauchmachen „durch Gesetz" wäre,[85] wären die Länder, wenn sich die Ermächtigung an die Exekutive des Bundes richtete, insoweit von der Normsetzung ausgeschlossen, als die Ermächtigungsgrundlage gegebenenfalls selbst schon inhaltliche Regelungen träfe, ferner, soweit die Ermächtigung reichte.[86] Demnach würden die Ermächtigungen des BMG nach dem IfSG, insbesondere die Blankoermächtigungen nach § 5 Abs. 2 S. 1 IfSG, wenn man diese nicht, wie vorliegend, als verfassungswidrig ansähe[87], für die Länder insoweit eine umfassende Sperrwirkung entfalten mit der Folge, dass, solange und soweit das BMG keinen Gebrauch von den Ermächtigungen gemacht hätte, bestimmte Bereiche, die möglicherweise regelungsbedürftig wären, gleichwohl ungeregelt blieben.[88] Auch deshalb bewertet ein anderer Teil des Schrifttums die bloße Ermächtigung der Exekutive des Bundes zum Erlass einer Rechtsverordnung, soweit die Delegation reicht, noch nicht als ein Gebrauchmachen durch Gesetz i. S. d. Art. 72 Abs. 1 GG, sondern erst den Erlass der Verordnung.[89] Somit stünde, solange und soweit der Erlass unterbliebe, den Ländern die Normsetzungsbefugnis zu. Das Hauptargument gegen die Herbeiführung einer Sperrwirkung durch eine Verordnungsermächtigung ist aber der Umstand, dass damit grundsätzlich

---

85 Siehe vor allem *Degenhart*, in Sachs (Hrsg.), GG, 9. Aufl. 2021, Art. 72 Rn. 28.
86 *Degenhart*, in Sachs (Hrsg.), GG, 9. Aufl. 2021, Art. 72 Rn. 28.
87 Siehe oben V.1.c)bb).
88 Dazu auch *Jarass*, Regelungsspielräume des Landesgesetzgebers im Bereich der konkurrierenden Gesetzgebung und in anderen Bereichen, NVwZ 1996, S. 1041 (1046).
89 Siehe *Jarass*, Regelungsspielräume des Landesgesetzgebers im Bereich der konkurrierenden Gesetzgebung und in anderen Bereichen, NVwZ 1996, S. 1041 (1045 f.); *Kment*, in: Jarass/Pieroth, GG, 16. Auf. 2020, Art. 72 Rn. 12.

keine bestimmte inhaltliche Regelung getroffen wird.[90] Sollte dies jedoch anders sein, erkennt aber auch die zuletzt genannte Ansicht insoweit die Sperrwirkung einer Verordnungsermächtigung an.[91]

Danach wären die Verordnungsermächtigungen des BMG, jedenfalls die Blankoermächtigungen nach § 5 Abs. 2 S. 1 IfSG, bei Annahme ihrer Verfassungsmäßigkeit nicht geeignet, eine Sperrwirkung für die Länder zu entfalten.

b) Die Ebene des Gesetzesvollzugs

Auf der Ebene des Gesetzesvollzugs problematisch sind die Anordnungsermächtigungen nach § 5 Abs. 2 S. 1 IfSG. Gem. Nr. 5 wird das BMG ermächtigt, Anordnungen nach § 13 Abs. 1 des Patentgesetzes (PatentG) zu treffen; gem. Nr. 6 darf es die notwendigen Anordnungen zur Durchführung der Maßnahmen nach § 5 Abs. 2 S. 1 Nr. 4 lit. a und c bis g IfSG treffen.

aa) Vermutung für die Verwaltungskompetenz der Länder nach Art. 83 Hs. 1 GG

Grundsätzlich werden die Bundesgesetze – darunter fallen neben förmlichen Gesetzen auch Rechtsverordnungen[92] – gem. Art. 83 GG durch die Länder als eigene Angelegenheit ausgeführt, soweit das Grundgesetz nichts anderes bestimmt oder zulässt. Hier spricht demnach eine Vermutung für die Verwaltungszuständigkeit der Länder.[93] Das Grundgesetz habe es, so das BVerfG, dem Bundesgesetzgeber nicht freigestellt, ob und in welcher Weise er die Länder an der Ausführung von Bundesgesetzen beteiligen wolle. Es habe diese Aufgabe vielmehr prinzipiell den Ländern übertragen. Daraus folge, dass die Länder

---

90 *Jarass*, Regelungsspielräume des Landesgesetzgebers im Bereich der konkurrierenden Gesetzgebung und in anderen Bereichen, NVwZ 1996, S. 1041 (1045 f.); ferner *Kment*, in: Jarass/Pieroth, GG, 16. Aufl. 2020, Art. 72 Rn. 12; vgl. auch BVerfG, Beschl. v. 23.3.1965 – 2 BvN 1/62, BVerfGE 18, 407 (417).

91 Siehe *Jarass*, Regelungsspielräume des Landesgesetzgebers im Bereich der konkurrierenden Gesetzgebung und in anderen Bereichen, NVwZ 1996, S. 1041 (1046 f.); diese vermittelnde Ansicht vertreten etwa auch *Oeter*, in: von Mangoldt/Klein/Starck (Hrsg.), GG, Bd. 2, 7. Aufl. 2018, Art. 72 Rn. 86 f.; *Degenhart*, in: Sachs (Hrsg.), GG, 9. Aufl. 2021, Art. 72 Rn. 79; *Broemel*, in: von Münch/Kunig (Hrsg.), GG, Bd. 2, 7. Aufl. 2021, Art. 72 Rn. 21.

92 Beispielhaft *Kment*, in: Jarass/Pieroth, GG, 16. Aufl. 2020, Art. 83 Rn. 5; *Winkler*, in: Sachs (Hrsg.), GG, 9. Aufl. 2021, Art. 83 Rn. 19.

93 So BVerfG, Beschl. v. 15.3.1960 – 2 BvG 1/57, BVerfGE 11, 6 (15); BVerfG, Urt. v. 15.7.2003 – 2 BvF 6/98, BVerfGE 108, 169 (179).

berechtigt und verpflichtet seien, zur Ausführung von Bundesgesetzen in eigener Verantwortung verwaltend tätig zu werden.[94] Dazu gehört grundsätzlich die gesamte Verwaltungstätigkeit,[95] darunter, in Ansehung des Art. 84 Abs. 1 S. 1 GG, unter anderem die Einrichtung der Behörden und die Regelung des Verwaltungsverfahrens.[96] Letzteres schließt den Erlass von Verwaltungsakten i. S. d. § 35 VwVfG ein (§ 9 Hs. 2 VwVfG). Bei den Anordnungen, zu deren Erlass § 5 Abs. 2 S. 1 Nr. 5 und 6 IfSG das BMG ermächtigt, handelt es sich aber um Verwaltungsakte.[97] Dies ergibt sich bereits aus der Entwurfsbegründung zum VwVfG, wonach „Entscheidung" „nicht nur die ‚Streitentscheidung', sondern jede Form der Willensbildung gegenüber Dritten" ist.[98] Der Begriff umfasse mithin auch „‚Verfügungen', ‚Anordnungen', ‚Beschlüsse', ‚Bescheide' usw."[99] Damit greift § 5 Abs. 2 S. 1 Nr. 5 und 6 IfSG in die Verwaltungskompetenz der Länder ein.

Daran ändert angesichts der prinzipiellen Verwaltungszuständigkeit der Länder gem. Art. 83 Hs. 1 GG auch der Umstand nichts, dass die Ermächtigungen des BMG zum Erlass der Anordnungen, ebenso wie die zum Verordnungserlass[100], gem. § 5 Abs. 2 S. 1 IfSG „unbeschadet der Befugnisse der Länder" erfolgen. Vielmehr lässt die dahinterstehende Intention, die sich der Entwurfsbegründung zum Ersten Bevölkerungsschutzgesetz entnehmen lässt, den Eingriffscharakter des § 5 Abs. 2 S. 1 Nr. 5 und 6 IfSG noch klarer zutage treten. So heißt es dort, dass die Befugnisse des BMG neben die „Verwaltungsbefugnisse" der Länder träten, wobei auch hier die „Regelungen" der Länder – dazu gehören die Verwaltungsakte i. S. d. § 35 VwVfG – denen des Bundes nicht widersprechen dürften. Die „Vollzugskompetenz" der Länder bei der Durchführung der auf Grund dieses Absatzes erlassenen Rechtsverordnungen und Anordnungen

---

94 BVerfG, Urt. v. 15.7.2003 – 2 BvF 6/98, BVerfGE 108, 169 (179); im Kontext des IfSG *Kersten/Rixen*, Der Verfassungsstaat in der Corona-Krise, 2. Aufl. 2021, IX.1.
95 So *Trute*, in: von Mangoldt/Klein/Starck (Hrsg.), GG, Bd. 3, 7. Aufl. 2018, Art. 83 Rn. 54.
96 Siehe *Kment*, in: Jarass/Pieroth, GG, 16. Aufl. 2020, Art. 83 Rn. 4; *Winkler*, in: Sachs (Hrsg.), GG, 9. Aufl. 2021, Art. 83 Rn. 22.
97 Siehe nur die Wissenschaftlichen Dienste des Deutschen Bundestages, Staatsorganisation und § 5 Infektionsschutzgesetz, WD 3 - 3000 - 080/20, Stand: 2.4.2020, S. 9.
98 BT-Drucks. 7/910, S. 57.
99 BT-Drucks. 7/910, S. 57; dazu auch *Stelkens*, in: Stelkens/Bonk/Sachs (Hrsg.), VwVfG, 9. Aufl. 2018, § 35 Rn. 69; *Ramsauer*, in: Kopp/Ramsauer, VwVfG, 22. Aufl. 2021, § 35 Rn. 2.
100 Siehe dazu oben V.2.a)aa)(3).

bleibe unberührt.[101] Offenbar unterscheidet also die Entwurfsbegründung zwischen den Verwaltungsbefugnissen der Länder, die den Erlass von Anordnungen umfassen, und der Vollzugskompetenz, die lediglich die Umsetzung der vom BMG erlassenen Anordnungen betrifft. Die Zuständigkeit der Länder zur Ausführung des IfSG gem. Art. 83 Hs. 1 GG wird somit um den Erlass von Verwaltungsakten als zentraler Handlungsform der Verwaltung reduziert. Ein solcher Eingriff wäre nur gerechtfertigt, wenn und soweit er nach Maßgabe des Art. 83 Hs. 2 GG verfassungsrechtlich legitimiert wäre.

bb) Ausnahme nach Art. 83 Hs. 2 i. V. m. Art. 87 Abs. 3 S. 1 GG

Eine ausnahmsweise Verwaltungskompetenz des Bundes könnte sich vorliegend aus Art. 87 Abs. 3 S. 1 GG ergeben. Danach können in Angelegenheiten, für die dem Bund die Gesetzgebung zusteht, selbständige Bundesoberbehörden und neue bundesunmittelbare Körperschaften und Anstalten des öffentlichen Rechts durch Bundesgesetz errichtet werden. Zwar handelt es sich beim Vollzug des auf Grundlage des Art. 73 Abs. 1 Nr. 9 GG erlassenen PatentG, auf das sich die Anordnungsermächtigung nach § 5 Abs. 1 S. 2 Nr. 5 IfSG bezieht, tatsächlich um einen Anwendungsfall der fakultativen unmittelbaren Bundesverwaltung; denn für den Vollzug des PatentG wurde eigens das Deutsche Patent- und Markenamt als selbständige Bundesoberbehörde im Geschäftsbereich des Bundesministeriums der Justiz errichtet (§ 36 Abs. 1 PatentG). Allerdings besteht generell Uneinigkeit darüber, ob Art. 87 Abs. 3 S. 1 GG allein den dort genannten Stellen, das heißt selbständigen Bundesoberbehörden sowie bundesunmittelbaren Körperschaften und Anstalten des öffentlichen Rechts, Verwaltungskompetenzen vermittelt[102] oder ob es sich um eine reine

---

101 BT-Drucks. 19/18111, S. 19.
102 M. w. N. die Wissenschaftlichen Dienste des Deutschen Bundestages, Zum Anwendungsbereich vom Art. 87 Abs. 3 S. 1 GG und zu ungeschriebenen Verwaltungskompetenzen in Bezug auf § 5 Abs. 2 Infektionsschutzgesetz, WD 3 - 3000 - 111/20, Stand: 7.5.2020, S. 3 f.; *Rixen*, Die epidemische Lage von nationaler Tragweite – einfachrechtliche Regelungen und verfassungsrechtliche Problematik, in: Kluckert (Hrsg.), Das neue Infektionsschutzrecht, 2. Aufl. 2021, § 4 Rn. 24; *Poscher*, Das Infektionsschutzgesetz als Gefahrenabwehrrecht, in: Huster/Kingreen (Hrsg.), Handbuch Infektionsschutzrecht, 2021, Kap. 4 Rn. 34; *Mayen*, Der verordnete Ausnahmezustand – Zur Verfassungsmäßigkeit der Befugnisse des Bundesministeriums für Gesundheit nach § 5 IfSG, NVwZ 2020, S. 828 (832); in diese Richtung tendiert auch *Sachs*, in: Sachs (Hrsg.), GG, 9. Aufl. 2021, Art. 87 Rn. 69; generell für eine restriktive Anwendung des Art. 87 Abs. 3 GG *Broß/Mayer*, in: von Münch/Kunig (Hrsg.), GG, Bd. 2, 7. Aufl. 2021, Art. 87 Rn. 37.

Kompetenznorm handelt, die organisationsrechtlich keine (abschließende) Aussage trifft[103].
Für eine restriktive Handhabung des Art. 87 Abs. 3 S. 1 GG spricht bereits der Wortlaut, der die Stellen, denen Verwaltungszuständigkeiten übertragen werden können, abschließend aufzählt. Das trägt auch dem Ausnahmecharakter der Norm im Verhältnis zu Art. 83 Hs. 1 GG Rechnung, den es wegen des faktischen Übergewichts des Bundes bei der Gesetzgebung in besonderer Weise zu wahren gilt, andernfalls die Gefahr bestünde, dass die in Art. 83 GG verankerten Prinzipien des Föderalismus und der Gewaltenteilung ausgehöhlt würden.[104]

Dafür, die Bundesministerien nicht in den Anwendungsbereich des Art. 87 Abs. 3 S. 1 GG einzubeziehen, spricht auch die Judikatur des BVerfG, wonach Art. 87 Abs. 3 S. 1 GG „nicht nur eine Organisationsnorm, sondern eine Kompetenznorm" ist.[105] Diese Formulierung macht deutlich, dass das BVerfG in Art. 87 Abs. 3 S. 1 GG zwar nicht nur eine Organisationsnorm, mitnichten aber eine bloße Kompetenznorm sieht. Zudem heißt es, die selbständige Bundesoberbehörde unterscheide sich einerseits von den obersten Bundesbehörden, andererseits von dem „eigenen Verwaltungsunterbau" [Anführungsstriche im Original] (Art. 87 Abs. 1 und Art. 87b Abs. 1 GG), ferner von den „bundeseigenen Mittel- und Unterbehörden" [Anführungsstriche im Original] (Art. 87 Abs. 3 Satz 2 GG). Nach Art. 87 Abs. 3 Satz 1 GG könne also durch ein nicht zustimmungsbedürftiges Bundesgesetz nur eine Bundesoberbehörde ohne Mittel- und Unterbehörden errichtet werden.[106] Damit bringt das BVerfG klar zum Ausdruck, dass ein Bundesministerium als oberste Bundesbehörde grundsätzlich nicht dem Anwendungsbereich Art. 87 Abs. 3 S. 1 GG unterfällt. Die Übertragung von Verwaltungskompetenzen auf ein Ministerium bedürfte demnach eines zustimmungsbedürftigen Gesetzes, wäre also durch das IfSG mangels Zustimmungsbedürftigkeit[107] zulässigerweise nicht möglich.

---

103 So etwa *Burgi*, in: von Mangoldt/Klein/Starck (Hrsg.), GG, Bd. 3, 7. Aufl. 2018, Art. 87 Rn. 97; im Ergebnis auch *Kment*, in: Jarass/Pieroth, GG, 16. Aufl. 2020, Art. 87 Rn. 14; *Shirvani*, Gesundheitsnotstand und Kompetenzordnung – Zum infektionsschutzrechtlichen Feststellungsbeschluss des Bundestages, JZ 2021, S. 109 (114).
104 So *Broß/Mayer*, in: von Münch/Kunig (Hrsg.), GG, Bd. 2, 7. Aufl. 2021, Art. 87 Rn. 37.
105 BVerfG, Urt. v. 24.7.1962 – 2 BvF 4/61 u. a., BVerfGE 14, 197 (210).
106 BVerfG, Urt. v. 24.7.1962 – 2 BvF 4/61 u. a., BVerfGE 14, 197 (210 f.).
107 Im Gegenschluss aus Art. 74 Abs. 2 GG; eine Aufzählung der nach dem Grundgesetz zustimmungsbedürftigen Gesetze findet sich bei *Bryde*, in: von Münch/Kunig (Hrsg.), GG, Bd. 2, 7. Aufl. 2021, Art. 77 Rn. 32 (Fn. 72).

Somit bleibt festzuhalten, dass die Anordnungsbefugnisse des BMG nach § 5 Abs. 2 S. 1 Nr. 5 und 6 IfSG nicht von Art. 87 Abs. 3 S. 1 GG gedeckt sind.

cc) Ungeschriebene Verwaltungszuständigkeit des Bundes kraft Natur der Sache

Sieht das Grundgesetz in den Art. 86 ff. eine obligatorische oder fakultative Verwaltungskompetenz des Bundes nicht vor, könnte sich eine solche laut dem BVerfG nur ausnahmsweise noch aus einer stillschweigenden Ermächtigung des Bundes durch das Grundgesetz ergeben.[108] Das BVerfG begründet dies damit, dass Gesetze denkbar seien, „deren Zweck durch das Verwaltungshandeln eines Landes *überhaupt nicht* erreicht werden kann [keine Hervorhebung im Original]."[109] Grundsätzlich sei jedoch davon auszugehen, dass das Grundgesetz bei den in den Art. 30 und 83 ff. getroffenen Regelungen eine reibungslose und vollständige „Ausführung" [Anführungsstriche im Original] der Bundesgesetze unterstelle. Nur dann, wenn diese vollständige Ausführung durch Landesverwaltung nicht erreicht werden könne, könnte man annehmen, dass das Grundgesetz stillschweigend eine andere Regelung zulasse, nämlich die, dass die Ausführung dem Bund übertragen sei. Der bloße Umstand, dass im Einzelfall eine Ausführung durch den Bund zweckmäßiger wäre, genüge dafür allerdings nicht.[110] Gleiches gilt für die Überregionalität einer Aufgabe; auch sie genügt ausweislich des BVerfG für sich genommen nicht, um eine Bundeskompetenz kraft Natur der Sache zu begründen.[111]

Vor allem könne, so das Gericht, die Bundesregierung nicht die Befugnis zum Vollzug von Bundesgesetzen, die sich nicht auf Gegenstände der bundeseigenen Verwaltung bezögen, für sich in Anspruch nehmen mit der Behauptung, dass ein Vollzug durch die Länder zu keiner einheitlichen Verwaltungspraxis führe, ohne dass sie zumindest zuvor versucht habe, eine solche einheitliche Verwaltungspraxis durch den Erlass allgemeiner Verwaltungsvorschriften herbeizuführen.[112] Schon deshalb ist vorliegend eine Verwaltungszuständigkeit des Bundes kraft Natur der Sache abzulehnen. Der Bund hat vor der gesetzlichen Normierung der Anordnungsbefugnisse des BMG in § 5 Abs. 2 IfSG eben nicht

---

108 BVerfG, Beschl. v. 15.3.1960 – 2 BvG 1/57, BVerfGE 11, 6 (17).
109 BVerfG, Beschl. v. 15.3.1960 – 2 BvG 1/57, BVerfGE 11, 6 (17).
110 BVerfG, Beschl. v. 15.3.1960 – 2 BvG 1/57, BVerfGE 11, 6 (17 f.).
111 BVerfG, Urt. v. 28.2.1961 – 2 BvG 1, 2/60, BVerfGE 12, 205 (251); BVerfG, Beschl. v. 10.2.1976 – 2 BvG 1/74, BVerfGE 41, 291 (312).
112 BVerfG, Beschl. v. 15.3.1960 – 2 BvG 1/57, BVerfGE 11, 6 (18).

den Versuch unternommen, eine einheitliche Verwaltungspraxis auf andere, die Verwaltungskompetenzen der Länder schonendere Weise herbeizuführen, wie etwa durch allgemeine Verwaltungsvorschriften nach Maßgabe des Art. 84 Abs. 2 GG.[113]

VI. Schluss

Trotz mittlerweile punktuell erfolgter Nachbesserungen sind die im Zuge der Corona-Pandemie vorgenommenen Änderungen des IfSG aus verfassungsrechtlicher Sicht nach wie vor problematisch. Dies betrifft sowohl die Grundrechte als auch das Staatsorganisationsrecht. Die Verschiebungen im horizontalen und vertikalen Kompetenzgefüge des Grundgesetzes wurden vorliegend anhand des § 36 Abs. 7 IfSG und des § 5 Abs. 2 S. 1 IfSG veranschaulicht, die das BMG zum Erlass von Verordnungen und Anordnungen von grundrechtlich und einfachgesetzlich erheblicher Relevanz ermächtigen. Es konnte zum einen gezeigt werden, dass der Gesetzgeber damit seiner Verantwortung nicht mehr ausreichend gerecht wird, wesentliche Entscheidungen im gebotenen Umfang selbst zu treffen bzw. der Exekutive bei der Übertragung von Regelungsbefugnissen ein Programm an die Hand zu geben, das dem Bestimmtheitsgebot des Art. 80 Abs. 1 S. 2 GG genügt. Zum anderen führt die Regelung des § 5 Abs. 2 S. 1 IfSG zu erheblichen Unsicherheiten bei der Abgrenzung der Gesetzgebungszuständigkeiten von Bund und Ländern. Die schon vor Beginn der Corona-Pandemie dahingehend beklagten Probleme haben sich durch die „Covid-19-Gesetzgebung" noch einmal verschärft. Zudem wird die Verwaltungszuständigkeit der Länder für die Ausführung von Bundesgesetzen

---

113 Im Ergebnis eine Verwaltungszuständigkeit des Bundes kraft Natur der Sache ebenfalls ablehnend *Mayen*, Der verordnete Ausnahmezustand – Zur Verfassungsmäßigkeit der Befugnisse des Bundesministeriums für Gesundheit nach § 5 IfSG, NVwZ 2020, S. 828 (833); *Kluckert*, Verfassungs- und verwaltungsrechtliche Grundlagen des Infektionsschutzrechts, in: Kluckert (Hrsg.), Das neue Infektionsschutzrecht, 2. Aufl. 2021, § 2 Rn. 22; ferner, jedenfalls für die Anordnungsermächtigung nach § 5 Abs. 2 S. 1 Nr. 6 IfSG, *Rixen*, Die epidemische Lage von nationaler Tragweite – einfachrechtliche Regelungen und verfassungsrechtliche Problematik, in: Kluckert (Hrsg.), Das neue Infektionsschutzrecht, 2. Aufl. 2021, § 4 Rn. 24 f.; siehe auch *Schwarz/Sairinger*, Metamorphosen des Föderalismus in Krisenzeiten – Ein kritischer Beitrag zum kooperativ koordinierten Föderalismus und zum Primat legislativer Staatsgewalt, NVwZ 2021, S. 265 (267 f.), die hervorheben, dass die Einflussnahme des Bundes im Rahmen der Landeseigenverwaltung auf die Mittel des Art. 84 GG beschränkt sei.

in Landeseigenverwaltung gem. Art. 83 Hs. 1 GG durch die dem BMG durch § 5 Abs. 2 S. 1 IfSG übertragenen Anordnungsbefugnisse in unzulässiger Weise beschnitten.

Obgleich die genannten Punkte seit Erlass des Ersten Bevölkerungsschutzgesetzes hochumstritten sind, hat der Gesetzgeber diesbezüglich von Korrekturen des IfSG abgesehen. Angesichts der Dynamik und Komplexität des Pandemiegeschehens mag es erklärlich sein, dass der Gesetzgeber seine Entscheidungen zum Teil weniger „sorgfältig" trifft, als dies unter normalen Umständen geboten wäre. Er darf sich aber nicht von seiner Bindung an die verfassungsmäßige Ordnung gem. Art. 20 Abs. 3 GG lösen. Dementsprechend erachtet es auch das BVerfG für zulässig oder gar geboten, bei vielgestaltigen, komplexen und nur schwer vorhersehbaren Lebenssachverhalten der Exekutive im Wege der Verordnungsermächtigung mehr Handlungskompetenzen einzuräumen und auch die Anforderungen an die Bestimmtheit der Verordnungsermächtigung zu reduzieren, damit regulatorisch schneller und flexibler auf Veränderungen reagiert werden kann. Eine Erlaubnis zu Blankoermächtigungen der Exekutive, wie die nach § 5 Abs. 2 S. 1 Nr. 4 lit. a und Nr. 7 lit. a IfSG, ist damit aber keinesfalls verbunden. Auch in besonders grundrechtsrelevanten Bereichen, wie der Pflicht zur Duldung einer ärztlichen Untersuchung gem. § 36 Abs. 7 S. 2 IfSG, muss der Gesetzgeber im Zweifel selbst tätig werden. Dass er eine solche Pflicht zwar gesetzlich anordnet, die Regelung der Voraussetzungen und Inhalte aber nahezu vollständig an die Exekutive delegiert und es zu alledem in deren Ermessen stellt, den Sachverhalt näher zu konkretisieren, lässt sich – zumal nach beinahe zwei Jahren der Pandemie – nicht (mehr) rechtfertigen. Angesichts gegebener Handlungsoptionen, wie dem Erlass allgemeiner Verwaltungsvorschriften gem. Art. 84 Abs. 2 GG, noch weniger verständlich sind die ungerechtfertigten Eingriffe in Verwaltungszuständigkeit der Länder durch die dem BMG durch § 5 Abs. 2 S. 1 Nr. 5 und 6 IfSG eingeräumten Anordnungsbefugnisse.

All das ist Beleg dafür, dass es dem Gesetzgeber nicht gelungen ist, die Corona-Krise in einer rechtsstaatsverträglichen Weise normativ aufzufangen. Vielmehr wurden mit den Neuregelungen im IfSG gesetzesfreie Räume geschaffen, die spätestens nach dem Ende der Pandemie möglichst wieder in die Hand des Gesetzgebers zurückfallen sollten. Zumindest momentan ist eine Kehrtwende des Gesetzgebers zu einem strukturierten und konsistenten Vorgehen noch nicht erkennbar. Das zeigt nicht zuletzt die jüngste Ergänzung des § 5 Abs. 2 IfSG um einen neuen S. 3 durch Art. 1 Nr. 2 lit. a des

Impfpräventionsstärkungsgesetzes vom 10.12.2021,[114] durch den das BMG auch nach Aufhebung der Feststellung einer epidemischen Lage von nationaler Tragweite ermächtigt wird, eine Rechtsverordnung nach § 5 Abs. 2 S. 1 Nr. 7 lit. b bis f IfSG zu erlassen, soweit entsprechende Regelungen im Rahmen der Bewältigung der Coronavirus-SARS-CoV-2-Pandemie oder ihrer Folgen erforderlich sind. Nachdem der Gesetzgeber also mit dem Dritten Bevölkerungsschutzgesetz die Voraussetzungen für die Feststellung einer epidemischen Lage von nationaler Tragweite normiert hat, die Feststellung der epidemischen Lage aber gem. § 5 Abs. 1 S. 3 IfSG seit dem 26.11.2021 als aufgehoben gilt, hat der Gesetzgeber nun die Möglichkeit zum Erlass einer Rechtsverordnung nach § 5 Abs. 2 S. 1 Nr. 7 lit. b bis f IfSG auch ohne eine solche Feststellung geschaffen, womit sich nun die Frage stellt, wann und inwieweit entsprechende Regelungen „im Rahmen der Bewältigung der Coronavirus-SARS-CoV-2-Pandemie oder ihrer Folgen erforderlich" sind.

Gem. § 5 Abs. 4 S. 8 IfSG[115] tritt eine auf Grund des § 5 Abs. 2 S. 3 IfSG erlassene Rechtsverordnung spätestens mit Ablauf des 31.3.2022 außer Kraft. In § 5 Abs. 4 S. 1 IfSG in der Fassung des Ersten Bevölkerungsschutzgesetzes hatte es entsprechend geheißen, eine auf Grund des § 5 Abs. 2 erlassene Rechtsverordnung tritt spätestens mit Ablauf des 31.3.2021 außer Kraft. Es bleibt nur zu hoffen, dass die Pandemie bald überwunden sein wird, um Déjà-vus dieser Art künftig zu vermeiden und vor allem zu verhindern, dass das grundgesetzliche Kompetenzgefüge noch stärker aus dem Gleichgewicht geraten wird.

---

114 BGBl. I, S. 5162; siehe auch oben einleitend zu III.
115 Neu eingefügt durch Art. 1 Nr. 2 lit. b des Impfpräventionsstärkungsgesetzes.

Doris Pfeiffer und Markus Grunenberg

Gesundheit und Pflege in der Pandemie: Zwischenbilanz aus Sicht der Selbstverwaltung*

I. Einleitung

Selten zuvor stand die Krisenresilienz der gesundheitlichen und pflegerischen Versorgung derart im öffentlichen Fokus wie seit dem Beginn der Pandemie des Coronavirus SARS-CoV-2. Hierbei ging es in erster Linie um die Frage, wie eine angemessene Versorgung von COVID-19-Erkrankten insbesondere in Situationen mit einem intensiven Pandemiegeschehen sicherzustellen ist. Zugleich musste dem akuten Behandlungs- und Versorgungsbedarf von Patientinnen und Patienten mit anderen Erkrankungen sowie von Pflegebedürftigen entsprochen werden. Diese Ausnahmesituation hat von allen Beteiligten eine immense Kraftanstrengung erfordert, die insbesondere von den Mitarbeitenden in Krankenhäusern, in der ambulanten Versorgung und den anderen Leistungsbereichen geleistet wurde.

Grundsätzlich ist festzustellen, dass sich das Gesundheitswesen und die Pflege in der Pandemie-Situation als leistungsfähig erwiesen haben. Dabei konnten absolute Ausnahmesituationen auch in Phasen mit exponentiell steigenden und in späterem Verlauf mit auf hohem Niveau stagnierenden Infektionszahlen vermieden werden. Die Krankenhäuser haben sich schnell an die Erfordernisse zur Versorgung von COVID-19-Erkrankten angepasst. Mittels der Inanspruchnahme der ambulanten Versorgung konnten die erforderlichen Behandlungskapazitäten der Krankenhäuser länger freigehalten werden. Zudem konnte durch eine wesentlich stärkere Nutzung von digitalen Kommunikationswegen im Rahmen der gesundheitlichen Versorgung eine Reduzierung von Kontakten zum Schutz von vulnerablen Gruppen erreicht werden.

Die abgewendete Überlastung des Gesundheitswesens ist maßgeblich auf die im Vergleich zu anderen Ländern niedrigeren Corona-Neuinfektionen und im späteren Pandemieverlauf dominanten Virusvarianten zurückzuführen. Mit

---

* Dieser Beitrag wurde Mitte 2021 erstellt und auf dieser Grundlage vor dem Hintergrund der phasenweise hochdynamischen Pandemie-Situation um neuere Entwicklungen aktualisiert.

der Zielsetzung, negative gesundheitliche, pflegerische und auch wirtschaftliche Folgewirkungen zu begrenzen, haben Bundestag und Bundesregierung eine Vielzahl von Maßnahmen ergriffen. Weitaus weniger öffentlich diskutiert wurden die kurzfristigen Lösungen der Selbstverwaltung zur Stabilisierung der Versorgung, die die Pandemiegesetz- und -verordnungsgebung auf verschiedenen Regulierungsebenen ergänzt haben.

Zugleich bleibt festzustellen, dass die Pandemie auch nach deren absehbaren Ende spürbare Folgen haben wird. Wesentliche Herausforderungen ergeben sich zunächst aufgrund von Mehrausgaben, die aus der Pandemie, aber auch aus vorhergehender Gesetzgebung resultierten. Zunächst wurden die Pandemiekosten in größerem Umfang von den Beitragszahlenden getragen. Im späteren Pandemieverlauf ist der Bund seiner Finanzverantwortung beim Bevölkerungsschutz nachgekommen. Zudem hat sich der bereits vor der Pandemie bestehende Handlungsbedarf zur Weiterentwicklung der Versorgung verstärkt gezeigt.

Vor diesem Hintergrund werden im Rahmen dieses Beitrages zunächst ein Überblick zum Krisenmanagement durch Bund und Länder durch Gesetze und Verordnungen zur Gesundheitsversorgung und Pflege auf Bundesebene gegeben sowie die ergänzende Regulierung durch die Selbstverwaltung dargestellt. Darauf aufbauend wird anhand der bisherigen Erfahrungen mit der Pandemiebewältigung eine Zwischenbilanz aus Perspektive der Selbstverwaltung gezogen. Anschließend wird auf die sowohl versorgungsbezogenen als auch finanzpolitischen Herausforderungen für die GKV eingegangen, die bereits vor der Krise bestanden und die teilweise durch die Pandemie verstärkt wurden. Zuletzt wird ein Ausblick auf die wesentlichen politischen Grundsatzentscheidungen gegeben, die in der 20. Legislaturperiode anstehen.

II. Krisenmanagement während der Corona-Pandemie

Die Pandemie des Coronavirus hat das Gesundheitswesen und die Pflege vor völlig neue Herausforderungen gestellt. Aufgrund der hohen Infektionsgefahr ist der Bedarf an persönlicher Schutzausrüstung kurzfristig und sprunghaft angestiegen. In Folge der Abstands- und Hygieneregeln wurden Änderungen bei den Behandlungsabläufen notwendig. Die in den verschiedenen Pandemiephasen teils exponentiell steigenden Infektionszahlen führten zum Erfordernis, stationäre Kapazitäten für die Behandlung von COVID-19-Erkrankten freizuhalten. Im Zusammenhang mit diesen und einer Vielzahl von weiteren Handlungsbedarfen haben Bund und Länder sowie die Selbstverwaltung im Gesundheitswesen ihre Anstrengungen auf das Krisenmanagement ausgerichtet.

Im Vergleich zur politischen Steuerung vor der Pandemie wurde der bundespolitischen Exekutive hierbei eine starke Position eingeräumt, um kurzfristig agieren zu können. Im politischen Diskurs wurde immer wieder die Frage diskutiert, wie Kompetenzen zwischen Exekutive und Legislative sowie zwischen Bund und Ländern austariert sind. Parallel hierzu hat auch die Selbstverwaltung einen wichtigen Beitrag zum Krisenmanagement geleistet. Gemeinsam war den Maßnahmen von Politik und Selbstverwaltung, dass sie mit Wirkung für verschiedene Ebenen getroffen wurden. Allerdings wurden die Entscheidungen der Selbstverwaltung weit weniger kontrovers begleitet.

1. Governance im staatlichen Mehrebenensystem

Der Deutsche Bundestag und das Bundesministerium für Gesundheit (BMG) haben seit März 2020 kurzfristig und in mehreren Stufen gesundheits- und pflegepolitische Regelungen zur Pandemiebewältigung und zur Stabilisierung des Gesundheitswesens beschlossen. Auf Grundlage der Regelungen des Gesetzes zum Schutz der Bevölkerung bei einer epidemischen Lage von nationaler Tragweite (Erstes Bevölkerungsschutzgesetz) vom 27.03.2020 hat der Bundestag mit der Feststellung einer epidemischen Lage von nationaler Tragweite nach § 5 Abs. 1 S. 1 IfSG weitreichende Entscheidungsbefugnisse an das BMG übertragen.[1]

Die Verteilung der Kompetenzen zwischen Exekutive und Legislative war seitdem Gegenstand fortwährender parlamentarischer und öffentlicher Debatten. Mit dem Gesetz zur Fortgeltung der die epidemische Lage von nationaler Tragweite betreffenden Regelungen (EpiLage-Fortgeltungsgesetz) vom 29.03.2021 wurde die zunächst geregelte Befristung der Feststellung einer epidemischen Lage von nationaler Tragweite durch eine Regelung ersetzt, nach der der Bundestag für eine Fortgeltung spätestens alle drei Monate über eine Verlängerung entscheiden muss.[2] Dies sollte sicherstellen, dass etwaiger kurzfristiger Handlungsbedarf aufgrund der Pandemie regelmäßig im Rahmen parlamentarischer Debatten beraten wird. Nach der zuletzt getroffenen Entscheidung, die epidemische Lage von nationaler Tragweite nicht zu verlängern, ist diese zum 25.11.2021 ausgelaufen.

---

1   BGBl. 2020, Teil I, Nr. 14, 587
2   BGBl. 2021, Teil I, Nr. 12, 370.

Mit Blick auf die oftmals kurzfristig erforderlichen Handlungsbedarfe hatten der Bundestag und die Bundesregierung sowohl die bereits zuvor bestehenden als auch die befristeten pandemiebezogenen Kompetenzen intensiv genutzt: Bis Anfang Juli 2021 waren insgesamt 16 Gesetze und mehr als 70 Verordnungen zur Sicherstellung von Gesundheitsversorgung und Pflege in Kraft getreten.[3] Der weitaus größte Anteil dieser Verfahren entstammt dem Ressortbereich des BMG, das häufig mit kurzen Fristen vor allem auf die gesetzliche Ermächtigung zum Erlass von Rechtsverordnungen zur Coronavirus-Impfverordnung und zur Coronavirus-Testverordnung auf Grund von § 20i Abs. 3 S. 2 SGB V zurückgegriffen hat.

Im Rahmen des staatlichen Krisenmanagements war und ist auch weiterhin das politische Mehrebenensystem von Bund, Ländern und Kommunen zu berücksichtigen. Die dem deutschen Föderalismus inhärente „Politikverflechtung" erfordert eine hohe Kooperationsbereitschaft der beteiligten Akteure auf den verschiedenen Ebenen, um Blockade-Situationen zu vermeiden.[4] Deshalb haben Bund und Länder von Pandemiebeginn an die enge informelle Abstimmung im Rahmen der Ministerpräsidentenkonferenz gesucht. Während die Abstimmungsrunden der Bundeskanzlerin mit den Regierungschefinnen und Regierungschefs der Länder anfangs noch auf eine konsensuale Lösungsfindung ausgerichtet waren, haben sich im späteren Verlauf zunehmend unterschiedliche Auffassungen hinsichtlich der Pandemie-Politik offenbart.

Grundsätzlich ist davon auszugehen, dass eine föderale Entscheidungsfindung wesentlich dazu beiträgt, die Vielfalt von unterschiedlichen und dezentral-regional verwurzelten Perspektiven im Rahmen von demokratischen Prozessen einzubeziehen und damit einer komplexen Gesellschaft gerecht zu werden.[5] Allerdings führte auf der einen Seite die Notwendigkeit, kurzfristige und bundesweit zumindest annähernd einheitliche Regelungen zur Bewältigung der Pandemie zu treffen und auf der anderen Seite der Anspruch, zugleich regionale Besonderheiten einzubeziehen, zu einem immer größeren Spannungsverhältnis zwischen Bund und Ländern.

---

3   Im Bericht der Bundesregierung zu den Erkenntnissen aus der durch das neuartige Coronavirus SARS-CoV-2 verursachten Epidemie sind die Gesetze und Verordnungen bis zum 31.03.2021 aus dem Ressortbereich des BMG dargestellt; BT-Drs. 19/31175.

4   Scharpf, MPIfG Working Paper 1999; Benz, in: Mayntz/Scharpf (Hrsg.), Reformierbarkeit der Demokratie, 2003, 205 (206 ff.); Müller, in: Möltgen-Sicking/Winter (Hrsg.), Governance, 2019, 45 (48).

5   Benz, in: Benz/Sonnicksen (Hrsg.), Federal Democracies at Work, Varieties of Complex Government, 2021, 37 (46).

Letztlich mündete diese Situation in der bundesweit einheitlichen Vorgabe des Bundestages einer sog. „Bundesnotbremse" ab einem Schwellenwert von 100 Neuinfektionen je 100.000 Einwohner über sieben Tage im Rahmen des Vierten Gesetzes zum Schutz der Bevölkerung bei einer epidemischen Lage von nationaler Tragweite (Viertes Bevölkerungsschutzgesetz) vom 22.04.2021.[6] Mit Befristung bis zum 30.06.2021 regelte § 28b IfSG hierfür u. a. strenge Beschränkungen von privaten Zusammenkünften, eine weitgehende nächtliche Ausgangssperre und die Schließung insbesondere von Freizeit-, Sport- und Kultureinrichtungen sowie Gastronomie. Auf Länderseite gab es in Teilen zwar auch Unterstützung und Verständnis für die Einführung der Bundesnotbremse, allerdings überwog die Auffassung, dass es sich um eine tiefgreifende Kompetenzverlagerung auf die Bundesebene handelt. Nach einer intensiv geführten Debatte im Rahmen einer Sondersitzung des Bundesrates, in deren Rahmen auch die Rede von einem „Tiefpunkt in der föderalen Kultur der Bundesrepublik Deutschland" war, wurde der Vermittlungsausschuss letztlich nicht angerufen.[7] Eine wesentliche Erwägung der Länder hierfür stellte sicher auch die verfassungsrechtlich gegebene Regelungskompetenz des Bundes bei gleichzeitig kurzfristig bestehendem Entscheidungsbedarf dar.

Die divergierenden Interessenlagen im Zusammenwirken von Bund und Ländern werden insbesondere auf den parteipolitischen Wettbewerb zurückgeführt. Tatsächlich wurden die Entscheidungen zum Vierten Bevölkerungsschutzgesetz in enger zeitlicher Nähe zu gleich mehreren Landtagswahlen getroffen. Besonders deutlich wird der Zusammenhang von parteipolitischen Motivationslagen mit dem staatlichen Krisenmanagement in Deutschland bei einer Kontrastierung mit der Pandemiebewältigung in Frankreich, dessen Regierungssystem aufgrund der herausgehobenen Stellung der Exekutive gegenüber den Regionen wesentlich stärker zentral getroffene Entscheidungen ermöglichte.[8] Damit zeigt sich abermals der erhöhte Koordinierungsbedarf im staatlichen Mehrebenensystem Deutschlands bei gleichzeitiger Tendenz, parteipolitische Erwägungen einzubeziehen. Wesentliche politische Aufgabe ist es auch, eine Abwägung zwischen verschiedene gesellschaftlichen Zielsetzungen, etwa in Bezug auf den Gesundheitsschutz der Bevölkerung und den Erhalt wirtschaftlicher Leistungsfähigkeit, vorzunehmen.

---

6 BGBl. 2021, Teil I, Nr. 18, 802.
7 Bundesrat, Plenarprotokoll 1003, 2021, 147 ff.
8 Bandelow/Hassenteufel/Hornung, International Review of Public Policy 2021, 121 (132).

2. Stabilisierungsmaßnahmen durch die Selbstverwaltung

Auch die Selbstverwaltung in der gesetzlichen Krankenversicherung hat mit hoher Intensität und kurzfristig auf Handlungsbedarfe im Rahmen der Pandemie reagiert. Auf Grundlage der sozialrechtlichen Gestaltungsmöglichkeiten haben die Beteiligten Regelungen mit der Zielsetzung getroffen, die gesundheitliche und pflegerische Versorgung während der Krise zu stabilisieren. Die unmittelbare Entscheidung der für die Umsetzung verantwortlichen Akteure der Krankenkassen und Leistungserbringer hat insbesondere praxisnahe Lösungen ermöglicht und folgt dem der gesetzlichen Krankenversicherung inhärenten Solidaritäts- und Subsidiaritätsprinzip.[9]

In diesem Zusammenhang hat das abgestufte Mehrebenensystem der Selbstverwaltung maßgeblich dazu beigetragen, dass eine angemessene gesundheitliche Versorgung sichergestellt wird, die nach bundeseinheitlichen Standards erbracht wird und gleichzeitig die Berücksichtigung regionaler Besonderheiten ermöglicht. Dies schließt eine Vielzahl von Vereinbarungen und Empfehlungen zu den unterschiedlichen Leistungsbereichen ein. Im Allgemeinen und auch in Bezug auf die Pandemie sind Bundes- und Landesebene sowie Entscheidungen auf Ebene von Krankenkassen und Leistungserbringern vor Ort zu unterscheiden.

a) Entscheidungen auf Bundesebene

Auf Bundesebene werden Entscheidungen zur Definition des GKV-Leistungskataloges durch den Gemeinsamen Bundesausschuss (G-BA) nach § 91 SGB V getroffen. Hier werden u. a. nach §§ 136 und 136a-c SGB V bundesweit einheitliche Vorgaben insbesondere zur Qualität der Leistungserbringung beschlossen, eine Nutzenbewertung von neuen Arzneimitteln nach § 35a SGB V vorgenommen und viele weitere gesetzlich übertragene Aufgaben erfüllt. Im Zusammenhang mit der Pandemie hatte der G-BA in Reaktion auf die veränderten Versorgungsbedarfe bis Mitte 2021 Sonderregelungen bei mehr als 25 Richtlinien und Regelungsbereichen geschaffen. Diese wurden verlängert oder sind teilweise abhängig vom Pandemiegeschehen ausgelaufen.[10] Von

---

9   Kluth, Funktionale Selbstverwaltung, 1997; Klenk, ZSR 2006, 273; Rixen/Welskop-Deffaa (Hrsg.), Zukunft der Selbstverwaltung, 2015; Busse et al., The Lancet 2017, 882.

10 G-BA, Pressemitteilung Nr. 19, 10.06.2021; G-BA, Pressemitteilung Nr. 20, 17.06.2021; https://www.g-ba.de/service/sonderregelungen-corona [eingesehen am 29.07.2021].

besonderer Bedeutung waren dabei die Regelung zur telefonischen Feststellung der Arbeitsunfähigkeit, zu Krankentransportfahrten von COVID-19-positiven Versicherten sowie zur Videobehandlung bei Heilmitteln, Soziotherapie und psychiatrischer häuslicher Krankenpflege.

Darüber hinaus trifft die gemeinsame Selbstverwaltung auch in bilateralen oder trilateralen Verträgen außerhalb des G-BA wesentliche versorgungsrelevante Entscheidungen. Hierzu gehören u. a. der Fallpauschalenkatalog gem. § 17b Abs. 1 S. 4 KHG für die stationäre Versorgung, die Entscheidungen des Bewertungsausschusses zur vertragsärztlichen Vergütung nach § 87 Abs. 1 S. 1 SGB V und die Erstattungsbetragsverhandlungen nach § 130a SGB V. In der Regel ist der GKV-Spitzenverband als Vertretung der Kranken- und Pflegekassen an diesen Verhandlungen in unterschiedlichen Konstellationen und zu verschiedenen Themenbereichen als Vertretung der Krankenkassen beteiligt. In dieser Funktion hatte der GKV-Spitzenverband bis Mitte 2021 rund 40 Sonderregelungen und Empfehlungen vereinbart bzw. abgegeben.[11] Dazu gehören insbesondere die Finanzierungsregelungen für sog. PCR-Tests auf das Coronavirus, die Ausgleichsvereinbarungen zur Bettenfreihaltung durch Krankenhäuser sowie Regelungen zur Vergütung von Mehraufwendungen für Hygienemaßnahmen u. a. im Heilmittelbereich.

b) Entscheidungen auf Landesebene

Auf Landesebene übernehmen die Landesverbände der Krankenkassen nach § 207 SGB V und die Ersatzkassen Aufgaben bei der Konkretisierung der Bundesvorgaben zur regionalen Versorgungssteuerung. Zusammen mit den Verbänden der Leistungserbringer auf Landesebene und den Ländern werden in den Gemeinsamen Landesgremien nach § 90a SGB V u. a. Empfehlungen zu sektorenübergreifenden Versorgungsfragen abgegeben. Zudem werden z. B. nach § 87a Abs. 2 SGB V in Verhandlungen mit den Kassenärztlichen Vereinigungen zur vertragsärztlichen Vergütung die zuvor getroffenen Vereinbarungen auf Bundesebene konkretisiert. Während der Pandemie haben die Landesverbände vor allem Vereinbarungen zu pandemiebedingten Mehrausgaben der Leistungserbringer für persönliche Schutzausrüstung getroffen. Zudem wurden eine Reihe von Rettungsschirmen insbesondere zu Schutzschirmen für

---

11 GKV-Spitzenverband, Sonderregelungen im Zusammenhang mit dem Coronavirus, https://www.gkv-spitzenverband.de/gkv_spitzenverband/presse/fokus/fokus_corona.jsp [eingesehen am 29.07.2021].

vollstationäre Pflegeeinrichtungen auf Landesebene vereinbart.[12] Damit wurde dem Umstand Rechnung getragen, dass Leistungserbringer Erlösausfälle verzeichneten, weil Versicherte medizinische Behandlungen verschoben bzw. darauf verzichtet hatten.

c) Entscheidungen vor Ort

Nicht zuletzt übernehmen die Krankenkassen und die einzelnen Leistungserbringer die konkrete Ausgestaltung der Versorgung vor Ort. Beispielsweise werden auf dieser Ebene selektivvertragliche Regelungen zur besonderen Versorgung nach § 140a SGB V mit einem besonderen Fokus auf regionale Versorgungsgegebenheiten vereinbart. Während der Pandemie haben die Krankenkassen die Vielzahl der Regelungen der Selbstverwaltung auf Bundesebene operativ umgesetzt. Dies betrifft vor allem die Stundung von Sozialversicherungsbeiträgen auf Basis der entsprechenden Empfehlungen des GKV-Spitzenverbandes zur Stabilisierung der Wirtschaft, insbesondere für von einem Lockdown betroffene Arbeitgeber. Mit größeren Aufwänden war auch die sehr kurzfristige Aufgabe an die Krankenkassen verbunden, Risikogruppen und ALG II-Beziehende über ihren Anspruch auf Schutzmasken im Auftrag der Bundesregierung auf Grundlage der Coronavirus-Schutzmasken-Verordnung vom 14.12.2020 zu informieren.

Zusammenfassend zeigen sich anhand dieser Beispiele die Stärken eines selbstverwalteten Gesundheitswesens, das in den unterschiedlichen Phasen des Pandemieverlaufs seine Leistungsfähigkeit mit flexiblen und praxisnahen Lösungen unter Beweis gestellt hat. Das Mehrebenensystem der Selbstverwaltung hat mit seiner konsensorientierten Ausgangsmotivation essentiell zur Bewältigung der Corona-Pandemie beigetragen und kann auch zu Entscheidungen jenseits des politischen „blame-game" kommen, das auf der politischen Ebene bei der Abwägung von gesundheitsbezogenen Maßnahmen und der wirtschaftlichen Folgewirkungen in der Pandemie eine nicht zu unterschätzende Rolle gespielt hat.[13]

Erwähnenswert ist in diesem Kontext, dass der weitaus größte Anteil der hier dargestellten untergesetzlichen Sonderregelungen unmittelbar auf die Initiative der Selbstverwaltung zurückzuführen ist. Die ergänzende Konkretisierung

---

12 Beispielhaft für Regelungen der Landesverbände zu Schutzschirmen in der Pflege: BKK Landesverband Mitte, Zuständigkeiten in den Verbandsländern, https://www.bkkmitte.de/krankenversicherung-und-pflege/pflege-und-haeusliche-krankenpflege/verguetung.html [eingesehen am 30.07.2021].
13 Weible et al., Policy Sciences 2020, 225 (228).

und Gestaltung der Rahmenbedingungen der gesundheitlichen und pflegerischen Versorgung hat auch ohne konkrete Regelungsaufträge durch Bundestag und Bundesregierung funktioniert. Die Selbstverwaltung wird damit ebenfalls in Krisenzeiten dem Anspruch gerecht, eine stabile Patientenversorgung zu gewährleisten.[14] Als Vorteil erweist sich hierbei, dass diese Entscheidungen unabhängig von politischen Erwägungen getroffen werden können. Zwar ist grundsätzlich auch die Selbstverwaltung mit Abwägungsnotwendigkeiten konfrontiert, allerdings standen im Pandemieverlauf die Stabilisierung der gesundheitlichen und pflegerischen Versorgung stets im Zentrum des Handelns.

III. Zwischenbilanz zu den Pandemie-Regelungen

Mit sinkenden Infektionszahlen besteht die Hoffnung auf ein längerfristiges Abflauen des Pandemiegeschehens. Die weitere Entwicklung bleibt allerdings ungewiss. Eine abschließende Bewertung der für die verschiedenen Leistungsbereiche getroffenen Regelungen ist daher zwar noch nicht möglich, dennoch kann eine Analyse zumindest in Form einer Zwischenbilanz vorgenommen werden. Im Folgenden wird auf die wesentlichen Regelungs- und Leistungsbereiche der GKV eingegangen.[15]

Für die Behandlung von COVID-19-Erkrankten war die Versorgung durch die Kliniken zentral. Diese haben schnell auf die Erfordernisse der Pandemie reagiert, planbare Operationen verschoben und Betten für eine Behandlung von COVID-19-Erkrankten freigehalten. Einen wesentlichen und im Grundsatz sachgerechten Impuls gaben die Regelungen und wirtschaftlichen Anreize mit dem Gesetz zum Ausgleich COVID-19 bedingter finanzieller Belastungen der Krankenhäuser und weiterer Gesundheitseinrichtungen (COVID-19-Krankenhausentlastungsgesetz) vom 27.03.2020.[16] Hier wurde in § 21 Abs. 1 KHG geregelt, dass die entstandenen Kosten für freigehaltene Kapazitäten vergütet werden. Demnach werden die Ausgleichszahlungen zunächst aus der Liquiditätsreserve des Gesundheitsfonds entnommen und nachgelagert vom

---

14 Im Zusammenhang mit der Hochwasserkatastrophe im Juli 2021 in Teilen Deutschlands hat die Selbstverwaltung ähnlich flexibel und umsichtig reagiert. So wurden z. B. in Abstimmung mit der Deutschen Rentenversicherung Bund und der Bundesagentur für Arbeit Stundungen von Sozialversicherungsbeiträgen ermöglicht sowie weitere spezifische Ausnahmeregelungen getroffen, um eine praktikable Versorgung u. a. mit Arznei- und Heilmitteln zu gewährleisten.
15 Für eine umfassende Analyse der Pandemie-Gesetzgebung vgl. Krasney/Heidenreich/Lubrich, in: Kluckert (Hrsg.), Das neue Infektionsschutzrecht, 2021, 317.
16 BGBl. 2020, Teil I, Nr. 14, 580

Bund erstattet. Darüber hinaus wurde nach dem mit diesem Gesetz ebenfalls eingeführten § 21 Abs. 5 KHG der Aufbau von zusätzlichen intensivmedizinischen Behandlungskapazitäten mit maschineller Beatmungsmöglichkeit bis zum 30.09.2020 gefördert. Anders als bei den Ausgleichszahlungen wurden diese Ausgaben des Gesundheitsfonds aber nicht aus Bundesmitteln erstattet, sondern aus Beitragsmitteln der Krankenkassen finanziert.[17]

Die Finanzierung der Bettenfreihaltung hat zu einem Rückgang der ansonsten im internationalen Vergleich hohen Fallzahlen geführt. Rückblickend ist festzustellen, dass die wirtschaftlichen Anreize durch den Gesetzgeber zu adversen Effekten geführt haben. So hat eine Analyse im Auftrag des BMG zur Erlössituation und zum Leistungsgeschehen von Krankenhäusern für das Jahr 2020 festgestellt, dass die durchschnittliche Nettoerlösänderung bei den somatischen Krankenhäusern +2,4 Prozent und bei den psychiatrischen und psychosomatischen Kliniken +14,4 Prozent betrug.[18] Die mangelnde Zielgenauigkeit der gesetzlichen Rahmenbedingungen hat der Bundesrechnungshof (BRH) in einem Bericht thematisiert und zugleich auf die „Gefahr einer partiellen Aushöhlung des parlamentarischen Budgetrechts" durch die Ermächtigung des BMG im Einvernehmen mit dem Bundesministerium der Finanzen (BMF) hingewiesen, per Rechtsverordnung abweichende Regelungen zur Höhe der Ausgleichszahlungen treffen zu können.[19]

Zu intensiven öffentlichen Diskussionen hat gleichfalls der Aufbau von Intensivbetten geführt. Rechnerisch müssten mit den zusätzlichen Finanzmitteln in Höhe von insgesamt 686 Mio. Euro ca. 13.700 Betten geschaffen worden sein.[20]

---

17 Im Pandemieverlauf wurden per Rechtsverordnung bundeseinheitliche Kriterien zur Anspruchsberechtigung für die Ausgleichszahlungen ergänzt, die wiederum laufend den Gegebenheiten angepasst wurden. Flankierend wurden mit dem Gesetz für ein Zukunftsprogramm Krankenhäuser vom 23.10.2020 weitere gesetzliche Maßnahmen zur wirtschaftlichen Sicherung der Krankenhäuser geregelt; BGBl. 2020, Teil I, Nr. 48, 2208.

18 RWI/Technische Universität Berlin, Analysen zur Erlössituation und zum Leistungsgeschehen von Krankenhäusern in der Corona-Krise, 2021.

19 BRH, Bericht nach § 88 Absatz 2 BHO über die Prüfung ausgewählter coronabedingter Ausgabepositionen des Einzelplans 15 und des Gesundheitsfonds (Abgabe von Schutzmasken an vulnerable Personengruppen, Ausgleichszahlungen an Krankenhäuser und Aufbau von Intensivbettenkapazitäten), 2021.

20 Bundesamt für Soziale Sicherheit, Zahlungen aufgrund der COVID-19-Pandemie je Auszahlungstermin, Stand 27.07.2021, https://www.bundesamtsozialesicherung.de/de/themen/covid-19-krankenhausentlastungsgesetz/auszahlungsbetraege [eingesehen am 02.08.2021].

Nach Berichten über Diskrepanzen zwischen der Zahl der gemeldeten und der tatsächlich vorhandenen Intensivbetten wird von verschiedenen Seiten fehlende Transparenz dahingehend kritisiert, wie diese Mittel im Einzelnen eingesetzt worden sind.[21] Der BRH spricht in diesem Zusammenhang von „unerwünschten Mitnahmeeffekten". Bislang existiert nach wie vor keine abschließende krankenhausbezogene Aufschlüsselung z. B. zur Anschaffung von Zubehör und Umbaumaßnahmen für den Intensivbettenaufbau. Die Zahlung der Bettenpauschale in Höhe von 50.000 Euro war an eine Genehmigung durch die jeweils zuständige Landesbehörde geknüpft.

Ineffizienzen zeigen sich ebenfalls bei der Abgabe von Schutzmasken an Risikogruppen und an ALG II-Beziehende. So hat der BRH eine erhebliche Überkompensation der Aufwände von Apotheken durch die seitens des BMG festgelegten Erstattungsbeträge für die Maskenabgabe kritisiert und einen sorgsameren Umgang mit Steuermitteln eingefordert.[22] Hinzu kommt, dass vor allem Apotheken mit einer hohen Kundenfrequenz und damit insbesondere Apotheken in städtischen Lagen von diesen Einnahmen profitierten. Dies gilt gleichermaßen für die Abgabe von Arzneimitteln über den Botendienst nach § 129 Abs. 5g SGB V, die zunächst mit der SARS-CoV-2-Arzneimittelversorgungsverordnung vom 20.04.2020 befristet eingeführt und später mit dem Gesetz zur Stärkung der Vor-Ort-Apotheken vom 09.12.2020 entfristet wurde.[23] In der Folge werden die ohnehin schon bestehenden Ungleichgewichte bei der Finanzierung der Arzneimittelabgabe durch Apotheken in städtischen Ballungsgebieten und flächenversorgenden Apotheken verstärkt.[24]

Im Rahmen der ambulanten Versorgung als erste Anlaufstelle für die Versorgung von COVID-19-Erkrankten konnten Behandlungskapazitäten der Krankenhäuser länger freigehalten werden. Vor diesem Hintergrund stellte die finanzielle Stabilisierung von ambulanten Leistungserbringern ein wichtiges politisches Anliegen gerade in der frühen Pandemiephase dar. Im Zusammenhang mit den pandemiebedingten Regelungen zur Kontaktreduzierung haben Versicherte medizinische Behandlungen verschoben bzw. darauf verzichtet. Aufgrund dieser Behandlungsrückgänge hatten Leistungsbringer teilweise größere Erlösausfälle zu verzeichnen. Deshalb wurde bereits frühzeitig mit

---

21 Sieber, Rätsel um „verschwundene" Intensivbetten, 2020, https://www.tagessc hau.de/investigativ/kontraste/corona-intensivbetten-107.html [eingesehen am 02.08.2021]; BRH, Fn. 18, 36; GKV-Spitzenverband, Pressemitteilung, 16.06.2021.
22 BRH, Fn. 18, 23.
23 BAnz, Amtlicher Teil, 21.04.2020; BGBl. 2020, Teil I, Nr. 61, 2870.
24 Grunenberg/Bäumler, Gesundheits- und Sozialpolitik 2021, 35 (38).

dem COVID-19-Krankenhausentlastungsgesetz für niedergelassene Vertragsärzte ein bis zum 31.12.2020 befristeter Ausgleich bei einem Fallzahlausfall in Folge der Pandemie nach § 87a Abs. 3b SGB V eingeführt. Als Folgeregelung wurde mit dem EpiLage-Fortgeltungsgesetz eine vertragsärztliche Auffangregelung in § 87a Abs. 2a SGB V allgemein für die Situation einer Fallzahlminderung – aufgrund einer Pandemie, Epidemie, Endemie, Naturkatastrophe oder eines anderen Großschadensereignisses – geregelt. Weitere Rettungsschirme wurden im Rahmen verschiedener Gesetze und Verordnungen u. a. für Pflegeeinrichtungen, Vorsorge- und Rehabilitationseinrichtungen, Zahnärzte, Heilmittelerbringer und Einrichtungen der Frühförderung sowie Mutter-/Vater-Kind-Einrichtungen eingerichtet. Die nachvollziehbare Zielsetzung war dabei, Einnahmeausfälle zeitweilig auszugleichen, drohende Insolvenzen zu verhindern und damit die medizinische und pflegerische Versorgung in den betroffenen Leistungsbereichen dauerhaft sicherzustellen.

Für die Bewältigung der Pandemie und die Aufrechterhaltung der Versorgung in Phasen mit hohen Inzidenzwerten hat sich die Digitalisierung in mehrfacher Hinsicht von besonderer Relevanz erwiesen: Zum einen kann auf Basis von digitalen Instrumenten ein Echtzeit-Monitoring vorgenommen werden, um auf Handlungsbedarfe bei der Gestaltung der Rahmenbedingungen für die Versorgung unmittelbar reagieren zu können. Hierfür wurde mit dem DIVI-Intensivregister gem. der Verordnung zur Aufrechterhaltung und Sicherung intensivmedizinischer Krankenhauskapazitäten vom 08.04.2020 erstmals eine Transparenz über Intensivkapazitäten geschaffen, die auch jenseits der Pandemie nützlich sein wird.[25] Wünschenswert wäre, nach diesem Vorbild vergleichbare Instrumente auf weitere Versorgungsbereiche und Handlungsfelder auszuweiten. Zum anderen hatte die Digitalisierung eine positive Wirkung für die Patientenversorgung. So konnten Behandlungen auch während der Pandemiesituation durch telemedizinische oder videotherapeutische Versorgungsangebote ermöglicht werden. Die Inanspruchnahme dieser Möglichkeiten hat deutlich zugenommen. Erfreulich ist, dass sich die Akzeptanz für die Digitalisierung erheblich erhöht und die in der Vergangenheit formulierten Vorbehalte vor allem auf Seiten der Leistungserbringer inzwischen an Bedeutung verloren haben.

---

25 BAnz, Amtlicher Teil, 09.04.2020.

IV. Handlungsbedarfe in GKV und SPV

In der gesundheitlichen und pflegerischen Versorgung verdichten sich Handlungsbedarfe aufgrund zweier Entwicklungen zusehends: Zum einen haben die Pandemie und die letzten Gesetzesreformen deutliche Spuren bei den Finanzen der gesetzlichen Krankenversicherung hinterlassen. In Verbindung mit der ausgabenwirksamen Gesetzgebung wurde es erforderlich, die Zusatzbeitragssätze für das Jahr 2022 durch einen erhöhten Bundeszuschuss stabil zu halten. Zum anderen hat die Krisenphase seit dem Frühjahr 2020 die bereits zuvor bestehende Notwendigkeit, grundlegende Strukturreformen vorzunehmen, weiter verschärft. In einigen Versorgungsbereichen sind drängende Reformen auch aufgrund von pandemiebedingten Priorisierungserfordernissen, teilweise aber auch aus politischen Erwägungen heraus hintangestellt worden.

1. Nachhaltige Finanzierung der GKV

Dass aus der Pandemie gravierende Folgen für die Finanzierungsbasis der gesetzlichen Krankenversicherung erwachsen, war bereits vergleichsweise früh absehbar.[26] Diese beziehen sich einerseits auf die Einnahmenausfälle des Gesundheitsfonds aufgrund der wirtschaftlichen Einbrüche in den Lockdown-Phasen und andererseits auf pandemiebedingte Mehrausgaben. Nach Art. 74 Abs. 1 Nr. 19 GG fällt der Schutz der Bevölkerung vor gemeingefährlichen oder übertragbaren Krankheiten in den Verantwortungsbereich des Staates. Allerdings sahen eine Reihe von frühen Gesetzen aus dem Ressortbereich des BMG eine Finanzierung der pandemiebedingten Mehrausgaben aus der beitragsfinanzierten Liquiditätsreserve des Gesundheitsfonds vor.

Inzwischen hat der Gesetzgeber die Finanzverantwortung des Bundes bei gesamtgesellschaftlichen Aufgaben im Rahmen des Bevölkerungsschutzes anerkannt. Im Rahmen des Zweiten Gesetzes zur Änderung des Infektionsschutzgesetzes vom 28.05.2021 wurde in § 20i Abs. 3 S. 13 SGB V geregelt, dass der Bund im Zeitraum vom 01.01.2021 bis zum 31.12.2021 die aus der Liquiditätsreserve des Gesundheitsfonds erfolgten Zahlungen aufgrund der Coronavirus-Testverordnung und der Coronavirus-Impfverordnung vollständig erstattet.[27] Hierbei ist von einer Entlastung des Gesundheitsfonds in einer Größenordnung von 3 Mrd. Euro auszugehen. Davon unabhängig wird ein Teil der Mehrausgaben für die Pandemiebekämpfung von der Versichertengemeinschaft übernommen, wie z. B. im Falle des bereits dargestellten Aufbaus von Intensivbetten.

---

26 Pfeiffer, Gesellschaftspolitische Kommentare 2020, 29.
27 BGBl. 2021, Teil I, Nr. 26, 1174.

Auch jenseits der Pandemie haben die Reformen der 19. Legislaturperiode zu erheblichen Mehrausgaben geführt. Zu nennen sind insbesondere die Regelungen des Gesetzes zur Stärkung des Pflegepersonals vom 11.12.2018 sowie des Gesetzes für schnellere Termine und bessere Versorgung (Terminservice- und Versorgungsgesetz, TSVG) vom 06.05.2019.[28] Ausgabenwirksam waren hier vor allem die Regelung zusätzlicher Pflegestellen nach § 8 Abs. 6 SGB XI sowie die finanziellen Anreize nach § 87 Abs. 2b S. 3 SGB V für die Vertragsärzteschaft zur Terminvermittlung sowie zu einer anschließend zeitnahen Behandlung.[29] Demgegenüber standen gesetzliche Änderungen, die spürbare Mindereinnahmen für die GKV zur Folge hatten. Dies betrifft insbesondere die Einführung eines Freibetrages für Betriebsrenten nach § 226 SGB V mit dem Gesetz zur Einführung eines Freibetrages in der gesetzlichen Krankenversicherung zur Förderung der betrieblichen Altersvorsorge vom 30.12.2019.[30]

In Verbindung mit den pandemiebedingten Ausgaben und Mindereinnahmen hatte sich bereits für das Jahr 2021 ein erhebliches Finanzierungsdefizit abgezeichnet. Um das absehbare Defizit zu schließen und gleichzeitig die politisch erklärte Zielsetzung aufrechtzuerhalten, die Sozialversicherungsbeiträge nicht über 40 Prozent steigen zu lassen, wurden mit dem Gesetz zur Verbesserung der Gesundheitsversorgung und Pflege (Gesundheitsversorgungs- und Pflegeverbesserungsgesetz, GPVG) vom 22.12.2020 eine ergänzende Bundesbeteiligung in Höhe von 5 Mrd. Euro und ein Abbau der Finanzreserven der gesetzlichen Krankenkassen im Umfang von 8 Mrd. Euro beschlossen.[31] Parallel dazu hat das BMG den durchschnittlichen Zusatzbeitrag in der GKV um 0,2 Beitragssatzpunkte auf 1,3 Prozent angehoben und so zusätzliche 3 Mrd. Euro Mehreinnahmen generiert. In der Konsequenz wurde allerdings den Beitragszahlenden die Finanzverantwortung für die gesetzgeberisch induzierten und pandemiebedingten Mehrausgaben und Mindereinnahmen auferlegt, da ja die Finanzreserven der Krankenkassen aus Beitragsmitteln resultieren. Für die Selbstverwaltung bedeuteten die Regelungen zugleich einen massiven Eingriff in die Finanzautonomie.

---

28 BGBl. 2019, Teil I, Nr. 18, 646.
29 Im Rahmen des Gesetzes zum Erlass eines Tierarzneimittelgesetzes und zur Anpassung arzneimittel-rechtlicher und anderer Vorschriften vom 27.09.2021 (BGBl. 2021, Teil I, Nr. 70, 4530) wurden die Bereinigungsregelungen für extrabudgetäre Vergütungen von ärztlichen Leistungen nach dem TSVG angepasst, um eine Doppelfinanzierung von Leistungen zu vermeiden.
30 BGBl. 2019, Teil I, Nr. 52, 2913.
31 BGBl. 2020, Teil I, Nr. 66, 3299; für die „Sozialgarantie" vgl. Koalitionsausschuss, Corona-Folgen bekämpfen, Wohlstand sichern, Zukunftsfähigkeit stärken, 2020.

Bereits mit den Maßnahmen aus dem Jahr 2020 war klar, dass diese lediglich einen Einmaleffekt auf der Einnahmeseite haben werden. Die Reserven der Krankenkassen und die Liquiditätsreserve des Gesundheitsfonds wurden abgeschmolzen. Die verbleibenden Reserven waren im Folgejahr als gesetzliche Mindestreserven gebunden. Aus dieser Situation resultierte – wenig überraschend – im Frühjahr 2021 eine erneute Finanzierungsdiskussion. Das Gesetz zur Weiterentwicklung der Gesundheitsversorgung (Gesundheitsversorgungsweiterentwicklungsgesetz, GVWG) vom 11.07.2021 regelte deshalb in § 221a Abs. 3 SGB V einen zusätzlichen Bundeszuschuss in Höhe von 7 Mrd. Euro für das Jahr 2022.[32] Ergänzend wurde das BMG ermächtigt, die Bundesbeteiligung per Rechtsverordnung entsprechend des geschätzten weitergehenden Finanzbedarfs zur Sicherstellung eines durchschnittlichen Zusatzbeitragssatzes von 1,3 Prozent für 2022 zu erhöhen. Hierfür war das Einvernehmen mit dem BMF und die Zustimmung des Bundestages erforderlich.

Entgegen der politischen Zusagen wurden die notwendigen Entscheidungen nicht mehr vor der Bundestagswahl getroffen. Erst nach der Wahl hatte das BMG im Rahmen der Bundeszuschussverordnung 2022 vom 18.11.2021 den ergänzenden Bundeszuschuss für das Jahr 2022 in Höhe von 14 Mrd. Euro festgesetzt.[33] Die kurze Frist vor dem Jahreswechsel steht einer verlässlichen Planung für die Krankenkassen entgegen. Auch für das Jahr 2023 ist von einem erheblichen Finanzierungsdefizit – durch den GKV-Spitzenverband geschätzt – in Höhe von 17 Mrd. Euro auszugehen. Insofern bedarf es erneut grundsätzlicher Entscheidungen, um die GKV-Finanzlage stabil zu halten. Die Finanzierung der GKV darf nicht zu einer sich jährlich wiederholenden Zitterpartie geraten, wenn regelmäßig politische Entscheidungen notwendig werden. Im Interesse der Beitragszahlenden ist es dringend erforderlich, eine nachhaltige finanzielle Stabilisierung der GKV zu gewährleisten. Zwar hat der Bund u. a. mit dem Ausgleich der Freihaltung von Betten in den Krankenhäusern sowie der Erstattung für die Impf- und Testausgaben einen wichtigen Finanzierungsbeitrag im Rahmen der Pandemiekosten geleistet. Gesamtgesellschaftliche Aufgaben im Rahmen des Bevölkerungsschutzes sind allerdings generell vollständig aus Steuermitteln zu finanzieren. Aufgrund der Finanzsituation ergibt sich zudem ein umso größerer Bedarf, seit Langem notwendige Strukturreformen auf der Ausgabenseite anzugehen, um die Versorgungseffizienz zu verbessern.[34]

---

32 BGBl. 2021, Teil I, Nr. 44, 2754.
33 BAnz, Amtlicher Teil, 19.11.2021.
34 Ulrich, Gesundheitsökonomie & Qualitätsmanagement 2020, 239 (244).

2. Lehren aus der Pandemie und Bedarf für Strukturreformen

Die wohl wichtigste Feststellung nach mehr als einem Jahr Corona-Pandemie lautet, dass sich das Gesundheitswesen in Deutschland in weiten Teilen als resilient in der Krisensituation erwiesen hat. Die für die Versorgung erforderlichen Kapazitäten konnten vorgehalten und Behandlungsabläufe angepasst werden. Allerdings haben sich erkennbare Defizite gezeigt: Die anfängliche Knappheit von persönlicher Schutzausrüstung, die Schwierigkeiten bei der Entwicklung von geeigneten Schutzkonzepten für Pflegeeinrichtungen vor Infektionsausbrüchen sowie die Unterfinanzierung und die defizitäre personelle Ausstattung des Öffentlichen Gesundheitsdienstes (ÖGD) sind nur einige Beispiele, bei denen es grundlegender Weichenstellungen zur Verbesserung der Krisenfestigkeit bedarf. Erste Schritte in diese Richtung wurden bereits unternommen.[35]

Eine weitere zentrale Erkenntnis ist, dass die Leistungs- und Reaktionsfähigkeit der Selbstverwaltung wesentliche Erfolgsfaktoren bei der Pandemie-Bekämpfung waren. Zuletzt wurde jedoch das Ordnungsprinzip des selbstverwalteten Gesundheitswesens zunehmend in Frage gestellt.[36] Vor Pandemiebeginn wurde mit einer ganzen Reihe von gesetzlichen Regelungen der Versuch unternommen, die Selbstverwaltung einer ministeriellen Fachaufsicht zu unterstellen. Dies hätte eine grundlegende Neuordnung des Verhältnisses zwischen Selbstverwaltung und Exekutive zur Folge gehabt und faktisch die Entscheidungsautonomie bei der Umsetzung gesetzlicher Aufgaben erheblich eingeschränkt.

In Teilen konnte dies verhindert werden, einige zentrale Kompetenzeinschränkungen konnten aber nicht abgewendet werden: Besonders prägnant war die Übernahme der Mehrheit der Gesellschafteranteile in der Gesellschaft für Telematik (gematik) durch das BMG mit dem TSVG. Ob dadurch tatsächlich die erhoffte zügige Umsetzung der Digitalisierungsprojekte erreicht wird, wird noch zu bewerten sein. Den ersten Erkenntnissen zufolge zeichnet sich ab, dass die Neuordnung der Gesellschafterstruktur alleine nicht die gewünschten Fortschritte bringen wird, so z. B. beim elektronischen Rezept, das sich derzeit weiter in der Erprobungsphase befindet.

Die politische Haltung zur Selbstverwaltung vor der Pandemie steht in deutlichem Kontrast zu deren Rolle in der Pandemiesituation: Das subsidiär

---

35 Beispielsweise haben das Bundesministerium des Innern und das BMG am 21.07.2021 einen Entwicklungs- und Implementierungsprozess für eine „Nationale Reserve Gesundheitsschutz" auf den Weg gebracht.
36 Pfeiffer/Grunenberg, in: Hofmann/Spiecker gen. Döhmann/Wallrabenstein (Hrsg.), Mehrwert der Selbstverwaltung, 2020, 15.

ausgerichtete Gesundheitswesen hat sich als Stabilitätsfaktor in Krisenzeiten erwiesen. Dabei hat die Selbstverwaltung in Ergänzung zu staatlichen Regelungen weitergehende Lösungen für die verschiedenen Versorgungsbereiche gefunden. Notwendig ist gerade vor diesem Hintergrund, die Konkretisierung von Grundsatzentscheidungen des Bundestages und der Bundesregierung auf Bundesebene der Selbstverwaltung zu überlassen. Die konkrete Ausgestaltung der gesundheitlichen und pflegerischen Versorgung muss auch im „Normalbetrieb" im Grundsatz durch die Beteiligten mit Praxisnähe erfolgen.

Darüber hinaus ist gerade in der Pandemie der bereits seit Langem bestehende Handlungsbedarf zur Weiterentwicklung der Versorgung offensichtlich geworden. So konzentrierte sich z. B. die Behandlung von COVID-19-Erkrankten auf größere Krankenhäuser, auch wenn der Aufbau von Intensivbetten in der Fläche stattgefunden hat.[37] Bislang hat sich der Gesetzgeber vor den notwendigen Strukturreformen im stationären Bereich gescheut, obwohl eine große Zahl von Analysen bereits konkrete Lösungsvorschläge zu einer stärkeren Spezialisierung der Kliniklandschaft vorgelegt hat.[38] Ähnlich verhält es sich bei der sektorenübergreifenden Versorgung, zu der eine auf Basis des letzten Koalitionsvertrages eingesetzte Bund-Länder-Arbeitsgruppe einen Bericht im Januar 2020 vorgelegt hatte, aus dem allerdings keine gesetzgeberischen Initiativen erwachsen sind.

Offen geblieben ist u. a. auch die Reform der Notfallversorgung, zu der zwischenzeitlich zwar ein Referentenentwurf vorgelegen hatte, als dessen einziger Restant allerdings die Einführung eines Ersteinschätzungsinstruments mit dem GVWG übrig geblieben ist.[39] Der G-BA ist nach § 120 Abs. 3b SGB V damit beauftragt, bis zum 20.07.2022 Vorgaben zur Durchführung einer qualifizierten und standardisierten Ersteinschätzung des medizinischen Versorgungsbedarfs in der Notfallbehandlung zu beschließen. Damit ist die Konfliktfrage politisch unbeantwortet geblieben, auf welcher Versorgungsebene die organisatorische Verantwortung für eine Entscheidung über eine Weiterbehandlung im ambulanten oder stationären Bereich liegen sollte. Diese Grundsatzentscheidung, die bereits auf Grundlage des Referentenentwurfs zur Notfallversorgung zu heftigen Diskussionen geführt hatte, wird nun an die Selbstverwaltung übertragen. Zwar bleiben die gegensätzlichen Interessenlagen der Versorgungssektoren

---

37 Hentschker et al., Medizinische Klinik Intensivmedizin und Notfallmedizin 2021, 431.
38 Stellvertretend genannt sei lediglich: Sachverständigenrat zur Begutachtung der Entwicklung im Gesundheitswesen, Bedarfsgerechte Steuerung der Gesundheitsversorgung, 2018.
39 BGBl. 2021, Teil I, Nr. 44, 2754.

im G-BA bestehen, mit den gegebenen Entscheidungsstrukturen ist aber eine Beschlussfassung per Mehrheitsentscheidung möglich. Eine vorausgehende politische Grundsatzentscheidung hätte die Konsensfindung auf Ebene der Selbstverwaltung dennoch erleichtert.

Mit dem GVWG wurden nach intensiven politischen Debatten ebenfalls Reformschritte in der sozialen Pflegeversicherung (SPV) angegangen. Diese bleiben aber weit hinter der Zielsetzung zurück, für eine nachhaltige finanzielle Entlastung der Pflegebedürftigen und ihrer Angehörigen zu sorgen. Weder werden die Eigenanteilssteigerungen der letzten vier Jahre ausgeglichen, noch die zukünftigen Steigerungen aufgrund tariflicher Entlohnung und Personalbemessung berücksichtigt. Erforderlich ist deshalb, eine jährliche Dynamisierung der Leistungsbeträge ergänzend zu den bisherigen Regelungen vorzusehen. Zudem müssen die Pandemie-Ausgaben auch in der Pflege umfänglich refinanziert werden. Somit wurden nicht nur in der GKV, sondern auch in der Pflege die notwendigen Grundsatzentscheidungen in die 20. Legislaturperiode vertagt.

V. Quo vadis, GKV?

Für das Gesundheitswesen und die Pflege sind gewaltige Herausforderungen absehbar. Aus der Corona-Pandemie alleine erwächst noch nicht zwangsläufig die Notwendigkeit, Versorgungsstrukturen und Finanzierungsgrundlagen neuzuordnen. Vielmehr haben GKV und SPV eindrucksvoll bewiesen, dass ihre Strukturen grundsätzlich auf sich kurzfristig ergebende Erfordernisse im Rahmen von Krisensituationen angepasst werden können. Allerdings hat die Pandemie ihre Spuren hinterlassen, bereits zuvor bestehende Defizite offengelegt und teilweise erheblich verstärkt. Dringend notwendig sind deshalb Effizienzverbesserungen bei den Versorgungsstrukturen. Dafür ist die Überversorgung in Ballungsregionen anzugehen, dem Nebeneinander von Versorgungssektoren muss durch stärkere Integration begegnet werden und die Kompetenzen für nicht-medizinische Gesundheitsberufe sind ausweiten.

Zudem ergibt sich in Bezug auf die Finanzierung der GKV und der SPV eine drängende Aufgabenstellung. Insbesondere im Gesundheitswesen wird es wesentlich darum gehen, das bewährte beitragsfinanzierte System beizubehalten und durch Effizienzverbesserungen und Strukturreformen auf der Ausgabenseite zu stabilisieren. Für ungewollte Ironie sorgt in diesem Zusammenhang die Tatsache, dass in Folge der expansiven Ausgabenpolitik der letzten Jahre diese Mehrausgaben verursachergerecht über höhere Bundeszuschüsse refinanziert werden.[40] Dies kann zwar eine kurzfristige Lösung darstellen, allerdings bedarf es für eine dauerhafte Stabilisierung weitergehender und systematischer Ansätze. Hierzu gehört z. B. eine vollständige und dynamisierte Refinanzierung versicherungsfremder Leistungen durch den Bund. Nicht auszuschließen ist eine Rückkehr zur Kostendämpfungspolitik. In diesem Fall müssen nach wie vor bestehende Überkapazitäten und Ineffizienzen in der Versorgung abgebaut werden, um Leistungskürzungen für die Versicherten zu vermeiden.

Größerer Diskussionsbedarf ist bereits absehbar in der Frage, ob Europa und Deutschland souveräner bei der Verfügbarkeit von Arzneimitteln und Medizinprodukten sein sollten. Bislang werden generische Arzneimittel vor allem aus dem asiatischen Raum importiert. Gerade in der Anfangsphase der Pandemie konnten einige pharmazeutische Unternehmen eine Produktion und Belieferung über ihre internationalen Lieferketten nicht mehr sicherstellen, sodass Engpasssituationen in der Arzneimittelversorgung die Folge waren. Die Europäische Kommission hat aus diesem Grund angekündigt, einen Vorschlag zur Überarbeitung der europäischen Rechtsvorschriften vorzulegen, um diesen globalen Herausforderungen auf einer supranationalen Ebene zu begegnen.[41] Richtig ist insbesondere der formulierte Ansatz, die Liefersicherheit durch eine Diversifizierung der Produktion zu verbessern. Hierdurch könnte ein Ausfall von Produktionslinien kompensiert werden.[42] Die pharmazeutische Industrie ist in der Verantwortung, ihrem gesetzlichen Auftrag nach § 52b AMG zur Bereitstellung von Arzneimitteln, die sie in den Markt bringen, nachzukommen.

Eine weitere Thematik betrifft die Abgrenzung von Aufgaben in staatlicher Verantwortung von Aufgaben der GKV. Die Finanzierung der öffentlichen Daseinsvorsorge muss weiterhin in der Zuständigkeit des Staates bleiben. Künftig ist auszuschließen, dass deren Finanzierung auf die Beitragszahlenden der GKV oder der Pflegeversicherung abgewälzt werden. Eindrucksvoll hat das Bundessozialgericht in seinem Urteil vom 18.05.2021 (B 1 A 2/20 R) dargelegt, dass es die Finanzierung einer staatlichen Behörde wie der Bundeszentrale für

---

40 Greß/Jesberger, GGW 2021, 23 (29).
41 Europäische Kommission, Eine Arzneimittelstrategie für Europa, COM(2020) 761 final, 2020.
42 Grunenberg/Bäumler, Observer Gesundheit 2020, https://observer-gesundheit.de/lieferengpaesse-bei-arzneimitteln-vermeiden-handlungsbedarf-und-loesungsstrategien [eingesehen am 30.07.2021].

gesundheitliche Aufklärung (BZgA) aus Beitragsmitteln für verfassungswidrig hält. Auch wenn das Bundesverfassungsgericht hierzu noch keine Entscheidung getroffen hat, sollte dies doch ein deutliches Signal an die Politik sein, bei künftigen Gesetzesvorhaben die ordnungspolitische Trennung zwischen Beitrags- und Steuerfinanzierung zu beachten.

Drängender Handlungsbedarf besteht auch in den unmittelbaren Aufgabenbereichen des Staates und hier insbesondere beim ÖGD. Dieser bedarf neben einer verbesserten finanziellen und personellen Ausstattung auch einer grundlegenden Neuausrichtung. In diesem Rahmen muss dem Public Health-Gedanken stärker Rechnung getragen werden, damit der ÖGD sowohl bei Pandemien als auch jenseits von Pandemie-Situationen Aufgaben bei weitergehenden bevölkerungsmedizinischen Themen wahrnehmen kann.

Mit Blick auf diese Handlungsbedarfe stellt sich in mehrfacher Hinsicht die Frage, wohin das Gesundheitswesen steuert. Klar ist, dass die in den letzten vier Jahren häufig aufgeschobenen Grundsatzentscheidungen und mit zusätzlichen Finanzmitteln zugedeckten Problemstellungen engagiert angegangen werden müssen. Geeignete Lösungsvorschläge liegen bereits vor. Mit dem erhöhten Problemdruck bleibt zu hoffen, dass eine politische Diskussion in dieser 20. Legislaturperiode dann auch tatsächliche Konsequenzen hat. Bei der Konkretisierung der ausstehenden politischen Grundsatzentscheidungen kommt dem Mehrebenensystem der Selbstverwaltung eine zentrale Rolle zu. Ebenso wie auch bei der größten Gesundheitskrise dieses Jahrhunderts sollte die Selbstverwaltung mit bei der operativen Bewältigung der anstehenden Herausforderungen eingebunden werden, um eine sachgerechte und alltagstaugliche Umsetzung sicherzustellen.

Ulrich M. Gassner

Versorgung mit kritischen Gesundheitsprodukten

I. Prolog

1. Ikonologische Irrlichterei

Die Ikonologie der Coronapandemie kennzeichnet, dass noch nie so viele Bilder von einer Infektionskrankheit im Umlauf waren. Der *pictorial turn* in Richtung einer postskriptualen Gesellschaft erlebt einen weiteren multimedialen Schub. Hierzu gehört auch, dass das öffentlich-rechtliche Fernsehen mehr als sonst zu einem Leitmedium wird, das sowohl Meinungs- als auch Weltbild vermittelt sowie Möglichkeiten der Alltagsadaption an die große Veränderung aufzeigt.[1] Bislang in der öffentlichen Wahrnehmung nicht sichtbare Akteure aus Wissenschaft und Politik schaffen sich ein Forum und setzen sich damit auch teils scharfer Kritik aus. So ist für den SPIEGEL-Redakteur Markus Feldenkirchen der emeritierte Virologe Thomas Mertens, Vorsitzender der am Robert-Koch-Institut (RKI) angesiedelten Ständigen Impfkommission (STIKO), „das Gesicht der deutschen Coronamisere".[2] Rein optisch „komme er wie der Besucher eines Schachcafés in den Achtzigerjahren daher" und spreche „auch recht langsam." Niemand verkörpere die deutsche Gemütlichkeit im Umgang mit der Pandemie vortrefflicher als die STIKO und ihr Vorsitzender.[3] Denn, so Feldenkirchen im Rückblick, jedes Mal, wenn die STIKO eine Empfehlung aussprechen sollte, trödelte sie entweder ziemlich lange herum – oder sie stiftete enorme Verwirrung.[4] Das wurde schon Anfang 2021 sichtbar, als sie für viele das Vertrauen in den Vektorimpfstoff VAXZEVRIA™ des britisch-schwedischen Herstellers AstraZeneca demolierte. Zunächst empfahl die STIKO den Impfstoff wegen fehlender Datenlage ausdrücklich nicht für über 65-Jährige, um kurz darauf zu

---

1 Gabriele Dietze, Corona-TV, Corona. Pandemie und Krise, 2021, S. 277 (277).
2 Markus Feldenkirchen, Der gesunde Menschenverstand. Schön gemütlich, DER SPIEGEL, Nr. 47 vom 20.11.2021, S. 25.
3 Ebd.
4 Ebd.; vgl. auch Ambros Waibel, Pannen in der Pandemie: Deutschland einig Schlafiland, taz, 04.03.2021, https://taz.de/Pannen-in-der-Pandemie/!5750864/.

erklären, er sei nur für Ältere geeignet. Angesprochen auf diese kommunikative Meisterleistung, erklärte Professor Mertens am 26. Februar 2021 im ZDF lapidar: „Das Ganze ist einfach irgendwie schlecht gelaufen."[5]

Derlei irrlichterndes Geschwurbel sah man zumindest jenseits des Atlantiks deutlich weniger entspannt: „Das wird Leben kosten", warnte der Gesundheitswissenschaftler Ashish Jha von der renommierten Brown-Universität. Der Impfexperte Peter Hotez geißelte im linken US-Sender MSNBC die „Panik" unter den Europäern, die „eine gefährliche Erosion" des Vertrauens auslösen könne. „Es ist beunruhigend, wenn man die wirksamste Waffe im Kampf gegen Covid aus dem Verkehr zieht", monierte auch die kalifornische Epidemiologin Kirsten Bibbins-Domingo.[6]

2. Umgekehrter Impfstoff-Nationalismus

Notabene: Die Rede ist von einem Impfstoff, der von der Europäischen Kommission auf Empfehlung der Europäischen Arzneimittel-Agentur (European Medicines Agency, EMA) am 29. Januar 2021 auf der Grundlage von Art. 14-a Verordnung (EG) Nr. 726/2004[7] bedingt zugelassen worden

---

5 Markus Feldenkirchen, Der gesunde Menschverstand. Schön gemütlich, DER SPIEGEL, Nr. 47 vom 20.11.2021, S. 25; Interview, https://www.zdf.de/nachrichten/panor ama/corona-mertens-astrazeneca-100.html.

6 Karl Doemens, Corona-Pandemie. Europa wird in den USA vom Vorbild zum Schreckgespenst, Augsburger Allgemeine, 20.03.2021, https://www.augsburger-all gemeine.de/politik/Corona-Pandemie-Europa-wird-in-den-USA-vom-Vorbildzum-Schreckgespenst-id59346651.html.

7 Verordnung (EG) Nr. 726/2004 des Europäischen Parlaments und des Rates vom 31. März 2004 zur Festlegung von Unionsverfahren für die Genehmigung und Überwachung von Human- und Tierarzneimitteln und zur Errichtung einer Europäischen Arzneimittel-Agentur (ABl. L 136 vom 30.04.2004, S. 1, berichtigt ABl. L 201 vom 27.12.2019, S. 138), zuletzt geändert durch Verordnung (EU) 2019/5 des Europäischen Parlaments und des Rates vom 11. Dezember 2018 zur Änderung der Verordnung (EG) Nr. 726/2004 zur Festlegung von Gemeinschaftsverfahren für die Genehmigung und Überwachung von Human- und Tierarzneimitteln und zur Errichtung einer Europäischen Arzneimittel-Agentur, der Verordnung (EG) Nr. 1901/2006 über Kinderarzneimittel und der Richtlinie 2001/83/EG zur Schaffung eines Gemeinschaftskodexes für Humanarzneimittel (ABl. L 4 vom 07.01.2019, S. 24). Rechtsgrundlage für bedingte Zulassungen ist, wie Dieter Hart, Impfstoffe gegen SARS-CoV-2: Zulassungskriterien, Aufklärungsvoraussetzungen und Auswahlmöglichkeiten, MedR 2021, S. 683 (684), übersieht, seit 28. Januar 2019 nicht mehr Art. 2 Nr. 2 Verordnung (EG) Nr. 507/2006 der Kommission vom 29. März

war.⁸ Die partiellen Indikationsbeschränkungen der STIKO für VAXZEVRIA™ von „nur für <60" bis „nur für >60" und „für alle, aber für <60 nur nach besonderer Aufklärung" waren durch die Zulassung nicht gerechtfertigt.⁹

Bedingte Zulassungen können gem. Art. 14-a Abs. 1 S. 1 Verordnung (EG) Nr. 726/2004 zur Schließung medizinischer Versorgungslücken für solche Arzneimittel erteilt werden, die zur Behandlung, Vorbeugung oder ärztlichen Diagnose von zu schwerer Invalidität führenden oder lebensbedrohenden Krankheiten bestimmt sind. Dieser Genehmigungstatbestand erfasst damit auch Impfstoffe gegen eine pandemisch auftretende übertragbare Krankheit wie COVID-19.

Die Voraussetzungen zur Erteilung einer solchen bedingten Zulassung werden in der (Kommissions-)Verordnung (EG) Nr. 507/2006¹⁰ konkretisiert. Sie setzt nach Art. 4 Abs. 1 Verordnung (EG) Nr. 507/2006, voraus, dass der – aus Experten der Mitgliedstaaten bestehende¹¹ – Ausschuss für Humanarzneimittel der EMA der Ansicht ist, dass trotz fehlender (prä-)klinischer Daten über die Unbedenklichkeit und Wirksamkeit des Arzneimittels

(1) dessen definiertes Nutzen-Risiko-Verhältnis i.S.v. Art. 1 Nr. 28a Richtlinie 2001/83/EG¹² positiv ist,

---

2006 über die bedingte Zulassung von Humanarzneimitteln, die unter den Geltungsbereich der Verordnung (EG) Nr. 726/2004 des Europäischen Parlaments und des Rates (ABl. L 92 vom 30.03.2006, S. 6) fallen, i.V.m. Art. 14 Abs. 7 Verordnung (EG) Nr. 726/2004,

8 Vgl. Vaxzeria, EPAR, https://www.ema.europa.eu/documents/product-information/vaxzevria-previously-covid-19-vaccine-astrazeneca-epar-product-information_en.pdf.

9 So auch Dieter Hart, Impfstoffe gegen SARS-CoV-2: Zulassungskriterien, Aufklärungsvoraussetzungen und Auswahlmöglichkeiten, MedR 2021, S. 683 (691), der in Verkennung der letalen Folgen dieser Empfehlung und ihrer unionsrechtlichen Problematik weiter ausführt, sie sei „aber am Ende aufgrund der in der Nachbeobachtung zu Tage tretenden Risiken jedenfalls vertretbar, wenn nicht geboten."

10 Verordnung (EG) Nr. 507/2006 der Kommission vom 29. März 2006 über die bedingte Zulassung von Humanarzneimitteln, die unter den Geltungsbereich der Verordnung (EG) Nr. 726/2004 des Europäischen Parlaments und des Rates (ABl. L 92 vom 30.03.2006, S. 6).

11 Vgl. Art. 61 Verordnung (EG) Nr. 726/2004.

12 Richtlinie 2001/83/EG des Europäischen Parlaments und des Rates vom 6. November 2001 zur Schaffung eines Gemeinschaftskodexes für Humanarzneimittel (ABl. L 311 vom 28.11.2001, S. 67, berichtigt ABl. L 302 vom 20.11.2003, S. 40, ABl. L 087 vom 31.3.2009, S. 174, ABl. L 276 vom 21.10.2011, S. 63, ABl. L 238 vom 9.8.2014, S. 31, ABl. L 239 vom 12.8.2014, S. 81 und ABl. L 241 vom 8.7.2021, S. 7), zuletzt geändert

(2) der Antragsteller voraussichtlich in der Lage ist, die umfassenden klinischen Daten nachzuliefern,
(3) eine medizinische Versorgungslücke geschlossen werden kann, und
(4) der Nutzen für die öffentliche Gesundheit, den die sofortige Verfügbarkeit des Arzneimittels auf dem Markt mit sich bringt, die Gefahr aufgrund noch fehlender zusätzlicher Daten überwiegt.

Hierbei ist unter einer medizinischen Versorgungslücke zu verstehen, dass für eine Erkrankung kein zufriedenstellendes Mittel zur Diagnose, Vorbeugung oder Behandlung in der Union zugelassen ist oder, selbst wenn dies der Fall ist, das betreffende Arzneimittel einen bedeutenden therapeutischen Nutzen für die von dieser Erkrankung betroffenen Patienten mit sich bringt (Art. 14-a Abs. 2 Verordnung (EG) Nr. 726/2004 i.V.m. Art. 4 Abs. 2 Verordnung (EG) Nr. 507/2006).[13]

STIKO-Chef Mertens hat offensichtlich den Sinn dieser Bestimmungen nicht verstanden. Denn anders wäre es kaum zu erklären, dass er am 29. Januar 2021 zur bedingten Zulassung des AstraZeneca-Impfstoffs ausführte: „Die Daten sind aus unserer Sicht in der Gruppe der älteren Menschen nicht ausreichend, um wirklich etwas über die Wirksamkeit aussagen zu können."[14] Er verkannte damit völlig, dass es auf den Nachweis eines ausreichenden Evidenzniveaus nach dem klar zum Ausdruck gebrachten Willen des Unionsgesetzgebers in einer pandemischen Krisensituation gerade nicht ankommen kann. Dies wäre noch erträglich, wenn es sich nur um ein individuelles Unvermögen gehandelt

---

durch Verordnung (EU) 2019/1243 des Europäischen Parlaments und des Rates vom 20. Juni 2019 zur Anpassung von Rechtsakten, in denen auf das Regelungsverfahren mit Kontrolle Bezug genommen wird, an Artikel 290 und 291 des Vertrags über die Arbeitsweise der Europäischen Union (ABl. L 198 vom 25.07.2019, S. 241).

13 Vgl. näher zum Vorstehenden Markus Ambrosius/Lukas Klement, Die Zulassung von Arzneimitteln zur Behandlung von COVID-19 und zur Bekämpfung der Pandemie, PharmR 2021, S. 119 (123 f.); vgl. auch Dieter Hart, Impfstoffe gegen SARS-CoV-2: Zulassungskriterien, Aufklärungsvoraussetzungen und Auswahlmöglichkeiten, MedR 2021, S. 683 (684 ff.); Elena Grabski/Eberhard Hildt/Ralf Wagner, Zulassungsverfahren für Humanimpfstoffe in Deutschland und Europa und das Präqualifizierungsprogramm der WHO, Bundesgesundheitsbl 2020, S. 4 (12), https://doi.org/10.1007/s00103-019-03059-w.

14 Kim Björn Becker/Michaela Wiegel, Streit um Astra-Zeneca-Vakzin: Stiko-Chef Mertens kritisiert europäische Arzneimittelagentur, 29.01.2021, https://www.faz.net/aktuell/politik/inland/streit-um-astra-zeneca-stiko-chef-kritisiert-ema-17172451.html.

hätte, doch hatte die hieraus folgende Verwirrung auch einen letal wirkenden Impf-Attentismus in der deutschen Bevölkerung zur Folge. Dieser umgekehrte Impf-Nationalismus neuen Typs nach dem Motto „Wir stricken unsere Risiko-Nutzen-Abwägung selbst." ist indes nicht nur individueller Irrlichterei geschuldet, sondern im Kern systemischer Natur. Denn eine STIKO-Impfempfehlung „erfolgt nach einer wissenschaftlichen Risiko/Nutzen-Abwägung unter Berücksichtigung des jeweiligen aktuellen Standes der medizinischen und epidemiologischen Wissenschaft und Technik."[15] Sie wird auf Basis der besten verfügbaren Evidenz erarbeitet und berücksichtigt auch den Nutzen einer Impfung auf Bevölkerungsebene (z. B. zu erwartende epidemiologische Effekte einer Impfempfehlung).[16]

Zwar gibt § 20 Abs. 2a S. 1 IfSG für Empfehlungen der Ständigen Impfkommission bei Schutzimpfungen gegen das Coronavirus SARS-CoV-2 seit 31. März 2021 folgende Impfziele vor: die Reduktion schwerer oder tödlicher Krankheitsverläufe, den Schutz von Personen mit besonders hohem Risiko für einen schweren oder tödlichen Krankheitsverlauf, den Schutz von Personen mit besonders hohem tätigkeitsbedingtem Infektionsrisiko, die Unterbindung einer Transmission des Coronavirus SARS-CoV-2 insbesondere in Umgebungen mit hohem Anteil vulnerabler Personen und in solchen mit hohem Ausbruchspotential sowie die Aufrechterhaltung zentraler staatlicher Funktionen, der Kritischen Infrastrukturen, der zentralen Bereiche der Daseinsvorsorge und des öffentlichen Lebens. Der Festlegung dieser Ziele soll nach dem Willen des Reformgesetzgebers „eine sorgfältige Abwägung der betroffenen Individualrechtsgüter, sowie der Belange des Schutzes der öffentlichen Gesundheit und des Allgemeinwohls" zugrunde liegen.[17]

Nicht ausdrücklich ausgeschlossen ist damit aber ein *second-guessing* in offenem und öffentlich perzipierten Widerspruch zur Stellungnahme des Ausschusses für Humanarzneimittel der EMA und der Zulassungsentscheidung der Europäischen Kommission, wiewohl die STIKO eine Sonderstellung insofern einnimmt, als sie weder an dem Zulassungsprozess beteiligt ist noch als „Wissensverwaltung"[18] eine sonstige Entscheidungsfunktion

---

15 BT-Drs. 16/3100, S. 100.
16 RKI (Hrsg.), Epidemiologisches Bulletin 34/2020, Empfehlungen der Ständigen Impfkommission beim Robert Koch-Institut 2020/2021, S. 4, http://dx.doi.org/10.25646/7083.7.
17 BT-Drs. 19/26545, S. 18.
18 Ralf Poscher, Infektionsschutzgesetz als Gefahrenabwehrrecht, in: Huster/Kingreen (Hrsg.), Handbuch Infektionsschutzrecht, 2021, Kap. 4 Rn. 20.

innehat.[19] Divergierende STIKO-Empfehlungen bilden aber dennoch keine Quantité négliable. Wegen ihres Empfehlungscharakters sind sie zwar nicht rechtsverbindlich, doch kommt ihnen quasi-normative Wirkung zu. So sollen sie den Landesgesundheitsbehörden bei ihren öffentlichen Empfehlungen für Schutzimpfungen nach § 20 Abs. 3 IfSG als Orientierung dienen und ggf. eine Anpassung an die länderspezifische epidemiologische Lage ermöglichen.[20] Auch konkretisieren sie arzthaftungsrechtlich den gebotenen medizinischen Standard nach § 630 a Abs. 2 BGB[21] und wirken deshalb verhaltenssteuernd. Darüber hinaus orientieren sich auch Gesundheitsämter und Apotheker vielfach unmittelbar an ihnen.[22] Schließlich haben sie auch den Inhalt der CoronaImpfV beeinflusst. Dies betrifft Priorisierungsfragen (vgl. § 1 Abs. 2 S. 2 CoronaImpfV[23]), und zwar gerade auch mit Blick auf die Nutzung von VAXZEVRIA™.[24] Die faktische Normativität der STIKO-Empfehlungen konstituiert damit nicht nur einen mittelbaren Eingriff in das Grundrecht der allgemeinen Handlungsfreiheit/Entscheidungsfreiheit bzw. des Schutzes der Persönlichkeit (Art. 2 Abs. 1 i.V. Art. 1 S. 1 GG) der Impfwilligen, sondern ist auch unionsrechtlich anfechtbar. Denn die mit einer zulassungsabweichenden Position der STIKO einhergehende faktische Beschränkung der Warenverkehrsfreiheit (Art. 28 ff. AEUV) kann über die Kompetenzausübungsschranke des Art. 168 Abs. 7 AEUV nicht legitimiert werden. Sie „schützt" zwar die Mitgliedstaaten vor grundsätzlichen legislativen Eingriffen der Union in die nationale Gesundheitspolitik und -gesetzgebung, „befreit" sie aber nicht davon, ihre Gesundheitspolitik primärrechtskompatibel auszugestalten.[25] Zudem ist hier die auf Art. 168 Abs. 4 lit. c AEUV gestützte

---

19 Vgl. zum letztgenannten Aspekt Dieter Hart, Impfstoffe gegen SARS-CoV-2: Zulassungskriterien, Aufklärungsvoraussetzungen und Auswahlmöglichkeiten, MedR 2021, S. 683 (693).
20 BT-Drs. 14/2530, S. 72.
21 Nils Schaks, Verhütung übertragbarer Krankheiten: Schutzimpfungen, in: Sebastian Kluckert (Hrsg.), Das neue Infektionsschutzrecht, 2. Aufl. 2021, § 14 Rn. 13.
22 Anna Leisner-Egensperger, Ausschuss-Drs. 19(14)288(9), S. 29.
23 Verordnung zum Anspruch auf Schutzimpfung gegen das Coronavirus SARS-CoV-2 (Coronavirus-Impfverordnung – CoronaImpfV) (BAnz AT 08.02.2021 V1; aufgehoben durch § 16 Verordnung vom 10.03.2021 BAnz AT 11.03.2021 V1).
24 Näher dazu Martin Krasney/Kerstin Sabina Heidenreich/Felix Lubrich, Aufgaben und Herausforderungen der gesetzlichen Krankenversicherung, in: Sebastian Kluckert (Hrsg.), Das neue Infektionsschutzrecht, 2. Aufl. 2021, § 11 Rn. 15, 245, 250.
25 Vgl. nur Frank Niggemeier, in: von der Groeben/Schwarze/Hatje, Europäisches Unionsrecht, 7. Aufl. 2015, Art. 168 AEUV Rn. 75 m.w.N.; näher zum eingriffsfesten Kern gesundheitspolitischer Souveränität der Mitgliedstaaten im hier gegebenen

Harmonisierungswirkung der unionalen Arzneimittelgesetzgebung zu beachten, die bei divergierenden Auffassungen über die Sicherheit eines zugelassenen Arzneimittels als Remedur die Einleitung eines Unionsvorlageverfahren durch den Mitgliedstaat ermöglicht.[26]

3. Resilienz[27] im Mehrebenensystem

Schlaglichtartig erhellt sind mit dem dargestellten Referenzbeispiel auch schon die typischen Konfliktzonen und Resilienzproblematiken im Mehrebenensystem der Versorgung mit Gesundheitsprodukten: Was im Normalfall regulatorisch funktioniert (hier: STIKO-Impfempfehlungen), erweist sich im Krisenfall als mehrdimensionale faktische und rechtliche Friktion mit fatalen Auswirkungen. Einige der damit zusammenhängenden Fragen sollen im Folgenden näher erörtert werden. Nach einer terminologischen Vorklärung werden die maßgeblichen unionalen und nationalen Maßnahmen zur Versorgung mit kritischen Gesundheitsprodukten dargestellt, strukturelle bzw. institutionelle Probleme analysiert sowie Lösungsansätze zur Stärkung der sektorspezifischen Krisenresilienz der EU skizziert.

II. Terminologische Vorklärungen

Der hier aus hermeneutischen Gründen als Oberbegriff für Arzneimittel, Medizinprodukte und Persönliche Schutzausrüstung (PSA) verwendete, aber nicht als abschließend zu verstehende Terminus technicus „kritische Gesundheitsprodukte" ist jedenfalls in dieser Kombination nicht allgemein gebräuchlich und daher sowohl in inhaltlicher als auch in sprachlicher Hinsicht erklärungsbedürftig.

Die Begriffe „Gesundheitsprodukte" und „Gesundheitswaren" sind dem deutschen Gesundheitsrecht völlig unbekannt. Im Unionsrecht wird der Ausdruck „Gesundheitsprodukte" (*health products*) als Oberbegriff nur ganz selten und ausschließlich jenseits des Bereichs der Produktregulierung verwendet, so z.B. in dem auf Art. 168 Abs. 5 AEUV gestützten Aktionsprogramm im Bereich

---

Kontext Ulrich M. Gassner/Ponader, Nationaler Versorgungsbedarf und unionales Kompetenzgefüge, COVuR 2020, S. 465 (468).
26 Vgl. dazu Ulrich M. Gassner, Europäisches Arzneimittelverwaltungsverfahrensrecht – Praxisdefizite und Reformoptionen (Teil 1), PharmR 2019, S. 209 (212 ff.).
27 Vgl. zu diesem Begriff unten III.3.

der Gesundheit („EU4Health-Programm") für den Zeitraum 2021–2027.[28] Dasselbe gilt für den möglichen Alternativbegriff „Gesundheitsgüter". Er wird im rechtswissenschaftlichen Kontext kaum verwendet und ist primär ökonomisch konnotiert. In der Gesundheitsökonomie erfüllt er vor allem den Zweck, die Besonderheiten der Allokation von Gesundheitsgütern, d.h. insbesondere medizinischer Leistungen, im Verhältnis zu anderen, weit stärker über den Preismechanismus allozierten Gütern darzustellen.[29] Aus diesem Grund wird hierbei auch nicht zwischen Waren und Dienstleistungen differenziert. Demgegenüber ist diese Unterscheidung für die Rechtswissenschaften, wie gerade im hier interessierenden unionsrechtlichen Kontext Art. 28 AEUV und Art. 56 AEUV belegen, von maßgeblicher Bedeutung. Da der Begriff „Gesundheitsprodukte" im Übrigen auch zunehmend in gesundheitsökonomischen Analysen verwendet wird, erscheint er letztlich auch aus Gründen interdisziplinärer Anschlussfähigkeit vorzugswürdig.[30]

Das hier gewählte Adjektiv „kritisch" ist schon deshalb anfechtbar, weil es bezogen auf Produkte entsprechend dem allgemeinen Sprachverständnis[31] häufig im Sinne von „gefährlich, bedrohend" verwendet wird. So werden denn auch nach der Empfehlung der Kommission für Krankenhaushygiene und Infektionsprävention (KRINKO) beim Robert Koch-Institut (RKI) und des Bundesinstituts für Arzneimittel und Medizinprodukte (BfArM) zu Anforderungen an die Hygiene bei der Aufbereitung von Medizinprodukten entsprechend ihrem Gefährdungspotenzial Medizinprodukte zur Anwendung von Blut, Blutprodukten oder anderen sterilen Arzneimitteln oder sterilen Medizinprodukten als „kritisch" eingestuft. Dasselbe soll für Medizinprodukte gelten, die bestimmungsgemäß die Haut oder Schleimhaut durchdringen und dabei in Kontakt mit Blut kommen bzw. an inneren Geweben oder Organen angewendet werden.[32]

Allerdings wird das Adjektiv *critical* zur Qualifizierung von Gesundheitsprodukten in den deutschsprachigen Fassungen offizieller EU-Dokumente in der

---

28 Egrd. 30, Anhang 1 Nr. 3 a Verordnung (EU) 2021/522.
29 Vgl. nur Friedrich Breyer/Peter S. Zweifel/Mathias Kifmann, Gesundheitsökonomie, 2003, S. 167 ff.
30 Vgl. Bundesministerium für Wirtschaft und Energie (Hrsg.), Exportpotenziale deutscher Gesundheitsprodukte in der EU, 2021, https://www.bmwi.de/Redaktion/DE/Downloads/E/exportpotenziale-deutscher-gesundheitsprodukte-langfassung.pdf?__blob=publicationFile&v=4.
31 Vgl. DWDS, „kritisch", https://www.dwds.de/wb/kritisch.
32 Bundesgesundheitsbl 2012, 1244 (1247 f.).

Regel mit „kritisch" übersetzt, obwohl damit die nur in der englischsprachigen Wortbedeutung enthaltene Eigenschaft „unentbehrlich" oder „wesentlich"[33] gemeint ist. Ein prominentes Beispiel hierfür ist das Kommissionsdokument zur Schaffung einer Europäischen Gesundheitsunion.[34] Diese Fehlübersetzung kann zwar sprachlich nicht überzeugen, hat aber mit der Begrifflichkeit „kritische Infrastrukturen" und einem ähnlichen Sinngehalt[35] schon seit längerem Einzug in die deutsche Gesetzessprache erhalten.[36] Aus pragmatischen Gründen wird dieser Begriff daher auch hier verwendet.

Darüber hinaus bleibt klarzustellen, dass der Begriff der „Versorgung" mit kritischen Gesundheitsprodukten weit zu verstehen ist und entsprechend dem allgemeinen Sprachgebrauch[37] auch ihre Entwicklung, Herstellung, Lagerung und Beschaffung umfasst.

III. Versorgung mit kritischen Gesundheitsprodukten im Mehrebenensystem

1. Nationaler Versorgungsbedarf und unionale Kompetenzenordnung

Wie sich gerade auch in der COVID-19-Pandemie gezeigt hat, liegt die Zuständigkeit für den Infektionsschutz im Mehrebenensystem überwiegend bei den Mitgliedstaaten.[38] Abgesehen von dem Handlungsfeld der gemeinsamen Sicherheitsanliegen im Bereich der öffentlichen Gesundheit (Art. 168 Abs. 4

---

33 Vgl. https://www.merriam-webster.com/dictionary/critical.
34 Vgl. COM (2020) 724 final, S. 5, 8, 10.
35 Bundesministerium des Innern (Hrsg.), Nationale Strategie zum Schutz Kritischer Infrastrukturen (KRITIS-Strategie), 2009, S. 2: „Infrastrukturen im Allgemeinen und Kritische Infrastrukturen im Besonderen sind die unverzichtbaren Lebensadern moderner, leistungsfähiger Gesellschaften."
36 Vgl. z.B. die Definitionsnorm des § 2 Abs. 10 BSIG, aber auch § 2 Abs. 2 Nr. 3 S. 4 ROG oder § 4 Abs. 3 Nr. 1 g BDNG.
37 Vgl. COM (2020) 724 final, S. 8.
38 Allg. Auffassung, vgl. nur Birgit Schmidt am Busch, in: Grabitz/Hilf/Nettesheim (Hrsg.), EUV/AEUV Kommentar, 60. EL Oktober 2016, Art. 168 AEUV Rn. 24; Udo di Fabio, Coronabilanz 2021, S. 16; Ulrich M. Gassner, Internationales und Europäisches Infektionsschutzrecht, in: Sebastian Kluckert (Hrsg.), Das neue Infektionsschutzrecht, 2. Aufl. 2021, § 1 Rn. 83; Rudolf Mögele, Die EU und COVID-19: Befugnisse und Initiativen, EuZW 2020, S. 297 (297); Andreas Th. Müller, Europa und die Pandemie. Zuständigkeitsdefizite und Kooperationszwänge, VVDStRL 80 (2021), S. 105 (108).

AEUV) ist der Union im Anwendungsbereich des Art. 168 AEUV nur eine ergänzende Zuständigkeit i.S.v. Art. 6 AEUV eingeräumt. Danach ist die Union befugt, ergänzende Maßnahmen zu ergreifen, ohne dass dadurch die Zuständigkeit der Mitgliedstaaten berührt wird. So wird sie in Art. 168 Abs. 5 AEUV u.a. dazu ermächtigt, „insbesondere zur Bekämpfung der weit verbreiteten schweren grenzüberschreitenden Krankheiten, Maßnahmen zur Beobachtung, frühzeitigen Meldung und Bekämpfung schwerwiegender grenzüberschreitender Gesundheitsgefahren" zu erlassen, dies aber „unter Ausschluss jeglicher Harmonisierung der Rechtsvorschriften der Mitgliedstaaten". Diese Ergänzungskompetenz hat die Union vereinzelt auch in Bezug auf kritische Gesundheitsprodukte ausgeübt.[39] Die hier vor allem interessierenden Maßnahmen zur Versorgung mit kritischen Arzneimitteln und Medizinprodukten fallen in den Bereich der geteilten Zuständigkeit (Art. 4 Abs. 2 lit. k AEUV i.V.m. Art. 168 Abs. 4 lit. c AEUV). In diesem Rahmen können die Mitgliedstaaten ihre Zuständigkeit nur sofern und soweit wahrnehmen, wie die Union nicht tätig geworden ist (Art. 2 Abs. 2 S. 2 AEUV). Die Ausübung dieser Unionskompetenz entfaltet also eine Sperrwirkung gegenüber nationalen Befugnissen.[40]

Darüber hinaus verleiht Art. 114 Abs. 1 AEUV der Union die allgemeine Befugnis zur Regelung binnenmarktrelevanter Sachverhalte und ermöglicht ihr damit auch, die Ziele des freien Warenverkehrs zu verfolgen. So hat der Unionsgesetzgeber als Kompetenzgrundlage für die Verordnung (EU) 2017/745 über Medizinprodukte[41] (MP-VO) und die Verordnung (EU) 2017/746 über In-vitro-Diagnostika[42]

---

39 Vgl. unten 2.a)aa)(1).
40 Vgl. nur Thorsten Kingreen, in: Calliess/Ruffert (Hrsg.), EUV/AEUV Kommentar, 6. Aufl. 2022, Art. 168 AEUV Rn. 6; Martin Nettesheim, in: Grabitz/Hilf/Nettesheim (Hrsg.), EUV/AEUV Kommentar, 52. EL Januar 2014, Art. 2 AEUV Rn. 27.
41 Verordnung (EU) 2017/745 des Europäischen Parlaments und des Rates vom 5. April 2017 über Medizinprodukte zur Änderung der Richtlinie 2001/83/ EG, der Verordnung (EG) Nr. 178/2002 und der Verordnung (EG) Nr. 1223/2009 und zur Aufhebung der Richtlinien 90/385/EWG und 93/42/EWG des Rates (ABl. L 117 vom 05.05.2017, S. 1, berichtigt ABl. L 117 vom 03.05.2019, S. 9, ABl. L 334 vom 27.12.2019, S. 165 und ABl. L 241 vom 08.07.2021, S. 7), zuletzt geändert durch Verordnung (EU) 2020/561 des Europäischen Parlaments und des Rates vom 23. April 2020 zur Änderung der Verordnung (EU) 2017/745 über Medizinprodukte hinsichtlich des Geltungsbeginns einiger ihrer Bestimmungen (ABl. L 130 vom 24.04.2020, S. 18).
42 Verordnung (EU) 2017/746 des Europäischen Parlaments und des Rates vom 5. April 2017 über In-vitro-Diagnostika und zur Aufhebung der Richtlinie 98/79/EG und des Beschlusses 2010/227/EU der Kommission (ABl. L 117 vom 05.05.2017, S. 176; berichtigt ABl. L 117 vom 03.05.2019, S. 11, ABl. L 334 vom 27.12.2019, S. 167 und ABl. L 233 vom 01.07.2021, S. 9).

(IVD-VO) neben Art. 168 Abs. 4 lit. c AEUV auch auf Art. 114 AEUV zurückgegriffen. Freilich vermittelt diese Kompetenznorm der Union auch und gerade im Gesundheitsbereich keine *plein de pouvoir*.[43] Umgekehrt ist der Rekurs der Mitgliedstaaten auf die Schutzklauseln nach Art. 114 Abs. 10 AEUV, um eine Abweichung von der Warenverkehrsfreiheit zum Schutz der Gesundheit zu ermöglichen, nur beschränkt möglich. Zwar sollen sie es den Mitgliedstaaten in Extremsituationen – wie etwa bei Problemen unvorhersehbaren Charakters oder Notfällen – ermöglichen, schnell zu reagieren und vorübergehende eigenständige Maßnahmen zu treffen.[44] Doch hat Art. 114 Abs. 10 AEUV nur klarstellende Bedeutung[45] und setzt daher voraus, dass auf eine konkrete sekundärrechtliche Schutzklausel zurückgegriffen werden kann.[46]

Auf nationaler Ebene fallen Maßnahmen gegen gemeingefährliche oder übertragbare Krankheiten bei Menschen sowie das Recht der Arzneien und der Medizinprodukte in den Bereich der konkurrierenden Gesetzgebung (Art. 74 Nr. 19 GG). Auf Art. 74 Abs. 1 Nr. 19 Var. 1 GG lässt sich auch die mit der Bekämpfung von Infektionskrankheiten im Zusammenhang stehende Vorsorge stützen, wie z.B. die Bevorratung von Schutzausrüstung, antiviralen Arzneimitteln und Impfstoffen.[47] Von der Kompetenz, die den Ländern im Rahmen der konkurrierenden Gesetzgebung zusteht (Art. 72 Abs. 1 GG), haben nur Bayern und Nordrhein-Westfalen Gebrauch gemacht. Das zum 31. Dezember 2020 außer Kraft getretene BayIfSG enthielt u.a. eine Regelung zur Beschlagnahme von Material, das zur Aufrechterhaltung der notwendigen Gesundheitsversorgung der Bevölkerung erforderlich ist (Art. 2 Abs. 1 S. 1 BayIfSG) sowie ein entsprechendes Verfügungsverbot (Art. 2 Abs. 1 S. 3 BayIfSG). Außerdem konnten Verbote zu schuldrechtlicher Bindung (insbesondere Verkaufsverbote) hinsichtlich solcher Materialien ergehen (Art. 2 Abs. 2

---

43 Näher Birgit Schmidt am Busch, in: Grabitz/Hilf/Nettesheim (Hrsg.), EUV/AEUV Kommentar, 60. EL 2016, AEUV Art. 168 Rn. 110, 112.
44 Vgl. Stefan Korte, in: Calliess/Ruffert (Hrsg.), EUV/AEUV Kommentar, 6. Aufl. 2022, Art. 114 AEUV Rn. 61.
45 Christian Tietje, in: Grabitz/Hilf/Nettesheim (Hrsg.), EUV/AEUV Kommentar, 59. EL Juli 2016, Art. 114 AEUV Rn. 228.
46 Vgl. dazu im Kontext von § 5 Abs. 2 Nr. 4 lit. a IfSG Ulrich M. Gassner/Ponader, Nationaler Versorgungsbedarf und unionales Kompetenzgefüge, COVuR 2020, S. 465 (467).
47 Sebastian Kluckert, Verfassungs- und verwaltungsrechtliche Grundlagen des Infektionsschutzrechts, in: ders. (Hrsg.), Das neue Infektionsschutzrecht, 2. Aufl. 2021, § 2 Rn. 3.

|BayIfSG).⁴⁸ Ähnliche Bestimmungen „zur Aufrechterhaltung der notwendigen Gesundheitsversorgung" finden sich auch in der Verordnungsermächtigung des § 17 Abs. 1 IfBSG-NRW für medizinisches, pflegerisches oder sanitäres Material einschließlich der dazu gehörigen Rohstoffe sowie für Geräte für die medizinische und pflegerische Versorgung. Danach kommt länderrechtlichen Regelungen für die Versorgung mit kritischen Gesundheitsprodukten nur eine geringe Bedeutung zu. Die folgende Darstellung beschränkt sich daher auf Maßnahmen, die auf unionaler und nationaler Ebene ergriffen wurden.

2. Maßnahmen zur Sicherung der Versorgung mit kritischen Gesundheitsprodukten

a) Unionale Maßnahmen

Die bislang erlassenen Sicherungsmaßnahmen der EU hatten im Regelfall reaktiven Charakter und dienten vor allem dazu, akute Versorgungsengpässe zu bewältigen. Sie konnten auf ein breites Portfolio von Rechtsgrundlagen unterschiedlicher Genese gestützt werden.

aa) Beschaffung von Gesundheitsprodukten

(1) Art. 5 Beschluss 1082/2013/EU[49] beruht kompetenziell auf Art. 168 Abs. 5 AEUV und regelt die gemeinsame Beschaffung medizinischer Gegenmaßnahmen. Die Nachfrage nach Medizinprodukten und PSA erhöhte sich aufgrund der COVID-19-Pandemie stark, was teilweise zu Versorgungsengpässen führte.[50] Daher startete die Kommission am 28. Februar 2020 unter Anwendung von Art. 5 Beschluss 1082/2013/EU Ausschreibungen zur Beschaffung von Masken des Typs 2 und 3, Handschuhen, Schutzbrillen, Gesichtsschutz, chirurgischen Masken und Schutzanzügen. An dem

---

48 Stephan Rixen, in: Die epidemische Lage von nationaler Tragweite – einfachrechtliche Regelungen und verfassungsrechtliche Problematik, in: Kluckert (Hrsg.), Das neue Infektionsschutzrecht, 2. Aufl. 2021, § 4 Rn. 30 f.
49 Beschluss Nr. 1082/2013/EU des Europäischen Parlaments und des Rates vom 22. Oktober 2013 zu schwerwiegenden grenzüberschreitenden Gesundheitsgefahren und zur Aufhebung der Entscheidung Nr. 2119/98/EG (ABl. L 293 von 5.11.2013, S. 1).
50 Claudia Seitz, Schutz vor Epidemien und Pandemien in der Europäischen Union. Das Coronavirus hCoV-19 als Testfall für den Gesundheitsschutz?, EuZW 2020, S. 449 (451).

gemeinsamen Beschaffungsverfahren beteiligten sich 25 Mitgliedstaaten, die dann jeweils die Verträge mit den Bietern bzw. Herstellern schlossen.[51]

(2) Am 17. Juni 2020 stellte die Kommission die EU-Strategie für COVID-19-Impfstoffe[52] vor. Sie fußt auf zwei Säulen: Neben der Anpassung der EU-Vorschriften an das dringliche Erfordernis, unter Einhaltung der Standards für Qualität, Sicherheit und Wirksamkeit von Impfstoffen deren Entwicklung, Zulassung und Verfügbarkeit zu beschleunigen, sollte die Produktion einer ausreichenden Impfstoffmenge in der EU durch Abnahmegarantien für Impfstoffhersteller über das Soforthilfeinstrument (Emergency Support Instrument, ESI)[53] sichergestellt werden. Zusätzlich zu solchen Garantien sollten weitere Finanzmittel und andere Formen der Unterstützung bereitgestellt werden.[54] Im Zuge dessen schloss die Kommission am 31. Juli 2020 erste Gespräche zur Sicherung künftiger Coronavirus-Impfstoffe ab. Daran knüpften bereits im August weitere mit anderen Impfstoffherstellern an.[55]

(3) Als Maßnahme zur Beschaffung im weiteren Sinne schlug die Kommission vor, die Mitgliedstaaten zur Aussetzung von Zöllen und Mehrwertsteuer für PSA, Medizinprodukte und Impfstoffen zu ermächtigen.[56] So sollte die Verfügbarkeit dieser Produkte verbessert werden.

---

51 Europäische Kommission, Pressemitteilung, IP/20/523, 24.03.2020, Coronavirus: Erfolgreiche Ausschreibung der Kommission sichert Versorgung mit persönlichen Schutzausrüstungen in der Europäischen Union Brüssel, https://ec.europa.eu/commission/presscorner/detail/de/ip_20_523.
52 Mitteilung der Kommission an das Europäische Parlament, den Europäischen Rat, den Rat und die Europäische Investitionsbank, EU-Strategie für COVID-19-Impfstoffe, COM(2020) 245 final.
53 Verordnung (EU) 2016/369 des Rates vom 15. März 2016 über die Bereitstellung von Soforthilfe innerhalb der Union (ABl. L 070 vom 16.3.2016, S. 1), zuletzt geändert durch Verordnung (EU) 2020/521 des Rates vom 14. April 2020 zur Aktivierung der Soforthilfe gemäß der Verordnung (EU) 2016/369 und zur Änderung von deren Bestimmungen unter Berücksichtigung des COVID-19-Ausbruchs (ABl. L 117 vom 15.04.2020, S. 3).
54 COM(2020) 245 final, S. 2.
55 Europäische Kommission, Pressemitteilung, IP/20/1481, 13.08.2020, Coronavirus: Kommission schließt weitere Gespräche zur Sicherung künftiger Impfstoffe ab, https://ec.europa.eu/commission/presscorner/detail/de/ip_20_1481.
56 Europäische Kommission, Vorschlag für eine Richtlinie des Rates zur Änderung der Richtlinie 2006/112/EG des Rates in Bezug auf zeitlich befristete Maßnahmen im Zusammenhang mit der Mehrwertsteuer für COVID-19-Impfstoffe und -In-vitro-Diagnostika als Reaktion auf die COVID-19-Pandemie, COM(2020) 688 final.

bb) Aufhebung nationaler Ausfuhrbeschränkungen zur Verwirklichung des Binnenmarkts

Jede Pandemie evoziert beim globalen Kampf um knappe kritische Gesundheitsprodukte nationale Egoismen. Die Corona-Pandemie bildet hier keine Ausnahme.[57] Im Fokus solcher Nationalismen standen vor allem Impfstoffe, aber auch andere Gesundheitsprodukte. Selbst im ansonsten unionsrechtsaffinen Deutschland flammte Anfang März 2020 in Gestalt einer Anordnung des Bundesministeriums für Wirtschaft und Energie (BMWi) zum Verbot der Ausfuhr von PSA, die auf § 6 Abs. 1 S. 1 i.V.m. § 4 Abs. 1 Nr. 5 AWG[58] gestützt wurde, ein relativ unionsrechtsblinder, wenn auch durch einen Genehmigungsvorbehalt mitigierter PSA-Nationalismus auf. Wähnte sich das BMWi damit zunächst in Einklang mit den unionsrechtlichen Vorgaben (Art. 36 AEUV[59] usw.), so sah es sich doch wenige Tage später wohl aufgrund von Aktivitäten auf Unionsebene immerhin veranlasst, diese Anordnung aufzuheben und mit folgender Erwägung neu zu fassen: „Sobald es in der EU ein einheitliches Vorgehen in dieser Hinsicht gibt, entfällt die Notwendigkeit einer nationalen Regelung. Auch eine angestrebte europarechtliche Lösung kann daher zu einer Überprüfung dieser Allgemeinverfügung führen."[60]

Die Kommission stufte die auch von einigen anderen Mitgliedstaaten zur Versorgung ihrer Bevölkerung erlassenen Liefer- und Ausfuhrbeschränkungen als bedrohlich für eine effektive unionsweite Bekämpfung der COVID-19-Pandemie ein und drang daher auf ihre Aufhebung. Sie gab ihnen Leitlinien zur Einrichtung geeigneter Kontrollmechanismen zur Gewährleistung der europäischen Versorgungssicherheit an die Hand.[61] Die schon im Rahmen der

---

57 Vgl. Ulrich M. Gassner, Internationales und Europäisches Infektionsschutzrecht, in: Sebastian Kluckert (Hrsg.), Das neue Infektionsschutzrecht, 2. Aufl. 2021, § 1 Rn. 56, 107; Ulrich M. Gassner/Alexander Ponader, Nationaler Versorgungsbedarf und unionales Kompetenzgefüge, COVuR 2020, S. 465 (465).
58 Vgl. BMWi, Anordnung von Beschränkungen im Außenwirtschaftsverkehr mit bestimmten Gütern vom 04.03.2020, BAnz AT 04.03.2020, B 1, angepasst durch BAnz AT 12.3.2020 B1 (aufgehoben durch BAnz AT 19.03.2020 B11).
59 Ausdrücklicher gesetzlicher Maßstab, vgl. § 4 Abs. 1 Nr. 5 AWG.
60 BMWi, Anordnung von Beschränkungen im Außenwirtschaftsverkehr mit bestimmten Gütern vom 12.03.2020, BAnz AT 12.03.2020, B 1.
61 Mitteilung der Kommission an das Europäische Parlament, den europäischen Rat, den Rat, die Europäische Zentralbank, die Europäische Investitionsbank und die Euro-Gruppe: Die koordinierte wirtschaftliche Reaktion auf die COVID-19-Pandemie, COM(2020) 112 final, S. 3 f.

europäischen Industriestrategie eingesetzte Taskforce für die Durchsetzung der Binnenmarktvorschriften (Single Market Enforcement Taskforce, SMET), erwies sich als wirksames Instrument, um verschiedene COVID-19-bedingte Hindernisse koordiniert und schnellstmöglich zu beseitigen. Zudem erließ die Kommission im Dringlichkeitsverfahren[62] die Durchführungsverordnung (EU) 2020/402[63], die dann auch zur Aufhebung des vom BMWi verfügten Exportverbots für PSA führte.[64]

cc) Marktzugangserleichterungen und vergleichbare koordinierende Maßnahmen

(1) Clearingstelle für PSA, Medizinprodukte und Arzneimittel

Am 1. April 2020 richtete die Kommission eine Clearingstelle ein, um das Angebot von PSA, Medizinprodukten und Arzneimitteln besser auf die Nachfrage abzustimmen und regulatorische Fragen sowie andere die Lieferkette betreffende Probleme zu lösen.[65]

(2) PSA und Medizinprodukte

Ferner ermutigte die Kommission in ihrer – offenbar mit heißer Nadel gestrickten und deshalb an manchen Stellen erratischen[66] – Empfehlung (EU) 2020/403[67] dazu, das Konformitätsbewertungs- und Marktüberwachungsverfahren für PSA und Medizinprodukte wesentlich zu vereinfachen.[68] Nationale Behörden sollten das Inverkehrbringen solcher Produkte auch dann zulassen können, wenn die Konformitätsbewertungsverfahren noch nicht abgeschlossen

---

62 Egrd. 4 Durchführungsverordnung (EU) 2020/402.
63 Durchführungsverordnung (EU) 2020/402 der Kommission vom 14. März 2020 über die Einführung der Verpflichtung zur Vorlage einer Ausfuhrgenehmigung bei der Ausfuhr bestimmter Produkte (ABl. L 77 vom 15.03.2020, S. 1).
64 BMWi, Aufhebung von Beschränkungen im Außenwirtschaftsverkehr mit bestimmten Gütern 19.03.2020, BAnz AT 19.03.2020, B 11.
65 COM (2020) 724 final, S. 10.
66 Ulrich M. Gassner/Alexander Ponader, Nationaler Versorgungsbedarf und unionales Kompetenzgefüge, COVuR 2020, S. 465 (466).
67 Empfehlung (EU) 2020/403 der Kommission vom 13. März 2020 über Konformitätsbewertungs- und Marktüberwachungsverfahren im Kontext der COVID-19-Bedrohung (ABl. L 791 vom 16.03.2020, S. 1).
68 Vgl. zum Folgenden auch Marie Anton/Oliver Hartmann, Verfügbarkeit von Medizinprodukten in der COVID-19 Krise. Ein Überblick über europäische und nationale Maßnahmen, MPJ 2020, S. 195 (196 f.).

(erster Lösungsansatz) oder nicht eingeleitet wurden (zweiter Lösungsansatz), sofern die nationalen Marktüberwachungsbehörden der Ansicht sind, dass die Medizinprodukte angesichts der Anforderungen des gesetzlichen Rahmens ein angemessenes Maß an Gesundheit und Sicherheit gewährleisten würden. Die im Wege eines solchen Verfahrens zugelassenen Produkte sollten nicht CE-gekennzeichnet sein.[69]

Um die im Bereich der öffentlichen Gesundheit durch den COVID-19-Ausbruch bedingten Ausnahmesituation, die erhebliche zusätzliche Ressourcen sowie eine größere Verfügbarkeit lebenswichtiger Medizinprodukte erforderte, zu bewältigen, wurde der Geltungsbeginn der MP-VO durch die Verordnung (EU) 2020/561[70] um ein Jahr auf den 26. Mai 2021 verschoben.[71] Die Verschiebung des Geltungsbeginns sollte zur Sicherstellung der ständigen Verfügbarkeit von Medizinprodukten auf dem Unionsmarkt beitragen.[72]

Vor diesem Hintergrund erließ die Kommission außerdem eine Leitlinie zur Erleichterung von Audits zur Konformitätsbewertung von Medizinprodukten durch Benannte Stellen.[73] Insbesondere sollten Fernaudits unter bestimmten Bedingungen die grundsätzlich obligatorischen Vor-Ort-Audits ersetzen, deren Durchführung angesichts eingeführter Quarantänebeschränkungen erschwert wurde. Erstzertifizierungsaudits oder Audits zur Erweiterung des Zertifizierungsumfangs sind allerdings nicht von den während der gesamten Dauer der Pandemie geltenden Maßnahme erfasst.[74]

---

69 Vgl. dazu näher Ulrich M. Gassner/Alexander Ponader, Nationaler Versorgungsbedarf und unionales Kompetenzgefüge, COVuR 2020, S. 465 (466 ff.).
70 Verordnung (EU) 2020/561 des Europäischen Parlaments und des Rates vom 23. April 2020 zur Änderung der Verordnung (EU) 2017/745 über Medizinprodukte hinsichtlich des Geltungsbeginns einiger ihrer Bestimmungen (ABl. L 130 vom 24.4.2020, S. 18).
71 Egrd. 2 Verordnung (EU) 2020/561.
72 Egrd. 6 Verordnung (EU) 2020/561.
73 Bekanntmachung der Kommission über die Anwendung des Anhangs IX Abschnitte 2.3 und 3.3 der Verordnung 2017/745 und der Verordnung (EU) 2017/746 in Bezug auf Audits Benannter Stellen im Rahmen der Bewertung des Qualitätsmanagements (ABl. C 8 vom 11.01.2021, S. 1).
74 Vgl. dazu auch Marie Anton/Oliver Hartmann, Verfügbarkeit von Medizinprodukten in der COVID-19 Krise. Ein Überblick über europäische und nationale Maßnahmen, MPJ 2020, S. 195 (197).

(3) Arzneimittel

In der Erkenntnis, dass die Zulassung von COVID-19-Impfstoffen gegen die neuen Varianten beschleunigt werden muss,[75] erließ die Kommission am 24. März 2021 die Delegierte Verordnung (EU) 2021/756.[76] Sie zielt darauf ab, das Verfahren zur Bewertung von Änderungen des Wirkstoffs zu straffen und zu beschleunigen, indem für COVID-19-Impfstoffe dieselben Verfahrensregeln gelten sollen wie für Grippeimpfstoffe.[77] Außerdem wird geregelt, dass während einer Pandemie Änderungen auf der Grundlage weniger umfassender Daten durchgeführt werden können als normalerweise, sofern das Nutzen-Risiko-Verhältnis weiterhin positiv bleibt.[78]

Da dringend ein besserer Überblick über den tatsächlichen Bedarf gewährleistet werden musste, richtete die Kommission außerdem die hochrangige Lenkungsgruppe der EU zur Überwachung möglicher Engpässe bei Arzneimitteln aufgrund von Großereignissen ein. Die Lenkungsgruppe hat strategische Leitlinien über das Verfahren bei potenziellen Versorgungsengpässen[79] erlassen. Sie betrafen den Umgang mit neu auftretenden Problemen, nötigenfalls die Vereinbarung von Abhilfemaßnahmen, die koordinierte Behebung von Engpässen, einschließlich der Krisenkommunikation und der Aufsicht über die Umsetzung vereinbarter Maßnahmen.

Darüber hinaus installierte die EMA eine Ad-hoc-COVID-19-Pandemie-Taskforce. Die Taskforce leistete eine direkte wissenschaftlichen Beratung bei der Konzeption klinischer Studien und der Produktentwicklung und überprüfte relevante klinische Daten, um ein effizienteres Vorgehen bei der Bewertung vielversprechender Therapeutika oder Vakzinen gegen CCVID-19 zu ermöglichen.[80]

---

75 COM(2021), 78 final, S. 7.
76 Delegierte Verordnung (EU) 2021/756 der Kommission vom 24. März 2021 zur Änderung der Verordnung (EG) Nr. 1234/2008 über die Prüfung von Änderungen der Zulassungen von Human- und Tierarzneimitteln (ABl. L 162 vom 10.05.2021, S. 1); vgl. dazu ausführlich Markus Ambrosius/Lukas Klement, Lehren aus der Pandemie. Vorschläge zur Verbesserung und Beschleunigung im Zusammenhang mit der Zulassung von Arzneimitteln zur Behandlung von COVID-19 und zur Bekämpfung der Pandemie, PharmR 2021, S. 237 (239 ff.).
77 Vgl. Egrd. 8 Delegierte Verordnung (EU) 2021/756.
78 Vgl. Egrd. 9 Delegierte Verordnung (EU) 2021/756.
79 COM(2020), 724 final, S. 12.
80 Ebd., vgl. auch COM(2020) 245 final, S. 8.

dd) Bevorratung von Gesundheitsprodukten

Am 19. März 2020 wurde die Bevorratung von medizinischen Gegenmaßnahmen oder PSA zur Bekämpfung schwerwiegender grenzüberschreitender Gesundheitsgefahren auf Grundlage des Beschlusses Nr. 1082/2013/EU in die Katastrophenschutz „rescEU"-Kapazitäten aufgenommen.[81] Mit „resccEU" verfolgt die EU den Zweck, in Überforderungssituationen Unterstützung zu leisten, in denen die auf nationaler Ebene verfügbaren Kapazitäten und die von den Mitgliedstaaten für den Europäischen Katastrophenschutz-Pool bereitgehaltenen Kapazitäten nicht ausreichend sind, eine wirksame Reaktion zu gewährleisten.[82] Der Vorrat selbst wird von einem oder mehreren Mitgliedstaaten aufgenommen. Für die Beschaffung ist der jeweilige Aufnahmestaat zuständig. Die Kommission finanziert 90 % der Bevorratung.[83]

ee) Ausfuhrgenehmigungen

In Zusammenhang mit Lieferverzögerungen bei den von der Kommission beschafften Impfstoffdosen und vor dem Hintergrund beschränkter Produktionskapazitäten in der EU, stellte die Kommission am 29. Januar 2021 mit der auf Art. 5 Verordnung (EU) 2015/479 gestützten Durchführungsverordnung (EU) 2021/111[84] die Ausfuhr von COVID-19-Impfstoffen unter einen Genehmigungsvorbehalt, um die Einhaltung der APAs sicherzustellen.[85] Wegen der in Art. 5 Abs. 5 Verordnung (EU) 2015/479 enthaltenen Vorgabe einer maximalen Geltungsdauer von sechs Wochen wurde sie mit der Durchführungsverordnung

---

81 Durchführungsbeschluss (EU) 2020/414 vom 19. März 2020 zur Änderung des Durchführungsbeschlusses (EU) 2019/570 hinsichtlich der rescEU-Kapazitäten für medizinische Bevorratung (ABl. L 82 vom 19.03.2020, S. 1).
82 Egrd. 1 Durchführungsbeschluss (EU) 2020/414.
83 Europäische Kommission, Pressemitteilung, IP/20/476, 19.03.2020, COVID-19: Kommission beschließt erstmals Einrichtung eines Vorrats an medizinischen Ausrüstungen im Rahmen von rescEU, https://ec.europa.eu/commission/presscorner/detail/de/ip_20_476.
84 Durchführungsverordnung (EU) 2021/111 der Kommission vom 29. Januar 2021 über die Einführung der Verpflichtung zur Vorlage einer Ausfuhrgenehmigung bei der Ausfuhr bestimmter Produkte (ABl. L 31 vom 30.01.2021, S. 1).
85 Vgl. Pedro A. Villarreal, COVID-19-Impfbeschaffung, in: Jan Bergmann (Hrsg.), Handlexikon der Europäischen Union, 6. Aufl. 2021, II.; verneinend George Peretz, A Shot in the Arm or a Shot in the Foot?: The EU's Covid Vaccine "Export Ban" and the Rule of Law, VerfBlog, 2021/3/26, https://verfassungsblog.de/a-shot-in-the-arm-or-a-shot-in-the-foot/, DOI: 10.17176/20210327-064934-0.

(EU) 2021/442[86] bis zum 30. Juni 2021 und angesichts der weiterhin bestehenden Problemlage mit der Durchführungsverordnung (EU) 2021/1071[87] bis zum 30. September 2021 verlängert.

Nach Art. 1 Abs. 4 Durchführungsverordnung (EU) 2021/111 war eine Ausfuhrgenehmigung nur dann zu erteilen, wenn „das Ausfuhrvolumen keine Gefahr für die Erfüllung der von der Union mit Impfstoffherstellern geschlossenen Vereinbarungen über Abnahmegarantien" darstellt. Damit war die Erteilung der Genehmigung ausdrücklich mit der Durchsetzung der von den Impfstoffherstellern in den APAs eingegangenen Lieferpflichten verknüpft. Aus Sicht der Unionsbürgerschaft mögen Ausfuhrbeschränkungen für Impfstoffe in einer Knappheitssituation epidemiologisch sinnvoll sein, doch sind auch nachteilige Folgewirkungen zu bedenken.[88] Jedenfalls aber stellt sich die Frage der Vereinbarkeit solcher Maßnahmen mit dem WTO-Recht.[89]

Da auch die Nachfrage nach PSA drastisch gestiegen war und der Bedarf durch die seinerzeitigen Produktionskapazitäten in der EU nicht gedeckt werden konnte, führte die Kommission eine befristete Genehmigungspflicht für die Ausfuhr von PSA in Drittländer, um ein angemessenes Angebot an PSA in der Union zu gewährleisten.[90] Der PSA-Nationalismus einzelner Mitgliedstaaten[91] wurde damit durch einen PSA-Unilateralismus der EU surrogiert.

---

86 Durchführungsverordnung (EU) 2021/442 der Kommission vom 11. März 2021 über die Einführung der Verpflichtung zur Vorlage einer Ausfuhrgenehmigung bei der Ausfuhr bestimmter Waren (ABl. L 85 vom 12.03.2021, S. 190).
87 Durchführungsverordnung (EU) 2021/1071 der Kommission vom 29. Juni 2021 zur Änderung der Durchführungsverordnung (EU) 2021/442 und der Durchführungsverordnung (EU) 2021/521 zum Mechanismus zur verpflichtenden Vorlage einer Ausfuhrgenehmigung bei der Ausfuhr bestimmter Waren (ABl. L 230 vom 30.06.2021, S. 28).
88 Vgl. Franca Wittenbrink, Einer für alle oder alle für sich? Die Imagekampagne stockt – dennoch wird etwa die Hälfte aller in der EU produzierten Impfstoffe exportiert. Was spricht gegen Exportverbote?, Frankfurter Allgemeine Zeitung, 14.04.2021, S. 5.
89 Pedro A. Villarreal, COVID-19-Impfbeschaffung, in: Jan Bergmann (Hrsg.), Handlexikon der Europäischen Union, 6. Aufl. 2021, III.
90 Egrd. 7 Durchführungsverordnung (EU) 2020/402.
91 Vgl. oben 2.a)bb).

b) Nationale Maßnahmen

Auf nationaler Ebene organisierte das (Erste) COVID-19-Bevölkerungsschutzgesetz[92] den exekutiven Gesundheitsstaat.[93] Angesichts des seuchenrechtlichen Notfalls bedurfte es nach Auffassung des Gesetzgebers eines schnellen Handelns in Gestalt von Rechtsverordnungen.[94] Zentrale Vorschrift im Hinblick auf die Versorgung mit Gesundheitsprodukten bildet dabei der neue § 5 Abs. 2 Nr. 4 lit. a – c IfSG, der es dem Bundesministerium für Gesundheit (BMG) ermöglicht, durch Rechtsverordnung ohne Zustimmung des Bundesrates Ausnahmen von arzneimittel- und medizinprodukterechtlichen Bestimmungen sowie PSA betreffenden und sonstigen Vorschriften zu erlassen, um die Sicherstellung der Versorgung mit Produkten des medizinischen Bedarfs zu gewährleisten und Maßnahmen zur Beschaffung, Bevorratung und Verteilung vorzusehen. Von dieser Verordnungsermächtigung machte das BMG in der Folge umfassend Gebrauch:

aa) Mit dem Erlass der Medizinischer Bedarf Versorgungssicherstellungsverordnung (MedBVSV)[95] erging eine Haftungsbefreiung für deutsche Unternehmen, auf die im Rahmen der Beschaffung von Medizinprodukten und PSA zurückgegriffen wurde. Die Bundesrepublik Deutschland übernahm mithin die Verantwortung für das Inverkehrbringen.[96]

bb) Des Weiteren wurde durch die Verordnung zur Sicherstellung der Versorgung der Bevölkerung mit Produkten des medizinischen Bedarfs bei der durch das Coronavirus SARS-CoV-2 verursachten Epidemie[97] ermöglicht,

---

92 Gesetz zum Schutz der Bevölkerung bei einer epidemischen Lage von nationaler Tragweite vom 27.3.2020 (BGBl. I S. 587).
93 Ulrich Gassner/Alexander Ponader, Nationaler Versorgungsbedarf und unionales Kompetenzgefüge, COVuR 2020, S. 465 (465).
94 BT-Drs. 19/18111, S. 1; BT-Drs. 19/18156, S. 2.
95 Verordnung zur Beschaffung von Medizinprodukten und persönlicher Schutzausrüstung bei der durch das Coronavirus SARS-CoV-2 verursachten Epidemie vom 8. April 2020 (BAnZ AT 9.4.2020 V3); vgl. zu ihr Ulf Zumdick, Arzneimittel und die epidemische Lage von nationaler Tragweite, in: Sebastian Kluckert (Hrsg.), Das neue Infektionsschutzrecht, 2. Aufl. 2021, § 8 Rn. 58 ff.
96 Vgl. dazu auch Dirk Moritz/Sebastian Felz/Marc Schulze, Atemschutzmasken im Recht der Pandemie, COVuR 2020, S. 684 (686).
97 Verordnung zur Sicherstellung der Versorgung der Bevölkerung mit Produkten des medizinischen Bedarfs bei der durch das Coronavirus SARS-CoV-2 verursachten Epidemie (Medizinischer Bedarf Versorgungssicherstellungsverordnung – MedBVSV) vom 25.5.2020 (BAnz AT 26.5.2020 V1).

dass das BMG oder beauftragte Stellen Medizinprodukte, PSA und auch Arzneimittel zentral beschaffen, lagern, herstellen und in den Verkehr bringen (vgl. § 2 MedBVSV).[98] Insbesondere durfte vorübergehend gem. § 9 Abs. 1 MedBVSV pauschal PSA auf dem deutschen Markt bereitgestellt werden, die in den USA, Kanada, Australien oder Japan verkehrsfähig war. Außerdem ermöglichte § 9 Abs. 2 MedBVSV ein beschleunigtes Verfahren zur Bereitstellung auf dem deutschen Markt von PSA, die nicht aus diesen Staaten stammten.[99]

cc) Die auf Grundlage von § 5 Abs. 2 S. 1 Nr. 4 lit. a, b, c, e und f und Nr. 7 IfSG erlassene SARS-CoV-Arzneimittelversorgungsverordnung (SARS-CoV-2-AmVV)[100] regelt in Gestalt von Ausnahmen und Ergänzungen spezifische Voraussetzungen zur Abweichung von den bestehenden gesetzlichen Vorgaben, um die Versorgung der Bevölkerung mit kritischen Gesundheitsprodukten sicherzustellen.[101] Außerdem werden Hersteller und Vertreiber zur Auskunft über Bestände, Lagerort, Produktion, Vertrieb und Preise in Bezug auf Arzneimittel, Medizinprodukte und PSA verpflichtet (§ 7 Abs. 1, Abs. 3 SARS-CoV-2-AmVV). Sie müssen deren angemessene und kontinuierliche Bereitstellung sicherstellen sowie Vorkehrungen treffen, um einem erkennbaren Horten oder einer gezielten Verknappung des Marktes soweit wie möglich entgegenzuwirken (§ 7 Abs. 2 SARS-CoV-2-AmVV).

---

98 Dazu auch Andreas Schmitz, COVID-19-Pandemie und Medizinprodukterecht. Gesetzgebung zur Abmilderung der Auswirkungen der Coronakrise, MPJ 2020, S. 187 (191).

99 Vgl. auch Ulf Zumdick, Arzneimittel und die epidemische Lage von nationaler Tragweite, in: Sebastian Kluckert (Hrsg.), Das neue Infektionsschutzrecht, 2. Aufl. 2021, § 8 Rn. 92; Böck

100 Verordnung über Abweichungen von den Vorschriften des Fünften Buches Sozialgesetzbuch, des Apothekengesetzes, der Apothekenbetriebsordnung, der Arzneimittelpreisverordnung, des Betäubungsmittelgesetzes und der Betäubungsmittel-Verschreibungsverordnung infolge der SARS-CoV-2-Epidemie (SARS-CoV-2-Arzneimittelversorgungsverordnung – AmVV) vom 20.04.2020 (BAnz AT 21.04.2020 V1).

101 Näher Heinz-Uwe Dettling/Stefan Schmidt Arzneimittelversorgung bei bedrohlichen übertragbaren Krankheiten, PharmR 2020, S. 521 ff.; Ulf Zumdick, Arzneimittel und die epidemische Lage von nationaler Tragweite, in: Sebastian Kluckert (Hrsg.), Das neue Infektionsschutzrecht, 2. Aufl. 2021, § 8 Rn. 30 ff.

dd) Mit der ITS-Arzneimittelbevorratungsverordnung ITSABV)[102] sollte ein ausreichender Vorrat an Arzneimitteln i.S.v. § 1 Abs. 2 ITSABV, der mindestens dem durchschnittlichen Bedarf der intensivmedizinischen Abteilungen des versorgten Krankenhauses für drei Wochen entspricht (§ 2 ITSABV), sichergestellt werden.

c) Besonders friktionelle Referenzbeispiele

Neben den schon geschilderten Friktionen in der Mehrebenenverwaltung[103] seien im Folgenden noch zwei Beispiele skizziert und analysiert, die verdeutlichen, dass es in diesem komplexen Maschinenraum vor allem in der Anfangsphase der Pandemie zu einigen faktischen und normativen Störereignissen kam.

aa) Inverkehrbringen von PSA und Medizinprodukten ohne CE-Kennzeichnung

Entsprechend der Empfehlung (EU) 2020/403 sollten für Medizinprodukte und PSA Sonderzulassungen erteilt werden, auch wenn die Konformitätsbewertungsverfahren noch nicht abgeschlossen oder (noch) nicht eingeleitet waren. Es mangelte innerhalb der EU aber an einheitlichen Prüfungsmaßstäben. In Deutschland war das Bundesinstitut für Arzneimittel und Medizinprodukte (BfArM) in Kooperation mit der TÜV NORD CERT GmbH zuständig, um zu prüfen, ob eine Sonderzulassung im Einzelfall erteilt werden kann. War das Medizinprodukt bereits in den USA, Australien, Kanada oder Japan gültig zugelassen, entfiel eine eigene Prüfung durch das BfArM sogar gänzlich, d.h. das BfArM erkannte diese Zulassung als gleichwertig an.[104]

Auch aus Art. 59 MP-VO bzw. Art. 54 IVD-VO ergibt sich keine unionsweite Vereinheitlichung. Danach werden Sonderzulassungen durch die mitgliedstaatlichen zuständigen Behörden erlassen und sind nur für das jeweilige

---

102 Verordnung zur Erhöhung der Bevorratung mit Arzneimitteln zur intensivmedizinischen Versorgung (ITS-Arzneimittelbevorratungsverordnung – ITSABV) vom 07. Juli 2020 (BAnz AT 08.07.2020 V1); vgl. zu ihr Ulf Zumdick, Arzneimittel und die epidemische Lage von nationaler Tragweite, in: Sebastian Kluckert (Hrsg.), Das neue Infektionsschutzrecht, 2. Aufl. 2021, § 8 Rn. 94 ff.
103 Vgl. oben I.2.
104 Vgl. dazu Nicole Böck, Medizinprodukte und die epidemische Lage von nationaler Tragweite, in: Sebastian Kluckert (Hrsg.), Das neue Infektionsschutzrecht, 2. Aufl. 2021, § 7 Rn. 29; Isabel Rauch/Laura Reuters, Einfuhr von Medizinprodukten und persönlicher Schutzausrüstung in Krisenzeiten am Beispiel von Atemschutzmasken, COVuR 2020, S. 295 (296).

Hoheitsgebiet des betreffenden Mitgliedstaats gültig (Art. 59 Abs. 1 MP-VO bzw. Art. 54 Abs. 1 IVD-VO). Lediglich in Ausnahmefällen kann die Zulassung im Wege von Durchführungsakten der Kommission auf das gesamte Unionsgebiet ausgeweitet werden (Art. 59 Abs. 3 MP-VO bzw. Art. 54 Abs. 3 IVD-VO).

Für die Sonderzulassung von PSA gilt ebenfalls die Anerkennungspflicht von Zulassungen aus den USA, Australien, Kanada oder Japan, obwohl die Empfehlung (EU) 2020/403 eine solche weder für Medizinprodukte noch für PSA vorsah. Besonders problematisch ist im Hinblick auf PSA, dass es anders als bei den Medizinprodukten grundsätzlich gar keine gesetzliche Grundlage für Sonderzulassungen gibt. Insbesondere die durch § 9 MedBVSV unter Konkretisierung von Nr. 7 der Empfehlung (EU) 2020/403 ermöglichte Bereitstellung von PSA im Kontext der COVID- 19-Bedrohung begegnet daher erheblichen rechtlichen Bedenken.[105]

bb) Beschaffung von Impfstoffen
(1) Beschaffungspraxis in der EU
Zwei Faktoren kennzeichneten die Strategie der EU zur Beschaffung von Impfstoffen im Jahr 2020: Erstens entstand ein globaler Wettlauf um knappe COVID-19-Impfstoffe vor dem Hintergrund beschränkter Herstellungskapazitäten und zweitens standen für Impfstoffkandidaten die Ergebnisse der erforderlichen klinischen Untersuchungen noch aus. In dieser von Konkurrenz und Unsicherheit geprägten Situation war der Abschluss von Vorab-Kaufverträgen (Advance Purchase Agreements, APAs) mit solchen Pharma-Unternehmen, die an den zum damaligen Zeitpunkt vielversprechenden COVID-19-Projekten arbeiteten, das Mittel der Wahl.[106] Sie bildeten denn auch einen wesentlichen Bestandteil der Pandemiebekämpfungsstrategie der EU. Die einschlägige (Rats-)Verordnung (EU) 2020/521[107] sollte die gemeinsame europäische Beschaffung medizinischer Erzeugnisse beschleunigen sowie auch einige Mitgliedstaaten vor finanzieller und praktischer Überforderung

---

105 Ulrich Gassner/Alexander Ponader, Nationaler Versorgungsbedarf und unionales Kompetenzgefüge, COVuR 2020, S. 465 (467 f.).
106 Vgl. nur Pedro A. Villarreal, COVID-19-Impfbeschaffung, in: Jan Bergmann (Hrsg.), Handlexikon der Europäischen Union, 6. Aufl. 2021, I.
107 Verordnung (EU) 2020/521 des Rates vom 14. April 2020 zur Aktivierung der Soforthilfe gemäß der Verordnung (EU) 2016/369 und zur Änderung von deren Bestimmungen unter Berücksichtigung des COVID-19-Ausbruchs (ABl. L 117 vom 15.04.2020, S. 3).

bewahren.[108] Aufgrund ihrer Befugnis aus Art. 4 Abs. 5 lit. b) Verordnung (EU) 2020/521 traf die Kommission eine Vereinbarung mit den Mitgliedstaaten über die Beschaffung von Covid-19-Impfstoffen in deren Namen sowie die für diese Auftragsvergabe geltenden Bestimmungen.[109] Auf Grundlage dieser Vereinbarung schloss sie APAs für hunderte Millionen COVID-19-Impfstoffdosen mit unterschiedlichen Herstellern.[110] Ein APA enthält den Anspruch eines Mitgliedstaats, innerhalb eines bestimmten Zeitraums und zu einem bestimmten Preis eine bestimmte Anzahl von Impfstoffdosen kaufen zu können, oder eine entsprechende Verpflichtung, wobei ein Teil der Vorlaufkosten der Impfstoffhersteller im Rahmen des ESI finanziert werden kann.[111] Die Haushaltsbehörden, das Europäische Parlament und der Rat haben in diesem Rahmen 2,7 Mrd. EUR bereitgestellt.[112]

Das Verhandlungsverfahren erfolgt zweistufig:[113]

Vor Aufnahme der Verhandlungen wird ein Verhandlungsteam von einem Lenkungsausschuss ernannt, der aus Vertretern aller teilnehmenden Mitgliedstaaten besteht. Dieser unterstützt die Kommission bis zur Unterzeichnung des Abnahmegarantievertrags in allen Bereichen. Das vom Lenkungsausschuss ernannte Verhandlungsteam führt gemeinsam mit der Kommission die Verhandlungen mit den Impfstofflieferanten. Es besteht aus sieben mitgliedstaatlichen Vertretern. Vor der Unterzeichnung der Abnahmegarantie erörtert und überprüft der Lenkungsausschuss den APA-Entwurf.

Für den Abschluss einer Abnahmegarantie ist die Zustimmung der Kommission obligatorisch, ihr obliegt mithin die exklusive Abschlusskompetenz. Die Abnahmegarantien werden von der Kommission im Namen der Mitgliedstaaten mit den einzelnen Impfstoffherstellern vereinbart. Sieht der APA-Entwurf eine Verpflichtung der Mitgliedstaaten zum Ankauf von Impfstoffen vor, so haben die Mitgliedstaaten eine Opt-out-Option in der Form, dass sie

---

108 Vgl. Egrd. 15 Verordnung (EU) 2020/521.
109 Vgl. Annex C(2020) 4192 final.
110 Pedro A. Villarreal, COVID-19-Impfbeschaffung, in: Jan Bergmann (Hrsg.), Handlexikon der Europäischen Union, 6. Aufl. 2021.
111 Vgl. Egrd. 3 C(2020) 4192 final; Art. 3 bzw. Art. 4 der Vereinbarung (Annex C(2020) 4192 final).
112 COM(2020) 245 final, S. 4.
113 Vgl. zum Folgenden C(2020) 4192 final; Annex C(2020) 4192 final; vgl. auch Europäische Kommission, Fragen & Antworten zu den Verhandlungen über Impfstoffe, 08.01.2021, QANDA/21/48, https://ec.europa.eu/commission/presscorner/api/files/document/print/de/qanda_21_48/QANDA_21_48_DE.pdf.

fünf Arbeitstage Zeit haben, um mitzuteilen, ob sie sich gegen eine Beteiligung entscheiden. Eine Unterzeichnung des Vertrages kommt nur dann zustande, wenn sich mindestens vier Mitgliedstaaten verpflichten wollen.

Die Vergabe von öffentlichen Beschaffungsaufträgen und die Finanzhilfen für die Hersteller entsprechen grundsätzlich den Anforderungen der Haushaltsordnung[114] (vgl. Egrd. 9 S. 1, Art. 4 Abs. 1 Verordnung (EU) 2016/369).[115] Sie enthält Vorschriften, die denen der Vergaberichtlinien der Union und somit auch den nationalen Vergabevorschriften gleichwertig sind.[116] Danach müsste der angebotene Preis des Impfstoffs[117] ein maßgebliches Zuschlagskriterium sein. Eine spezifische Regelung der Zuschlagskriterien ist nicht ersichtlich. Dagegen enthält der Anhang der Beschaffungsvereinbarung mit den Mitgliedstaaten detaillierte Kriterien für die Finanzierungsentscheidung (Vorliegen von Daten über Qualität, Sicherheit und Wirksamkeit des Impfstoffs, Schnelligkeit der Lieferung im erforderlichen Umfang, Kosten, Haftung usw.).[118]

In der Folge wird dann der Kaufvertrag auf Basis des APAs zwischen einkaufendem Mitgliedstaat und Impfstoffhersteller abgeschlossen. Die Mitgliedstaaten tragen die Verantwortung für die Bereitstellung und die Verwendung des Impfstoffs, einschließlich der in einer Abnahmegarantie festgelegten etwaigen spezifischen Haftpflichtdeckungen.[119]

Früh wurden aber konkrete Verfahrensdefizite erkennbar. Die Kommission sah sich mit dem Vorwurf konfrontiert, die Beschaffung von Impfstoff sei zu langsam, in zu geringem Umfang und zu kostenorientiert erfolgt.[120] Faktisch verhielt es sich offenbar so, dass der Lenkungsausschuss sowie ein gemeinsames Verhandlungsteam aus Vertretern der Kommission, Deutschland,

---

114 Verordnung (EU, Euratom) 2018/1046 des Europäischen Parlaments und des Rates vom 18. Juli 2018 über die Haushaltsordnung für den Gesundheitsplan der Union, zur Änderung der Verordnungen (EU) Nr. 1296/2013, (EU) Nr. 1301/2013, (EU) Nr. 1304/2013, (EU) Nr. 1309/2013, (EU) Nr. 1316/2013, (EU) Nr. 223/2014, (EU) Nr. 283/2014 und des Beschlusses Nr. 541/2014/EU sowie zur Aufhebung der Verordnung (EU, Euratom) Nr. 966/2012 (ABl. L 193 vom 30.7.2018, S. 1).
115 COM(2020) 245 final, S. 5 f.
116 Ebd.
117 Vgl. zu dessen Bestimmung Annex C(2020) 4192 final, Annex (S. 5).
118 Annex C(2020) 4192 final, Annex (S. 5); COM(2020) 245 final, S. 5 f.
119 COM(2020) 245 final, S. 5.
120 Karl Doemens, Corona-Pandemie. Europa wird in den USA vom Vorbild zum Schreckgespenst, Augsburger Allgemeine, 20.03.2021, https://www.augsburger-allgemeine.de/politik/Corona-Pandemie-Europa-wird-in-den-USA-vom-Vorbild-zum-Schreckgespenst-id59346651.html.

Spanien, Polen, Italien, Frankreich, Schweden und den Niederlanden die Impfstoffbeschaffung mit den Herstellern koordinierte. Die Entscheidung, wie viele Impfstoffdosen bei welchem Hersteller vorbestellt werden sollten, trafen die einzelnen Mitgliedstaaten dann jedoch soweit bekannt selbst. In diesem Zusammenhang wird vermutet, dass wirtschaftlich weniger wohlhabende Mitgliedstaaten, die im Lenkungsausschuss mit über die Auswahl entschieden, darauf gedrängt hätten, größere Kontingente der günstigeren Impfstoffe zu ordern und eine kostspieligere Risikostreuung zu unterlassen.[121] Dies führte zu erheblichen Legitimitätsverlusten der EU in der Öffentlichkeit.[122] Auch Wissenschaftler sparten nicht an Kritik. So meinte der Ökonom Justus Haucap, die Impfstoffbeschaffung habe sich „als Politikversagen mit dramatischen Folgen entpuppt: Es wurde zu zögerlich und zunächst zu wenig beschafft."[123] Kommissionspräsidentin Ursula von der Leyen räumte schließlich Versäumnisse bei der Impfstoffbeschaffung ein und versuchte sie u.a. damit zu entschuldigen, dass die EU eben mehr ein Tanker sei, während ein Land ein Schnellboot sein könne.[124]

(2) Beschaffungspraxis in den USA

Die Kritik an der Beschaffungspraxis der Kommission fiel auch deshalb relativ harsch aus, weil das erfolgreiche Alternativbeispiel der US-amerikanischen Operation Warp Speed (OWS)[125] deutlich vor Augen stand. Die OWS war eine öffentlich-rechtliche Partnerschaft, die von der Trump-Administration

---

121 Christian Calliess, Braucht die Europäische Union eine Kompetenz zur (Corona-)Pandemiebekämpfung? Zugleich ein Beitrag zu Prüfkriterien in der europäischen Kompetenzdebatte, NVwZ 2021, S. 505 (505).
122 Karl Doemens, Corona-Pandemie. Europa wird in den USA vom Vorbild zum Schreckgespenst, Augsburger Allgemeine, 20.03.2021, https://www.augsburger-allgemeine.de/politik/Corona-Pandemie-Europa-wird-in-den-USA-vom-Vorbild-zum-Schreckgespenst-id59346651.html.
123 Justus Haucap, Wie der Staat effizienter wird, Frankfurter Allgemeine Zeitung, 14.05.2021, S. 16.
124 N.N., „Man kann uns kritisieren": Von der Leyen gesteht Fehler bei der Impfstoffbeschaffung ein, FAZ-NET, 05.02.2021, https://www.faz.net/aktuell/politik/ausland/von-der-leyen-raeumt-fehler-bei-impfstoffbeschaffung-ein-17182317.html.
125 Näher zum Folgenden United States Department of Health and Human Services (HHS), Fact Sheet: Explaining Operation Warp Speed, https://www.hhs.gov/coronavirus/explaining-operation-warp-speed/index.html in https://web.archive.org/web/20201219231756/.

initiiert und am 15. Mai 2020 offiziell bekannt gegeben wurde. Die behördenübergreifende Partnerschaft bestand dabei konkret zwischen Untereinheiten des US-Gesundheitsministeriums (Department of Health and Human Services, HHS), einschließlich der Zentren für die Kontrolle und Prävention von Krankheiten (Centers for Disease Control and Prevention, CDC), der National Institutes of Health (NIH) und der Biomedical Advanced Research and Development Authority (BARDA), und des Verteidigungsministeriums (DoD). Darüber hinaus arbeitete die OWS mit privaten Firmen und anderen Bundesbehörden zusammen. Die OWS war als monokratische Behörde unter der Leitung von Moncef Slaoui (bis 12. Januar 2021) organisiert. Das Ziel bestand darin, bis Januar 2021 300 Millionen Dosen sicherer und wirksamer Impfstoffe herzustellen und bereitzustellen. Ursprünglich wurde das Programm mit zehn Mrd. US-Dollar finanziert. Die OWS war dabei aktiver Partner sowohl in der Impfstoff-Entwicklung als auch bei der Produktion. Durch Investitionen in die Entwicklung von Impfstoffen und deren Koordinierung wollte die OWS so eine schnellere Zulassung, Produktion und schließlich Verabreichung von Impfstoffen ermöglichen.

Konkret förderte das Programm die Massenproduktion mehrerer Impfstoffe, indem es aus über 100 damals in der Entwicklung befindlichen Impfstoffkandidaten 14 vielversprechende Kandidaten auswählte, von denen sich bereits einige mit Unterstützung der US-Regierung in klinischen Studien befanden. Diese 14 Impfstoffkandidaten sollten wiederum auf etwa sieben der vielversprechendsten Kandidaten reduziert werden, die gleichzeitig bei Forschung und Entwicklung und beim schnellen Ausbau der Produktionskapazitäten unterstützt werden sollten. Auch wurden die Organisation und die gleichzeitige Überprüfung der klinischen Phase-I-III-Studien durch die FDA mit mehreren der vielversprechendsten Impfstoffkandidaten unterstützt und erleichtert. Da davon ausgegangen werden konnte, dass sich nicht alle Impfstoffe als sicher und wirksam erweisen würden, erhöhte sich das Kostenrisiko und machte das Programm insgesamt teurer als die „herkömmliche" Impfstoffentwicklung.

3. Zwischenbilanz

Die skizzierten Beispiele im Umgang mit der Versorgung mit kritischen Gesundheitsprodukten in der Corona-Pandemie spiegeln in ihren nach Ausmaß und Inhalt unterschiedlichen friktionellen Dimensionen schlaglichtartig die schon oft vermessene Frage nach Verantwortung und Effizienz in der

Mehrebenenverwaltung[126] wider. Einfache Antworten auf die dargestellten Defizienzen und Friktionen verbieten sich schon mit Blick auf die primärrechtlich festgeschriebene Zuständigkeitsverteilung, die den Mitgliedstaaten die Rolle der maßgeblichen Akteure des Corona-Managements zuweist. Schließlich ist etwa auch die Idee der gemeinsamen Impfstoffbeschaffung auf die Mitgliedstaaten zurückgegangen. Auch wenn „niemand weiß, ob an Stelle der Kommission ein Direktorium mehrerer Mitgliedstaaten oder eine Impfstoffbeschaffung eines jeden Staates auf eigene Faust besser gewesen wäre"[127], entbindet dies die Beobachter zweiter Ordnung[128] und die politisch Verantwortlichen nicht von der Aufgabe, die Krisenresilienz der vorhandenen rechtlichen Instrumentarien zu analysieren und erforderliche Remeduren zu eruieren.

Wegen seiner fehlenden Konturierung ist das vielfach überschätzte „Zauberwort"[129] der Resilienz an sich wenig geeignet, einen für die künftige politische Praxis der Versorgung mit kritischen Gesundheitsprodukten handhabbaren Maßstab abzugeben. Gleichwohl hat der Begriff im Laufe der COVID-19-Bekämpfung Karriere gemacht und findet sich, allerdings ohne nähere Erläuterung, in einigen wichtigen Mitteilungen der Kommission.[130] Im Zusammenhang mit Maßnahmen zur Bewältigung der massiven sozioökonomischen Folgen der COVID-19-Pandemie hat ihn der Unionsgesetzgeber sogar legal-

---

126 Vgl. z.B. Thomas Groß, Verantwortung und Effizienz in der Mehrebenenverwaltung, VVDStRL 66 (2007), S. 152 ff.; Eckard Pache, Verantwortung und Effizienz in der Mehrebenenverwaltung, VVDStRL 66 (2007), S. 106 ff.; Hans Christian Röhl, Verantwortung und Effizienz in der Mehrebenenverwaltung, DVBl 2006, S. 1070 ff.
127 Udo di Fabio, Coronabilanz, 2021, S. 73.
128 Niklas Luhmann, Soziologische Aufklärung 5. Konstruktivistische Perspektiven, 1990, S. 16: „Aber die Beobachtung zweiter Ordnung ist ja nicht nur Beobachtung erster Ordnung. Sie ist weniger und sie ist mehr. Sie ist weniger, weil sie nur Beobachter beobachtet und nichts anderes. Sie ist mehr, weil sie nicht nur diesen ihren Gegenstand sieht (= unterscheidet), sondern auch noch sieht, was er sieht und wie er sieht, was er sieht; und eventuell sogar sieht, was er nicht sieht und sieht, daß er nicht sieht, daß er nicht sieht, was er nicht sieht. Auf der Ebene der Beobachtung zweiter Ordnung kann man also alles sehen: das, was der beobachtete Beobachter sieht, und das, was der beobachtete Beobachter nicht sieht. Die Beobachtung zweiter Ordnung vermittelt einen universalen Weltzugang."
129 Julian Nida-Rümelin/Rebecca Gutwald, Der philosophische Gehalt des Resilienzbegriffs, MthZ 67 (2020), 250 (250).
130 Vgl. z.B. COM(2020) 724 final, passim.

definiert: Nach Art. 2 Nr. 5 Verordnung (EU) 2021/241[131] ist Resilienz „die Fähigkeit, wirtschaftlichen, gesellschaftlichen und die Umwelt betreffenden Schocks oder anhaltenden strukturellen Veränderungen auf faire, nachhaltige und inklusive Weise zu begegnen". Diese Definition mag für die Union in ihrer Rolle als „Gestalterin der ökonomischen Folgen der Corona-Krise" eine gewisse heuristische Bedeutung haben, wohingegen dies in ihrer Funktion als „Akteurin der sanitären Krise"[132] offenkundig nicht der Fall ist. Im vorliegenden Kontext lässt sich der Resilienzbegriff daher auf Grundlage des in den Rechtswissenschaften vorherrschenden Verständnisses[133] nur als Zielgröße konzipieren, nämlich als Kompetenz, Funktionsdefizite bei der Versorgung mit kritischen Gesundheitsprodukten akut und langfristig zu verhindern und dort, wo sie nicht verhindert werden können, ihre Folgen so abzumildern oder zu kompensieren, dass der Wiedergewinn bzw. der Erhalt dieser Funktionalität möglich wird.

IV. Wege aus der Politik-Verflechtungsfalle

1. Ausgangspunkt

Einige der erörterten Referenzbeispiele evozieren eine – auch auf die EU bezogene – zentrale These des sog. Neuen Institutionalismus, der zufolge eine „zwei oder mehr Ebenen verbindende Entscheidungsstruktur ... aus ihrer institutionellen Logik heraus systematisch ... ineffiziente und problem-unangemessene Entscheidungen erzeugt"[134]. Zweifelsohne unterliegt die institutionelle Logik des europäischen Mehrebenensystems generell einem außerordentlich großen

---

131 Verordnung (EU) 2021/241 des Europäischen Parlaments und des Rates vom 12. Februar 2021 zur Einrichtung der Aufbau- und Resilienzfazilität (ABl. L 57 vom 18.02.2021, S. 17).
132 Vgl. zu dieser Unterscheidung Jens Kersten/Stephan Rixen, Der Verfassungsstaat in der Corona-Krise, 2. Aufl. 2021, Kap X. 1., 2.; ähnlich Rudolf Mögele, Die EU und COVID-19: Befugnisse und Initiativen, EuZW 2020, S. 297 (297).
133 Vgl. z.B. Stephan Rixen, Verwaltungsrechts der vulnerablen Gesellschaft, VVDStRL 80 (2021), S. 37 (43); näher zu den im Einzelnen divergierenden Ansätzen Josef Franz Lindner/Johannes Unterreitmeier, Zur Resilienz des Grundgesetzes, Rechtstheorie 51 (2020), S. 129 (137 ff.).
134 Fritz W. Scharpf, Die Politikverflechtungs-Falle: Europäische Integration und deutscher Föderalismus im Vergleich, Politische Vierteljahresschrift 26 (1985), S. 323 (350).

Konsensbedarf.[135] Die Verfolgung oder gar Priorisierung nationaler Eigeninteressen erschwert Verhandlungslösungen, was – wie sich etwa bei der Impfstoffbeschaffung gezeigt hat – mangelnde Problemlösungsfähigkeit und fehlende Effektivität bei der öffentlichen Aufgabenerfüllung zur Folge hat.

Derartige politikverflochtene Strukturen laufen aber nicht nur Gefahr, systematisch suboptimale Entscheidungen hervorzubringen, vielmehr – so die weitere These – ließen sich die institutionellen Strukturen der Politikverflechtung selbst, die diese ineffizienten Entscheidungen erzeugen, auch dann kaum ändern, wenn alle Beteiligten mit den Ergebnissen unzufrieden sind.[136] Sonach konstituiert die Kombination aus konfliktbeladener Akteurskonstellation und hohen institutionellen Konserserfordernissen bei der Entscheidungsfindung eine Politikverflechtungs-Falle.[137] Die damit einhergehende tendenzielle Unfähigkeit des politischen Systems zu institutionellen Reformen, um die in den vorhandenen Verflechtungsstrukturen gegebene politische Immobilität zu durchbrechen, erschwert namentlich primärrechtliche Verschiebungen und Neujustierungen in der Kompetenzenordnung. Eher gangbare Wege aus der Politikverflechtungs-Falle könnten auf sekundärrechtlicher Ebene beschritten werden.

2. Reformvorschläge der Kommission

Die Initiative der Kommission zum Aufbau einer Europäischen Gesundheitsunion vom 11. November 2020[138] bewegt sich denn auch im Rahmen der geltenden Verträge. Unter dem Eindruck der sichtbar gewordenen Defizite in der reaktiven Bewältigung der Pandemie schlägt die Kommission unter dem programmatischen Titel „Die Resilienz der EU gegenüber grenzüberschreitenden Gesundheitsgefahren stärken" zusätzliche, primär koordinierende Aufgaben vorwiegend präventiver Natur im Bereich des Infektionsschutzes auf EU-Ebene vor.[139] Dieser umfassende Ansatz zur Weiterentwicklung der

---

135 Edgar Grande, Politik im europäischen Mehrebenensystem, in: Forum Politische Bildung (Hrsg.), Informationen zur Politischen Bildung, 1998, S. 6 (11).
136 Fritz W. Scharpf, Die Politikverflechtungs-Falle: Europäische Integration und deutscher Föderalismus im Vergleich, Politische Vierteljahresschrift 26 (1985), S. 323 (350).
137 Ebd.
138 COM(2020) 724 final.
139 Vgl. zum Folgenden Ulrich M. Gassner, Internationales und Europäisches Infektionsschutzrecht, in: Sebastian Kluckert (Hrsg.), Das neue Infektionsschutzrecht, 2. Aufl. 2021, § 1 Rn. 88; Karin Henke, Der Aufbau der Europäischen Gesundheitsunion – Lernen aus der Corona-Krise, MedR 2021, S. 890 (893 ff.); vgl. auch Markus

institutionalisierten Gesundheitskrisenvorsorge und -bekämpfung wird in drei ergänzenden Legislativvorschlägen (i.E. Aktualisierung des Beschlusses Nr. 1082/2013/EU, Stärkung des Mandats des Europäischen Zentrums für die Prävention und die Kontrolle von Krankheiten (ECDC), Erweiterung des Mandats der EMA) konkretisiert. Als Mittel der Wahl zur Verbesserung der Versorgung mit kritischen Gesundheitsprodukten stellen sich für die Kommission vor allem die Zentralisierung und Hochzonung von Aufgaben und die Effektuierung von Entscheidungsprozessen dar. Daneben finden sich auch indirekt wirkende Reformvorschläge.

So soll die – unabhängig von der Weltgesundheitsorganisation (WHO) erfolgende – Feststellung einer Krisensituation auf EU-Ebene die flexible Entwicklung, Herstellung, Lagerung und Beschaffung kritischer Produkte während einer Krise sowie die Annahme unmittelbar geltender Durchführungsrechtsakte durch die Kommission zum Schutz der menschlichen Gesundheit und zur Gewährleistung des reibungslosen Funktionierens des Binnenmarkts ermöglichen.[140]

Außerdem beabsichtigt die Kommission, das in Beschluss Nr. 1082/2013/EU geregelte zentrale Beschaffungsverfahren zu stärken.[141] Gleichzeitig soll eine Exklusivitätsklausel[142] eingeführt werden, um nationale Alleingänge zu verhindern und die Gefahr eines Binnenwettbewerbs zu minimieren.[143] Hierbei soll die Komplementarität mit der strategischen „rescEU"-Reserve medizinischer Notfallausrüstung sichergestellt werden.[144]

Darüber hinaus will die Kommission vor allem in institutioneller Hinsicht an die während der COVID-19-Pandemie getroffenen Ad-hoc-Regelungen anknüpfen und bewährte Maßnahmen, wie etwa die Einrichtung einer Ad-hoc-COVID-19-Pandemie-Taskforce[145], verstetigen. Vorgesehen ist eine

---

Ambrosius/Lukas Klement, Lehren aus der Pandemie. Vorschläge zur Verbesserung und Beschleunigung im Zusammenhang mit der Zulassung von Arzneimitteln zur Behandlung von COVID-19 und zur Bekämpfung der Pandemie, PharmR 2021, S. 237 ff.
140 COM(2020) 724 final, S. 8.
141 COM(2020) 724 final, S. 10.
142 Eine ähnliche Klausel enthielt die Vereinbarung zwischen der Kommission und den Mitgliedstaaten in Bezug auf die Abnahmegarantien für COVID-19 Impfstoffe, vgl. COM(2020) 724 final, S. 10 Fn. 23.
143 COM(2020) 724 final, S. 10.
144 Ebd.
145 Vgl. oben 2.a)cc) (3).

beratende Funktion der Taskforce bei klinischen Versuchsprotokollen, aber auch eine breiter angelegte Rolle bei der Koordinierung und Unterstützung klinischer Prüfungen. Auch bei Empfehlungen für die Verwendung sowohl im zentralisierten als auch im nationalen Verfahren zugelassener Arzneimittel, die das Potenzial zur Bekämpfung von Notlagen im Bereich der öffentlichen Gesundheit haben, soll die Taskforce eine wichtigere Rolle spielen. Der Vorschlag enthält auch Instrumente, die sicherstellen sollen, dass Unternehmen und Mitgliedstaaten die für eine leichtere Bewertung nötigen Daten vorlegen, da eine belastbare und umfassende Datenlage von entscheidender Bedeutung für fundierte wissenschaftliche Gutachten und die regulatorische Entscheidungsfindung ist. Darüber ist eine IT-Plattform vorgesehen, die es der EMA und dem ECDC ermöglichen soll, Studien zur Sicherheit und Wirksamkeit von Impfstoffen zu koordinieren.[146]

Hinsichtlich des Pandemiemanagements von Medizinprodukten baut der Kommissionsvorschlag auf den positiven Erfahrungen mit der Ad-hoc-Arbeit der Clearingstelle der Kommission[147] auf und sieht eine neue Zuständigkeit für die EMA im Bereich Medizinprodukte vor. Eine ständige Struktur zur Überwachung und Verringerung von Lieferengpässen bei Medizinprodukten, d.h. eine Lenkungsgruppe für Medizinprodukte soll eingerichtet werden, um die Krisenvorsorge der EU zu verbessern, eine koordinierte Reaktion auf Unionsebene zu erleichtern sowie sicherzustellen, dass Industrie und Mitgliedstaaten die erforderlichen Daten übermitteln, um dadurch die Überwachung und mögliche Gegenmaßnahmen zu erleichtern.[148] Darüber hinaus sollen Expertengremien für Medizinprodukte dauerhaft unter dem Dach der EMA angesiedelt werden, da ihnen nach Auffassung der Kommission eine wesentliche Rolle bei der Krisenvorsorge und dem Krisenmanagement zufallen kann, insbesondere durch ihre wissenschaftliche, fachliche und klinische Unterstützung für die Kommission, die Koordinierungsgruppe Medizinprodukte, die Mitgliedstaaten, benannten Stellen und Hersteller.[149]

Nach Auffassung der Kommission haben die während der COVID-19-Pandemie ergriffenen Ad-hoc-Maßnahmen den Zugang der Europäer zu kritischen Gesundheitsprodukten verbessert, aber auch die großen Wissenslücken zu Beginn der Pandemie in Bezug auf die Produktionskapazitäten und den

---

146 COM(2020) 724 final, S. 12 f.
147 Vgl. oben 2.a)cc) (1).
148 COM(2020) 724 final, S. 13.
149 Ebd.

potenziellen Bedarf in den Mitgliedstaaten sowie das Ausmaß der Abhängigkeit von globalen Lieferketten aufgezeigt. Dies habe deutlich gemacht, dass die Marktprioritäten und -kapazitäten für die Produktbeschaffung in jeder Phase, von der Forschung und Entwicklung bis hin zur Produktion und Lieferung, überwacht und gestaltet werden müssen.[150] Diese Aufgaben soll eine neue Behörde für die Krisenvorsorge und -reaktion bei gesundheitlichen Notlagen (Health Emergency Preparedness and Response Authority, HERA) übernehmen.[151] Einen ersten wesentlichen Schritt zur Schaffung dieser Behörde stellt der Soforthilfeplan HERA-Inkubator dar. Dessen zentrale Aufgabe soll die Beschleunigung regulatorischer Verfahren mit Fokus auf dem Schutz vor neu auftretenden Virusvarianten sein. Hierzu gehören die Erkennung solcher Varianten, die beschleunigte Entwicklung und klinische Erprobung neuer Impfstoffe, deren beschleunigte Zulassung sowie die Anpassung bekannter Impfstoffe gegen erkannte Varianten und deren vereinfachte Zulassungserweiterung. Zudem soll der HERA-Inkubator einen positiven Beitrag zur Beschleunigung und Erweiterung der Produktionskapazitäten leisten.[152]

Da es in Pandemien auf schnelle Entscheidungen ankommt, sollen nach Vorstellung der Kommission schließlich auch die bislang eingesetzten Instrumente systematischer eingesetzt und leichter aktiviert werden können. So könne eine automatische, d.h. an die Feststellung eines Pandemie-Notstands gekoppelte Aktivierung von ESI[153] die zur Verfügung stehenden Finanzmittel in kürzester Zeit erheblich aufstocken, um die Herstellung und Beschaffung kritischer Gesundheitsprodukte sowie hierauf bezogene F&E-Maßnahmen besser zu unterstützen.[154] Darüber hinaus sollte in den Vergabevorschriften die Möglichkeit geschaffen werden, Verhandlungen in äußerst dringenden Fällen zu beschleunigen.[155]

---

150 COM(2021), 380 final, S. 12.
151 COM(2020) 724 final, S. 24 f.; COM(2021), 380 final, S. 12 f.
152 Vgl. COM(2021) 78 final; Europäische Kommission, Fragen und Antworten: HERA Incubator – Die Bedrohung durch COVID-19-Varianten gemeinsam meistern, 17.02.2021, QANDA/21/642, https://ec.europa.eu/commission/presscorner/api/files/document/print/de/qanda_21_642/QANDA_21_642_DE.pdf.
153 Vgl. oben III.2.a)aa).
154 COM(2021) 380 final, S. 10.
155 Ebd.

3. Zwischenbilanz

Das Projekt der Europäischen Gesundheitsunion erweist sich, vom ambitionierten Namen abgesehen, gerade auch mit Blick auf die Versorgung mit kritischen Gesundheitsprodukten nicht gerade als großer Wurf.[156] Doch erscheinen die in diesem Rahmen und auch unabhängig hiervon[157] vorgeschlagenen inkrementellen institutionellen Verbesserungen in Gestalt von Aufgabenerweiterungen, personellen Verstärkungen und der Errichtung von HERA durchaus geeignet, die Resilienz der EU in Versorgungskrisen zu verbessern. Ebenso wie diese besitzen auch die beabsichtigten normativen Neujustierungen den Vorzug, auf den während der COVID-19-Pandemie erprobten Verfahren und Regelungen zu beruhen. Gleichwohl lässt sich mit Fug fragen, ob die Reformvorschläge der Kommission nicht zu kurz greifen, um die Versorgung mit kritischen Gesundheitsprodukten in Europa nachhaltig pandemiefest zu machen.[158]

V. Epilog

1. Krankheit X als Resilienzmaßstab

Anfang 2020 begannen vor allem englischsprachige Journalisten, den COVID-19-Ausbruch 2019/20 als Disease X zu bezeichnen.[159] Damit spielten sie darauf an, dass die WHO schon seit geraumer Zeit vor einem bislang noch unbekannten Virus warnt, der eine schwere weltweite Pandemie auslösen könnte. „Krankheit X" steht für diese Einsicht und hat der WHO zufolge für Umfang

---

156 Vgl. aus genereller Perspektive Andreas Th. Müller, Europa und die Pandemie. Zuständigkeitsdefizite und Kooperationszwänge, VVDStRL 80 (2021), S. 105 (129); ähnlich Alberto Alemanno, Towards a European Health Union: Time to level Up, EJRR 2020, S. 721 (724): "(…) won't entail a Copernican revolution (…)".
157 Vgl. dazu vor allem COM(2021) 380 final.
158 So auch Andreas Th. Müller, Europa und die Pandemie. Zuständigkeitsdefizite und Kooperationszwänge, VVDStRL 80 (2021), S. 105 (131).
159 Vgl. z.B. Peter Daszak, We Knew Disease X Was Coming. It's Here Now. We need to stop what drives mass epidemics rather than just respond to individual diseases, New York Times, 27.02.2020, https://www.nytimes.com/2020/02/27/opinion/coronavirus-pandemics.html; Tom Fish, Disease X: 'SARS-like' virus spreading through China prompts alert - 'Really concerning', Express, 20.012020, https://www.express.co.uk/news/science/1230101/disease-x-mystery-chinese-sars-like-illness-epidemic-coronavirus.

und Inhalt von F&E-Konzepten maßgebliche Bedeutung.[160] Darüber hinaus ist der Topos „Krankheit X" auch unter Resilienzgesichtspunkten für die Beurteilung weiteren Reformbedarfs maßstabsbildend. Denn mit dem Auftreten einer künftigen Infektionskrankheit X, die noch gefährlicher ist als COVID-19, muss früher oder später gerechnet werden.

2. Weiterer Reformbedarf

a) Sonstige Optimierungen

aa) EU

Auf sekundärrechtlicher Ebene könnten über die Reformvorschläge der Kommission hinaus weitere Änderungen zur Verbesserung der Versorgung mit kritischen Gesundheitsprodukten beitragen.

Dies betrifft z.B. die gerade in der Anfangsphase von Pandemien wichtige Erleichterung des Marktzugangs im Wege von Sonderzulassungen. So sollte aus Gründen der Rechtssicherheit eine Rechtsgrundlage für PSA-Sonderzulassungen eingeführt werden. Das für Medizinprodukte in Art. 59 MP-VO (bzw. Art. 54 IVD-VO für *In-vitro*-Diagnostika) vorgesehene zweistufige Verfahren für die Ausweitung einer von einem Mitgliedstaat erteilten Sonderzulassung auf das gesamte Gebiet der Union ist zu verschlanken und zu beschleunigen. Dies kann etwa dadurch geschehen, dass die Kommission schon bei Antragstellung und nicht wie bisher erst nach der Entscheidung (vgl. Art. 59 Abs. 2 MP-VO bzw. Art. 54 Abs. 2 IVD-VO) unterrichtet wird. Daneben können Entscheidungsfristen für die nationalen Behörden und die Kommission vorgesehen werden. Eine noch effektivere Lösung bestünde in der regelhaften generellen Ausweitung des Geltungsbereichs von Sonderzulassungen auf das gesamte Unionsgebiet. Die Problematik der fehlenden Harmonisierung im Hinblick auf die Prüfungsmaßstäbe[161] könnte am besten durch eine Zentralisierung der Entscheidungskompetenz bei der Kommission, ggfs. unter Einbeziehung mitgliedstaatlicher Expertise in Gestalt der Koordinierungsgruppe Medizinprodukte (Medical Decive Coordination Group, MDCG[162]), gelöst werden.

---

160 WHO, Prioritizing diseases for research and development in emergency contexts, https://www.who.int/activities/prioritizing-diseases-for-research-and-developm ent-in-emergency-contexts.
161 Vgl. oben III.2.c)aa).
162 Vgl. Art. 103 MP-VO, Art. 98 IVD-VO.

Weiterer Verbesserungsbedarf besteht auch bei der Zulassung von Impfstoffen. Der hierbei von der EMA *praeter legem* praktizierte *rolling review*[163] ist unter Beschleunigungsaspekten begrüßenswert, sollte aber gesetzlich geregelt werden, um das Verhältnis zu den im eigentlichen Zulassungsverfahren zu treffenden Bewertungen zu klären.[164] Außerdem erscheint es erforderlich, die Regelungen für das beschleunigte Verfahren in Art. 14 Abs. 9 i.V.m. Art. 6 Abs. 3 Verordnung 726/2004 durch Fristverkürzungen zu effektuieren.[165] Schließlich sollte der offenkundige Mangel des Art. 14-a Abs. 2 Verordnung 726/2004 (und des Art. 4 Abs. 2 Verordnung (EG) Nr. 507/2006), dass die medizinische Versorgungslücke als zentrale Tatbestandsvoraussetzung für die Erteilung einer bedingten Zulassung[166] ausschließlich auf die Zulassungssituation abhebt und die in der Pandemie entscheidende tatsächliche Versorgungslage völlig unberücksichtigt lässt, beseitigt werden.[167]

Bei der Beschaffung von in der Entwicklung befindlichen Impfstoffen, d.h. beim Abschluss von APAs,[168] empfiehlt es sich, den Preis des Impfstoffs durch weitere Zuschlagskriterien zu ergänzen, die etwa auch die sozioökonomischen Folgekosten etwaiger Verzögerungen in den Blick nehmen.[169] Daneben sollten

---

163 Markus Ambrosius/Lukas Klement, Die Zulassung von Arzneimitteln zur Behandlung von COVID-19 und zur Bekämpfung der Pandemie, PharmR 2021, S. 119 (124 f.).
164 Markus Ambrosius/Lukas Klement, Lehren aus der Pandemie. Vorschläge zur Verbesserung und Beschleunigung im Zusammenhang mit der Zulassung von Arzneimitteln zur Behandlung von COVID-19 und zur Bekämpfung der Pandemie, PharmR 2021, S. 237 (240 f.).
165 Markus Ambrosius/Lukas Klement, Lehren aus der Pandemie. Vorschläge zur Verbesserung und Beschleunigung im Zusammenhang mit der Zulassung von Arzneimitteln zur Behandlung von COVID-19 und zur Bekämpfung der Pandemie, PharmR 2021, S. 237 (241).
166 Vgl. oben I.2.
167 Markus Ambrosius/Lukas Klement, Lehren aus der Pandemie. Vorschläge zur Verbesserung und Beschleunigung im Zusammenhang mit der Zulassung von Arzneimitteln zur Behandlung von COVID-19 und zur Bekämpfung der Pandemie, PharmR 2021, S. 237 (241).
168 Vgl. oben III.2.c)bb)(1).
169 Auch das Europäische Parlament sieht hier einen Reformbedarf und fordert in Nr. 24 seiner Entschließung 2020/2691/RSP gezielte Leitlinien der Kommission zur Richtlinie über die öffentliche Auftragsvergabe im Arzneimittelbereich; sie sollen sich auf das „Kriterium des wirtschaftlich günstigsten Angebots gründen, damit der öffentliche Auftraggeber Kriterien berücksichtigen kann, die qualitative, technische und nachhaltige Aspekte der Angebotsabgabe sowie den Preis widerspiegeln".

auch die Entscheidungsstrukturen verschlankt werden. Auch eine generelle Regelung zur Veröffentlichung von APAs (im Rahmen des erforderlichen Schutzes von Betriebs- und Geschäftsgeheimnissen) erscheint geboten, um ausreichende Transparenz und damit eine effektive öffentliche Kontrolle zu ermöglichen.[170]

bb) Deutschland

Aus den genannten Gründen[171] muss § 20 Abs. 2a S. 1 IfSG (zumindest) durch ein ausdrückliches Berücksichtigungsgebot so angepasst werden, dass der Gleichklang der STIKO-Empfehlungen mit den unionsrechtlichen Vorgaben gewährleistet wird. Dies gebietet nicht zuletzt der Umstand, dass die EU im europäischen Mehrebenenkontext nur im Rahmen der ihr zugewiesenen Zuständigkeiten agieren kann und gerade deshalb auf loyale Zusammenarbeit mit den Mitgliedstaaten und deren Untergliederungen angewiesen ist (Art. 5 Abs. 2 i.V.m. Art. 4 Abs. 3 EUV).[172] Zudem widerstreitet die Beschränkung auf COVID-19-Impfstoffe in § 20 Abs. 2a S. 1 IfSG dem Grundsatz resilienter Gesetzgebung und sollte daher entfallen.

b) Weiterentwicklung der Europäischen Gesundheitsunion

Auch im disruptiven „Zeitalter der Pandemien"[173] darf die staatsrechtliche Parömie, dass nicht jeder Hunger nach neuen Kompetenzen gestillt werden muss,[174] durchaus eine gewisse evidenzbasierte Plausibilität beanspruchen. Doch sprechen zwei wesentliche Gesichtspunkte für eine produktbezogene Ausweitung der bestehenden EU-Gesundheitskompetenz für den Bereich des

---

170 Vgl. dazu im völkerrechtlichen Kontext Armin von Bogdandy/Pedro A. Villarreal, The Role of International Law in Vaccinating Against COVID-19: Appraising the COVAX Initiative, ZaöRV 2021, 89 (112); Pascale Boulet/Ellen 't Hoen/Katrina Perehudoff/Kaitlin Mara/Ernest Tan, Advanced Purchase Agreements for Covid-19 vaccines: Analysis and Comments. Study for The Left in the European Parliament, Juli 2021, S. 42.
171 Vgl. oben I.2.
172 Allgemein in diesem Sinne Rudolf Mögele, Die EU und COVID-19: Befugnisse und Initiativen, EuZW 2020, S. 297 (297).
173 Vgl. z.B. Kommissionspräsidentin Ursula von der Leyen in ihrer Rede von beim „One Planet Summit 2021" in Paris, https://ec.europa.eu/commission/presscorner/api/files/document/print/de/speech_21_61/SPEECH_21_61_EN.pdf
174 So Udo di Fabio, Coronabilanz, 2021, S. 74, mit Blick auf einen möglichen Kompetenztransfer auf die EU im Bereich der Pandemiebekämpfung.

Infektionsschutzes: Zum einen hat die koordinierende Gesundheitspolitik der Union in der Corona-Pandemie auch bei der Gewährleistung der Versorgung mit kritischen Gesundheitsprodukten zumindest teilweise nur eine relativ geringe Steuerungswirkung entfaltet;[175] zum anderen besitzen die Reformvorschläge der Kommission gerade deshalb, weil sie sich im engen Korsett des primärrechtlichen Rahmens bewegen, nur eine geringe systemische Durchschlagskraft. Daher bietet es sich an, die Hürde des Harmonisierungsverbots in Art. 168 Abs. 5 AEUV zu überwinden und die Rolle der Union als Gesundheits- und Pandemieakteurin dadurch zu stärken, dass eine spezielle, über die limitierte geteilte Zuständigkeit nach Art. 168 Abs. 4 lit. c AEUV hinausreichende Rechtsangleichungskompetenz zur Pandemiebekämpfung geschaffen wird.[176] Hierbei könnte an den Gesundheitsartikel des Verfassungsvertrages angeknüpft werden, der bereits eine geteilte Zuständigkeit für „Maßnahmen zur Beobachtung, frühzeitigen Meldung und Bekämpfung schwerwiegender grenzüberschreitender Gesundheitsgefahren" vorsah (Art. 278 Abs. 4 lit. d VVE), aber nicht in den Vertrag von Lissabon übernommen wurde.[177] Mag es seinerzeit noch ein Gebot wohlverstandener Subsidiarität gewesen sein, die Rolle der Mitgliedstaaten als „Herren der Gesundheitspolitik"[178] zu betonen, so mute es angesichts der Herausforderungen des pandemischen Zeitalters nur als ein merkwürdig nostalgischer Reflex an, das damalige Versäumnis nicht zu beheben. Allfälligen Sorgen um die Reichweite der auf diese Weise ermöglichten Mindestharmonisierung[179] ließe sich durch eine Schutzvollstre-

---

175 Allgemein in diesem Sinne Andreas Th. Müller, Europa und die Pandemie. Zuständigkeitsdefizite und Kooperationszwänge, VVDStRL 80 (2021), S. 105 (111); vgl. im Einzelnen oben III.2.a),c)bb).
176 In diesem Sinne z.B. auch Christian Calliess, Braucht die Europäische Union eine Kompetenz zur (Corona-)Pandemiebekämpfung? Zugleich ein Beitrag zu Prüfkriterien in der europäischen Kompetenzdebatte, NVwZ 2021, S. 505 (511); Vincent Delhomme, Emancipating Health from the Internal Market: For a Stronger EU (Legislative) Competence in Public Health, EJRR 2020, S. 747 (754 f.).
177 Frank Niggemeier, in: Hans von der Groeben/Jürgen Schwarze/Armin Hatje (Hrsg.), Europäisches Unionsrecht, 7. Aufl. 2015, Art. 168 AEUV Rn. 47.
178 Rudolf Mögele, Die EU und COVID-19: Befugnisse und Initiativen, EuZW 2020, S. 297 (297).
179 So will Udo di Fabio, Coronabilanz, 2021, S. 74, der EU eine reine Koordinierungsrolle bei der Pandemiebekämpfung zuweisen, was überdies mit Blick auf Art. 168 Abs. 4 lit. c EUV und die hierauf rückführbaren pandemierelevanten Maßnahmen

ckungsklausel, etwa nach dem Vorbild des Art. 168 Abs. 4 lit. a AEUV, wirksam begegnen.[180]

3. Globale Verantwortung

Die Versorgung mit kritischen Gesundheitsgütern im Mehrebenensystem der EU ist einerseits unilateral geprägt, wie etwa die in der COVID-19-Pandemie erlassenen Exportverbote von Impfstoffen und sonstige eurozentristische Maßnahmen verdeutlichen. Andererseits hat die Kommission schon früh erkannt: „Die derzeitige Lage ist nicht nur eine europaweite, sondern eine globale Herausforderung. Alle Regionen der Welt sind betroffen. Die Ausbreitung des Virus hat gezeigt, dass keine Region sicher ist, bis das Virus nicht überall unter Kontrolle gebracht wurde."[181] Hieraus ergebe sich die Aufgabe, die in den Mitgliedstaaten entwickelten und hergestellten Impfstoffe für alle Regionen der Welt zugänglich zu machen.[182] In diesem Sinne hat auch der Europäische Rat in seinen Schlussfolgerungen vom 10./11. Dezember 2020 festgehalten: „Die Impfung sollte als weltweites öffentliches Gut behandelt werden. Die EU wird ihre Anstrengungen fortsetzen, um zur internationalen Reaktion auf die Pandemie beizutragen, auch durch die COVAX-Fazilität, die einen fairen Zugang zu erschwinglichen Impfstoffen für alle garantieren soll."[183] Mit der Charakterisierung der Impfung als globalem öffentlichen Gut folgte er einem Beschluss der Weltgesundheitsversammlung.[184] Hierbei handelt es sich keineswegs um bloße Lippenbekenntnisse. Namentlich wird die COVAX-Initiative, die als ein Modellbeispiel für weltweite nachhaltige Solidarität gilt,[185] von der EU massiv unterstützt. Der

---

bei Lichte betrachtet ein reaktionäres Konzept darstellt, jedenfalls aber wenig durchdacht wirkt.
180 Christian Calliess, Braucht die Europäische Union eine Kompetenz zur (Corona-)Pandemiebekämpfung? Zugleich ein Beitrag zu Prüfkriterien in der europäischen Kompetenzdebatte, NVwZ 2021, S. 505 (511).
181 COM(2020) 245 final, S. 2.
182 Ebd.
183 Europäischer Rat, Tagung des Europäischen Rates (10. und 11. Dezember 2020) – Schlussfolgerungen, EUCO 22/20, Nr. 9.
184 WHO, 73. WHA, International cooperation to ensure global access to medicines, vaccines and medical equipment to face COVID-19, 20.04.2020, 73.1, Nr. 6: "(…) the role of extensive immunisation against COVID-19 as a global public good for health (…)".
185 Armin von Bogdandy/Pedro A. Villarreal, The Role of International Law in Vaccinating Against COVID-19: Appraising the COVAX Initiative, ZaöRV 2021, S. 89 (116); Ulrich M. Gassner, Internationales und Europäisches Infektionsschutzrecht,

Gesamtbeitrag von Team Europa (EU, Mitgliedstaaten, EU-Finanzinstitutionen) zu COVAX beläuft sich bislang auf über 3 Mrd. €. Bis Ende 2021 sollen 1,3 Milliarden Dosen für die am stärksten gefährdeten Bevölkerungsgruppen in 92 Ländern mit niedrigem und mittlerem Einkommen bereitgestellt werden.[186] In den Vorab-Kaufverträgen über die COVID-19-Impfstoffe hat sich das Konzept der Impfung als weltweites öffentliches Gut jedoch nicht niedergeschlagen, obwohl die Kommission eine entsprechende Absicht bekundet hatte.[187] Vielmehr wird dort eindeutig festgelegt, dass das geistige Eigentum, einschließlich Know-how und Daten, in den Händen des Unternehmens bleibt.[188] Die damit einhergehende Politik der freiwilligen Lizenzierung stellt sicher, dass der Vertrieb des Impfstoffs durch COVAX im Einklang mit bestehenden TRIPS[189]-Regeln erfolgt.[190] Dies ist an sich nicht kritikabel, doch folgt hieraus eine klare Erkenntnis: Der Schutz des geistigen Eigentums markiert auch bei COVID-19-Impfstoffen die Grenze des unionalen Multilateralismus.

---

in: Sebastian Kluckert (Hrsg.), Das neue Infektionsschutzrecht, 2. Aufl. 2021, § 1 Rn. 78.
186 Europäischer Rat, Weltweite Solidarität in der COVID-19-Pandemie, https://www.consilium.europa.eu/de/policies/coronavirus/global-solidarity/. Die Kritik, es sei noch nicht erkennbar, dass die COVAX-Initiative für Länder auf der Südhalbkugel zu einem besseren Zugang zu COVID-19-Impfstoffen geführt hätte, s. Jens Kersten/Stephan Rixen, Der Verfassungsstaat in der Corona-Krise, 2. Aufl. 2021, Kap X. 3., ist ebenso wohlfeil wie überholt; vgl. zu den aktuellen Zahlen https://www.unicef.org/supply/covid-19-vaccine-market-dashboard.
187 Vgl. Annex C(2020) 4192 final, Annex (S. 6): "In the negotiations with the pharmaceutical industry under the present Agreement, the Commission will promote a Covid-19 vaccine as a global public good. This promotion will include access for low and middle income countries to these vaccines in sufficient quantity and at low prices. The Commission will seek to promote related questions with the pharmaceutical industry regarding intellectual property sharing, especially when such IP has been developed with public support, in order to these objectives."
188 Armin von Bogdandy/Pedro A. Villarreal, The Role of International Law in Vaccinating Against COVID-19: Appraising the COVAX Initiative, ZaöRV 2021, 89 (95); Pascale Boulet/Ellen 't Hoen/Katrina Perehudoff/Kaitlin Mara/Ernest Tan, Advanced Purchase Agreements for Covid-19 vaccines: Analysis and Comments. Study for The Left in the European Parliament, Juli 2021, S. 31 ff.
189 TRIPS steht für Agreement on Trade-Related Aspects of Intellectual Property Rights, https://www.wto.org/english/docs_e/legal_e/27-trips.pdf (Übereinkommen über handelsbezogene Aspekte der Rechte des geistigen Eigentums, BGBl. 1994 II S. 1441, 1730).
190 Armin von Bogdandy/Pedro A. Villarreal, The Role of International Law in Vaccinating Against COVID-19: Appraising the COVAX Initiative, ZaöRV 2021, 89 (95).

Katharina Köbler

Versorgung mit wesentlichen Gesundheitsgütern am Beispiel medizinischer Masken – Ein Kommentar aus der Anwaltspraxis

Medizinische Masken sind nach wie vor feste Wegbegleiter der Pandemie. Inzwischen sind überwiegend verkehrsfähige Produkte auf dem Markt verfügbar, die regulär zertifiziert worden sind. Dies war zu Beginn der Pandemie anders. Die Gesundheitsakteure hatten sich zunächst mit sehr viel Aufwand darum bemüht, verkehrsfähige medizinische Masken in Verkehr zu bringen. Dies war aufgrund der Unsicherheit und auch rechtlichen Unwägbarkeiten in den ersten Monaten der Pandemie aber kaum möglich. Vor allem Großhändler und Apotheken hatten Schwierigkeiten herauszufinden, welche Masken (zu dem damals kritischen Zeitpunkt mutmaßlich) verkehrsfähig sind. Diverse Vorkorrespondenz und die Übersendung (teilweise) unzutreffender Zertifikate der Hersteller und Händler trugen zu der großen Unsicherheit bei. Viele „gesundheitsfremde" Unternehmen sprangen auf den Zug des „Maskenhandels" auf und erweckten in der Außendarstellung den Eindruck, sie belieferten auch Gesundheitseinrichtungen, staatliche Einrichtungen und auch die Bundesregierung. Zertifikate von (angeblich) notifizierten Stellen für die jeweilige Produktkategorie waren im Umlauf.

Die teils unterschiedlichen Signale aus der EU einerseits und den Mitgliedstaaten andererseits zur Verkehrsfähigkeit wesentlicher Gesundheitsgüter waren ebenfalls wenig konsistent und überwiegend uneinheitlich. Wünschenswert wäre eine einheitliche Abstimmung und einheitliche Herangehensweise der Mitgliedstaaten und der Kommission gewesen. Die „Maskenaffäre" rund um die durch die Bundesregierung beschafften Masken trug nicht unbedingt zur Verbesserung der Versorgungssituation bei. Um die Lage aus der Anwaltspraxis zu beleuchten, soll sich folgender Beitrag mit der Frage der Verkehrsfähigkeit sog. medizinischer Masken zu Beginn und im Laufe der Pandemie befassen.

I. Medizinische Masken – Medizinprodukt oder Persönliche Schutzausrüstung?

Maske ist nicht gleich Maske. Für die Beurteilung der Verkehrsfähigkeit von medizinischen Masken kommt es zunächst auf das konkrete Produkt an. Es ist im Einzelfall zu entscheiden, mit welcher Zweckbestimmung die Produkte vertrieben werden. Bei den Masken kann es sich um Medizinprodukte, um Persönliche Schutzausrüstung (PSA) oder um reine Gebrauchsgegenstände handeln.

Masken stellen einen wichtigen Schutz vor einer Übertragung durch Tröpfchen bei einem engen Kontakt dar. Bei SARS-CoV-2 spielt die unbemerkte Übertragung über Aerosole eine wichtige Rolle. Die Aerosoleausscheidung steigt bei lautem Sprechen, Singen oder Lachen stark an. Im Alltag können daher Masken die Freisetzung von Aerosolen reduzieren.[1] Die Einstufung als Medizinprodukt oder PSA, also „medizinische Maske" richtet sich in erster Linie nach der Zweckbestimmung.

1. Chirurgische Masken

Medizinprodukte sind gemäß § 3 Nr. 1 MPG[2] a.F. alle einzeln oder miteinander verbunden verwendeten Instrumente, Apparate, Vorrichtungen, Stoffe und Zubereitungen aus Stoffen oder andere Gegenstände einschließlich der für ein einwandfreies Funktionieren des Medizinproduktes eingesetzten Software, die vom Hersteller zur Anwendung für Menschen mittels ihrer Funktionen zum Zwecke

a) der Erkennung, Verhütung, Überwachung, Behandlung oder Linderung von Krankheiten,

---

1 Zum Ganzen: Lagebericht des RKI zu COVID-19; abrufbar unter www.rki.de.
2 Da zu dem maßgeblichen Zeitpunkt des Beginns der Pandemie der Geltungsbeginn der Verordnung (EU) 2017/745 des europäischen Parlaments und des Rates vom 5. April 2017 über Medizinprodukte („MDR") auf Mai 2021 verschoben worden ist, richtete sich die Verkehrsfähigkeit von als Medizinprodukt einzustufenden chirurgischen Masken noch nach der Medizinprodukterichtlinie 1993/42/EWG („MDD") sowie den nationalen Umsetzungen der Richtlinie, in Deutschland insbesondere durch das MPG. Diese zu dem Zeitpunkt geltenden rechtlichen Bestimmungen sollen in dem Beitrag als zu dem Zeitpunkt maßgebliche Regelungen zugrunde gelegt werden. Wo erforderlich und sinnvoll, wird auf Änderungen und Anpassungen durch die MDR eingegangen.

b) der Erkennung, Überwachung, Behandlung, Linderung oder Kompensierung von Verletzungen oder Behinderungen,
c) der Untersuchung, der Ersetzung oder der Veränderung des anatomischen Aufbaus oder eines physiologischen Vorgangs oder
d) der Empfängnisregelung

zu dienen bestimmt sind und deren bestimmungsgemäße Hauptwirkung im oder am menschlichen Körper weder durch pharmakologisch oder immunologisch wirkende Mittel noch durch Metabolismus erreicht wird, deren Wirkungsweise aber durch solche Mittel unterstützt werden kann. Für die Beurteilung, ob ein Produkt – wie für die Einordnung als Medizinprodukt erforderlich – einem medizinischen Zweck dient, kommt es auf die subjektive Bestimmung des Herstellers an, wie sich aus den Angaben ergibt, die der angesprochene Verkehr der Kennzeichnung, der Gebrauchsanweisung oder der Werbung entnimmt.[3]

Chirurgische Masken, auch OP-Masken genannt, werden zum Schutz vor Infektionen üblicherweise in Kliniken und Arztpraxen verwendet. Sie dienen damit der Verhütung von Krankheiten. Bei den OP-Masken handelt es sich um Medizinprodukte.[4] Unter Geltung der Medizinprodukterichtlinie 1993/42/EWG („MDD") handelte es sich bei den OP-Masken um Medizinprodukte der Klasse I, die durch eine Eigenzertifizierung des Herstellers, ohne Einbindung einer Benannten Stelle, zertifiziert werden konnten. Unter Geltung der Verordnung (EU) 2017/745 des Europäischen Parlaments und des Rates vom 5. April 2017 über Medizinprodukte („MDR") ändert sich an dieser Einstufung nichts. Nach Kapitel III der MDR 4.1 Regel 1 gehören alle nicht invasiven Produkte zur Klasse I, es sei denn, es findet eine der folgenden Regeln Anwendung. Das ist nicht der Fall. Nach alter und aktueller Rechtslage sind die Produkte daher als Produkte der Klasse I zu qualifizieren.

2. Filtrierende Halbmasken (FFP)

FFP-Masken als Filtrierende Halbmasken (FFP) sind in der Regel Gegenstände der persönlichen Schutzausrüstung (PSA) im Rahmen des Arbeitsschutzes und haben die Zweckbestimmung, den Träger der Maske vor Partikeln, Tröpfchen und Aerosolen zu schützen. Zweck ist anders als bei den Medizinprodukten

---

3 OLG Hamm, Beschluss vom 15.12.2020, I-4 W 116/20; BGH, Urteil vom 18.04.2013 – I ZR 53/09 – Messgerät II, juris-Rdnr. 12.
4 *Hill/Schmitt*, Medizinprodukterecht (WiKo) Kommentar, § 3 MPG Rn. 16.

nicht der Schutz vor Krankheiten, sondern ausschließlich vor Tröpfchen oder Aerosolen. Die Kommission stuft die FFP-Masken daher in erster Linie als sog. „PSA" ein.[5]

Werden FFP-Masken mit medizinischer Zweckbestimmung (Schutz vor Übertragung von Krankheiten) in Verkehr gebracht und sind vom Hersteller auch als solche, auch neben der Zweckbestimmung persönliche Schutzausrüstung bestimmt, so handelt es sich bei den FFP-Masken nach § 2 Abs. 4a MPG um Medizinprodukte, die den Vorschriften des MPG unterliegen.[6] Das hängt aber davon ab, ob der Hersteller eine solche medizinische Zweckbestimmung ausgewiesen hat. In der Anwaltspraxis haben solche Produkte mit „doppelter" Zweckbestimmung kaum eine Rolle gespielt.

3. Community-Masken/„Alltags-Masken"

Die sog. Community-Masken sind dagegen keine Medizinprodukte und auch keine Persönliche Schutzausrüstung.[7] Anders als chirurgische Masken oder FFP-Masken sind sie nicht nach entsprechenden gesetzlichen und normativen Anforderungen geprüft. Sie können daher ohne „behördliche" Verfahren auf den Markt gebracht werden, bieten aber, aufgrund fehlender Überprüfung nach bestimmten Standards, auch keinen ausgewiesenen Schutz vor Infektionen bzw. dem Schutz vor Aerosolen, Tröpfchen etc.[8] Derzeit spielen die sogenannten Community-Masken aufgrund der durch die Bundesländer vorgegebenen Verpflichtungen zum Tragen einer medizinischen Maske bzw. FFP2-Maske keine Rolle mehr.[9]

---

5   Nr. 6 der Empfehlungen (EU) 2020/403 der Kommission vom 13. März 2020 über Konformitätsbewertungs- und Marktüberwachungsverfahren im Kontext der COVID-19-Bedrohung.
6   Rehmann, in: Rehmann/Wagner, MPG/MP-VO, 3. Aufl. 2018, § 2 Rn. 6.
7   OVG Niedersachsen, Beschl. v.05.05.2020 – 13 MN 19/20, juris-Rn. 44; Bay VGH, Beschl. v. 11.5.2020 – 20 NE 20.843, juris-Rn. 20; OVG Saarland, Beschl. v. 13.05.2020 – 2 B 175/20, juris-Rn. 20.; OLG Hamm, Beschl. v. 15.12.2020, Az. 4 W 116/20, GRUR-RR 2021, 92, 93; Esser/Tsambikakis, Pandemiestrafrecht, 1. Aufl. 2020 Rn. 20.
8   Zur Nichtzulassung nicht medizinischer Masken i. R. der Coronaverordnung BW VGH Mannheim, Beschluss vom 25.02.2021, Az. 1 S 381/21, juris-Rn. 65.
9   Vgl. beispielhaft § 5 Abs. 3 der SächsCoronaSchVO; § 2 CoSchuV Hessen; § 3 Abs. 1 CoronaVO BW; § 3 Abs. 1 CoronaSchVO NRW oder § 3 Abs. 3 S. 3 CoronaVO Niedersachsen.

II. Verkehrsfähigkeit von chirurgischen Masken als Medizinprodukte

Chirurgische Masken sind als Medizinprodukte nur dann verkehrsfähig, wenn und soweit sie den Anforderungen des MPG bzw. nunmehr den Anforderungen der MDR entsprechen. Diese sollen nachfolgend skizziert werden.

1. Produktbezogene Anforderungen

a) Konformitätsbewertung und CE-Kennzeichnung

Nach § 6 Abs. 1 Satz 1 MPG durften Medizinprodukte, mit Ausnahme von Sonderanfertigungen, Medizinprodukten aus Eigenherstellung, Medizinprodukten gemäß § 11 Abs. 1 MPG sowie Medizinprodukte, die zur klinischen Prüfung oder In-vitro-Diagnostika, die für Leistungsbewertungszwecke bestimmt sind, in Deutschland nur in den Verkehr gebracht oder in Betrieb genommen werden, wenn sie mit einer CE-Kennzeichnung versehen waren.[10] Nach § 6 Abs. 2 Satz 1 MPG durften Medizinprodukte mit einer CE-Kennzeichnung nur versehen werden, wenn die Grundlegenden Anforderungen nach § 7, die auf sie unter Berücksichtigung ihrer Zweckbestimmung Anwendung finden, erfüllt sind und ein für das jeweilige Medizinprodukt vorgeschriebenes Konformitätsbewertungsverfahren nach Maßgabe der Rechtsverordnung nach § 37 Abs. 1, der Verordnung über Medizinprodukte (MPV), durchgeführt worden ist. Das Durchlaufen des Konformitätsbewertungsverfahrens wird bei Beteiligung einer benannten Stelle durch ein sog. CE-Zertifikat nachgewiesen.[11] Da es sich bei den chirurgischen Masken um solche der Klasse I handelt, war und ist ein CE-Zertifikat einer Benannten Stelle für als Medizinprodukt in Verkehr gebrachte Masken nicht erforderlich. Chirurgische Masken werden im Wege der Eigenzertifizierung durch den Hersteller geprüft.

Unter Geltung der MDR gilt im Wesentlichen nichts anderes. Nach Art. 5 Abs. 1 MDR darf ein Medizinprodukt nur in Verkehr gebracht oder in Betrieb genommen werden, wenn es bei sachgemäßer Lieferung, korrekter Installation und Instandhaltung und seiner Zweckbestimmung entsprechender Verwendung, der Verordnung entspricht. Gemäß Art. 5 Abs. 2 MDR muss das Produkt hierfür unter Berücksichtigung seiner Zweckbestimmung den in Anhang

---

10 Vgl. zur Rücknahme von Atemschutzmasken mit unzutreffender CE-Kennzeichnung OVG Lüneburg, Beschluss v. 09.12.2020, Az. 13 ME 468/20, juris Rn. 23 ff.
11 https://www.bfarm.de/DE/Medizinprodukte/RechtlicherRahmen/inverk/_node.html.

I festgelegten für das Produkt geltenden grundlegenden Sicherheits- und Leistungsanforderungen („Grundlegende Anforderungen") genügen.

b) Konformitätserklärung und Verantwortlichkeit

Bestandteil sämtlicher Konformitätsbewertungsverfahren ist die EG-Konformitätserklärung.[12] Mit der schriftlichen Konformitätserklärung bestätigt die für das Inverkehrbringen verantwortliche Person (i.d.R. der Hersteller), dass das in Verkehr gebrachte Produkt alle einschlägigen Sicherheitsanforderungen erfüllt.

Wer für die Erfüllung der regulatorischen Vorgaben verantwortlich ist, richtete sich wiederum nach § 5 MPG. Wer eine solche auszustellen hat, richtete sich danach, wer Verantwortlicher im Sinne der Vorschrift ist. Bei einem Hersteller im Drittland war dies grundsätzlich der Bevollmächtigte. Gab es einen solchen nicht, konnte auch der Einführer als Verantwortlicher nach § 5 MPG gelten.[13] Für die Frage, wer eine solche Konformitätsbewertung auszustellen hat, kommt es also darauf an, unter wessen Verantwortung die Masken in Deutschland bzw. der EU in Verkehr gebracht werden sollen. Entscheidend ist hierbei für Hersteller in einem Drittland wie China, ob der Hersteller einen Bevollmächtigten in der EU benannt hat.

Unter Geltung der MDR stellt der Hersteller die Konformitätserklärung aus und gewährt, dass diese laufend aktualisiert wird, vgl. Art. 19 Abs. 1 MDR. Der Bevollmächtigte hat dies nach Art. 13 Abs. 1 lit. a) MDR zu überprüfen. Händler, Importeure oder eine sonstige natürliche oder juristische Person können die Verantwortung als Hersteller haben, sofern sie die unter Art. 16 Abs. 1 MDR genannten Tätigkeiten ausführen, u.a. etwa Bereitstellung eines Produkts auf dem Markt unter dem eigenen Namen, Änderung der Zweckbestimmung und /oder konformitätsrelevante Änderung des Produkts.

c) Gebrauchsanweisung in deutscher Sprache und Kennzeichnung

Schließlich dürfen nach § 11 Abs. 2 Satz 1 MPG a.F. bzw. § 8 Abs. 2 MPDG Medizinprodukte in Deutschland nur an den Anwender abgegeben werden,

---

12 Vgl. hierzu Vglhttps://www.bfarm.de/SharedDocs/Risikoinformationen/Medizinprodukte/DE/schutzmasken_sonderzulassung.html#:~:text=Sie%20m%C3%BCssen%20dazu%20die%20Anforderungen,sind%20in%20Europa%20frei%20verkehrsf%C3%A4hig.
13 *Hill/Schmitt*, Medizinprodukterecht (WiKo) Kommentar, § 5 MPG Rn. 7 f.

wenn die für ihn bestimmten Informationen in deutscher Sprache abgefasst sind.[14] In begründeten Fällen kann eine andere für den Anwender des Medizinproduktes leicht verständliche Sprache vorgesehen oder die Unterrichtung des Anwenders durch andere Maßnahmen gewährleistet werden, § 11 Abs. 2 Satz 2 MPG bzw. § 8 Abs. 2 Satz 2 MPDG.[15] Dabei müssen jedoch die sicherheitsbezogenen Informationen in deutscher Sprache oder in der Sprache des Anwenders vorliegen, § 11 Abs. 2 Satz 3 MPG. Es muss eine sichere Verwendung gewährleistet sein. Eine solche Gebrauchsanweisung muss vom Hersteller und/ oder Importeur zur Verfügung gestellt werden.[16]

Darüber hinaus sieht Annex I Ziffer 13.3. der Richtlinie 93/42/EWG auch Bestimmungen für die Kennzeichnung von Medizinprodukten vor, die eigehalten werden müssen. Ob dies der Fall gewesen ist, musste im Einzelfall anhand der Packungen überprüft werden.

d) Anbringung der CE-Kennzeichnung

Liegen die vorgenannten produktbezogenen Anforderungen vor, darf und muss auf das Produkt ein CE-Kennzeichen angebracht werden. Die CE-Kennzeichnung ist nach § 9 Abs. 1 MPG für die sonstigen Medizinprodukte gemäß Anhang XII der Richtlinie 93/42/EWG zu verwenden, worunter auch chirurgische Masken fallen. Nach der MDR gilt Art. 20 Abs. 1 MDR i.V.m. Anhang V. Sie muss aus den Buchstaben CE und nach dem in Anhang XII bzw. Anhang V festgelegten Schriftbild bestehen. Die Proportionen müssen eingehalten werden, zudem beträgt die Mindesthöhe 5 mm. Die Anbringung, auch die Größe des Kennzeichens, muss ebenfalls anhand einer Originalpackung geprüft werden. Art. 14 Abs. 1 MDR normiert diese Prüfpflicht inzwischen auch für Händler.

---

14 Vgl. etwa zur Verpflichtung eines Parallelimporteur eine Gebrauchsanweisung zur Verfügung zu stellen LG Hamburg, Urteil vom 17.04.2007, Az: 312 O 498/06, MPR 2008, 16.
15 Wagner, in Rehmann/Wagner, MPG/MP-VO, 3. Aufl. 2018, § 11 Rn. 20; zur Möglichkeit einer elektronischen GBI auch Entwurf einer Durchführungsverordnung über elektronische Gebrauchsanweisung von Medizinprodukten, abrufbar unter: https://ec.europa.eu/info/law/better-regulation/have-your-say/initiatives/ 12954-Electronic-instructions-for-use-for-medical-devices.
16 Wagner, in Rehmann/Wagner, MPG/MP-VO, 3. Aufl. 2018, § 11 Rn. 18 ff.

e) Bevollmächtigter in der EU/Kennzeichnung

Für Medizinprodukte, die in Drittländern außerhalb der EU hergestellt werden, gibt es eine zusätzliche Besonderheit. § 6 Abs. 2 Satz 3 MPG bzw. ähnlich Art. 11 Abs. 1 MDR sehen vor, dass Hersteller mit Sitz außerhalb des Europäischen Wirtschaftsraums die CE-Kennzeichnung nur anbringen dürfen, wenn sie einen einzigen für das jeweilige Medizinprodukt verantwortlichen Bevollmächtigten im EWR benannt haben. Ebenso regelt nunmehr Art. 11 Abs. 1 der MDR, dass ein Produkt in der Union nur dann in den Verkehr gebracht werden kann, wenn ein nicht in den Mitgliedstaaten niedergelassener Hersteller einen einzigen Bevollmächtigten benannt hat.

Bevollmächtigter ist nach § 3 Nr. 16 MPG bzw. Art 2 Nr. 32 MDR die im Europäischen Wirtschaftsraum niedergelassene natürliche oder juristische Person, die vom Hersteller ausdrücklich dazu bestimmt wurde, im Hinblick auf seine Verpflichtungen nach diesem Gesetz in seinem Namen zu handeln und den Behörden und zuständigen Stellen zur Verfügung zu stehen. Der Bevollmächtigte tritt an die Stelle des nicht in der EU ansässigen Herstellers und nimmt dessen Aufgaben und Pflichten wahr.[17] Der Bevollmächtigte muss eine im Europäischen Wirtschaftsraum niedergelassene natürliche oder juristische Person sein. Der Hersteller kann nur einen einzigen Bevollmächtigten benennen.

Des Weiteren müssen der Name oder die Firma und die Anschrift des Bevollmächtigten in der Kennzeichnung oder Gebrauchsanweisung des Medizinproduktes enthalten sein.[18]

Hat der Hersteller keinen Bevollmächtigten benannt und/oder ist dieser nicht auf der Kennzeichnung oder Gebrauchsanweisung enthalten, sind die Voraussetzungen zum Aufbringen der CE-Kennzeichnung nicht erfüllt.[19]

2. Regulatorische Verantwortlichkeiten für das Inverkehrbringen

All diese Anforderungen sind beim Inverkehrbringen der Produkte relevant und grundsätzlich durch die einzelnen Akteure zu prüfen.

---

17 *Hill/Schmitt*, Medizinprodukterecht (WiKo) Kommentar, § 5 MPG Rn. 4.
18 Vgl. *Hill/Schmitt*, Medizinprodukterecht (WiKo) Kommentar, § 5 MPG Rn. 8.
19 *Hill/Schmitt*, Medizinprodukterecht (WiKo) Kommentar, § 5 MPG Rn. 3.

a) Verantwortung von Hersteller/Bevollmächtigen

Die Hauptverantwortung für die Verkehrsfähigkeit trug unter Geltung der MDD der nach § 5 Satz 1 MPG Verantwortliche für das erstmalige Inverkehrbringen von Medizinprodukten, nämlich der Hersteller oder sein Bevollmächtigter. Unter Geltung der MDR obliegt es dem Hersteller nach Art. 10 Abs. 1 MDR zu gewährleisten, dass die Produkte den Anforderungen der Verordnung entsprechen. Ein nicht in der EU ansässiger Hersteller hat nach Art. 11 Abs. 1 MDR einen Bevollmächtigten zu benennen, der die regulatorische Verantwortung übernimmt.

Werden in Drittländern hergestellte Medizinprodukte (wie dies bei den meisten Maskenprodukten der Fall war und ist) nicht unter der Verantwortung des Bevollmächtigten in den Europäischen Wirtschaftsraum eingeführt, ist nach § 5 Satz 2 MPG der Einführer (also Importeur) Verantwortlicher. Danach ergibt sich folgende Systematik:

- Bei in der EU hergestellten Produkten ist der Hersteller dafür verantwortlich, ein etwaiges Konformitätsbewertungsverfahren durchzuführen, technische Unterlagen zu erstellen, die EG-Konformitätserklärung abzugeben und die CE-Kennzeichnung an dem Produkt anzubringen. Der Hersteller ist dabei entweder die natürliche/juristische Person, die das Gerät bzw. die Maschine konstruiert und/oder baut oder für ihr Inverkehrbringen unter eigenem Namen verantwortlich ist.
- Falls der Hersteller außerhalb des europäischen Wirtschaftsraums ansässig ist, hat diese Pflichten sein Bevollmächtigter zu erfüllen.
- Falls das Medizinprodukt nicht unter der Verantwortung des Bevollmächtigten in den Europäischen Wirtschaftsraum eingeführt wird, hat der Einführer bzw. Importeur die entsprechenden Pflichten und Anforderungen (z. B. Marktbeobachtung, Mitwirkung bei korrektiven Maßnahmen, Meldepflichten etc.) zu erfüllen.[20]

b) Einführer/Importeur als Quasi-Hersteller

Der Einführer ist nach § 3 Nr. 26 MPG a.F. jede in der Europäischen Union ansässige natürliche oder juristische Person, die ein Medizinprodukt aus einem Drittstaat in der Europäischen Union in Verkehr bringt. Da Hersteller mit Sitz außerhalb des EWR seit dem 21.03.2010 zwingend einen

---

20 Vgl. *Hill/Schmitt*, Medizinprodukterecht (WiKo) Kommentar, § 5 MPG Rn. 7.

Bevollmächtigten benennen mussten, wies § 5 Satz 2 MPG a.F. die Verantwortlichkeit dem Einführer zu, wenn ein Medizinprodukt ohne Wissen des Herstellers und des Bevollmächtigten in Deutschland in Verkehr gebracht wird.[21] Das wäre bei einer Einfuhr durch einen Vertriebshändler nur dann der Fall, wenn es keinen Bevollmächtigten in der EU gibt und auch keine Ausnahmegenehmigung durch das BfArM erteilt wurde (dazu sogleich unter B.III.).

Im Wesentlichen galten daher die aufgezeigten Pflichten des Herstellers, sofern eine Gesellschaft unter eigener Verantwortung die sterilen Masken in den Europäischen Wirtschaftsraum einführte. Diese war in dem Fall Verantwortlicher im Sinne des § 5 MPG und damit regulatorisch Quasi-Hersteller. Dasselbe galt für Importeure, die die Produkte nicht unter der Verantwortung des Herstellers oder des Bevollmächtigten einführten.

Die MDR regelt die Verantwortung von Importeuren, Händlern und sonstigen Akteuren noch detaillierter unter Art. 16 Abs. 1 MDR. Sofern sie die unter Art. 16 Abs. 1 MDR genannten Tätigkeiten ausführen, u.a. etwa Bereitstellung eines Produkts auf dem Markt unter dem eigenen Namen, Änderung der Zweckbestimmung und/oder konformitätsrelevante Änderung des Produkts, können auch weitere Wirtschaftsakteure originäre Herstellerpflichten treffen.

c) Händlerpflichten

Händlern oblag unter dem MPG a.F. im Wesentlichen die Pflicht zu prüfen, ob ordnungsgemäße Kennzeichnungen durch CE-Kennzeichen und ggf. Kennnummer vorhanden sind[22] und Meldungen zu Vorkommnissen nach der MPSV vorzunehmen. Die Händlerpflichten sind unter der MDR deutlich umfassender geregelt. Art. 14 MDR konkretisiert die einzelnen Händlerpflichten nunmehr ausdrücklich. Unter anderem hat der Händler zu prüfen, ob eine CE-Kennzeichnung angebracht ist und eine Konformitätserklärung vorliegt. Ferner hat er zu prüfen, ob die erforderlichen Informationen beigefügt sind.

---

21 Gesetzesbegründung 4. MPG-Änderungsgesetz, BT-Drs. 16/12258, S. 27.
22 VG Stuttgart, Urteil vom 22.10.1999 – 4 K 286/99; zur Produkthaftung als Vertriebshändler bzw. Importeur näher OLG Düsseldorf, Urteil vom 14.03.2012 – I-15 U 122/10, 15 U 122/10, juris-Rn. 91 ff.

3. Verkehrsfähigkeit/Ausnahmen während der COVID-19 Bedrohung

Während des Beginns der Covid-Pandemie galten gegenüber den vorgenannten Anforderungen Verfahrensvereinfachungen für die Einfuhr und den Vertrieb von Medizinprodukten. Diese beruhten auf einer hierfür erlassenen Empfehlung der Kommission.

Mit der Empfehlung (EU) 2020/403 vom 13. März 2020 über Konformitätsbewertungs- und Marktüberwachungsverfahren im Kontext der COVID-19-Bedrohung hat die Europäische Kommission den zuständigen Behörden der Mitgliedstaaten unter anderem die Möglichkeit eröffnet, auch Atemschutzmasken ohne CE-Kennzeichnung organisiert zu kaufen und die Bereitstellung von Atemschutzmasken auf dem Unionsmarkt für einen begrenzten Zeitraum zu genehmigen.[23] Voraussetzung hierfür war, dass die Atemschutzmasken ein angemessenes Gesundheits- und Sicherheitsniveau gewährleisten konnten.[24]

a) Nationale Sonderzulassungen

Grundlage der Umsetzung dieser Empfehlungen in Deutschland war bis zum 26.05.2020 § 11 Abs. 1 MPG a.F. Nach § 11 Abs. 1 MPG a.F. konnte abweichend von den Vorschriften des § 6 Abs. 1 und 2 die zuständige Bundesoberbehörde (hier: BfArM) auf begründeten Antrag das erstmalige Inverkehrbringen oder die Inbetriebnahme einzelner Medizinprodukte, bei denen die Verfahren nach Maßgabe der Rechtsverordnung nach § 37 Abs. 1 MPG nicht durchgeführt wurden, in Deutschland befristet zulassen, wenn deren Anwendung im Interesse des Gesundheitsschutzes liegt. Die Zulassung konnte auf begründeten Antrag verlängert werden. Eine CE-Kennzeichnung durften und dürfen diese auf Grundlage der Sonderzulassung zugelassenen Masken allerdings nicht tragen.[25] Der Geltungsbereich der Zulassung beschränkte sich zudem auf Deutschland.[26]

Auf europäischer Ebene ist trotz Verschiebung des Geltungsbeginns der Medizinprodukteverordnung EU 2017/745 aufgrund der Corona-Pandemie Art. 59 Abs. 1 VO EU 2017/745 am 20.04.2020 in Kraft getreten. Diese

---

23 https://eur-lex.europa.eu/legal-content/DE/TXT/PDF/?uri=CELEX:32020H0403&from=DE.
24 Schucht: Produktrecht im Pandemiemodus – Schutzmasken als Compliance- und Haftungsrisiko? In NJW 2020, 1551 ff.
25 Lippert, in: Deubach et al., MPG, 2. Auflage 2010, § 11 Rn. 4.
26 Wagner, in Rehmann/Wagner, MPG, MP-VO, 3. Auflage 2018, § 11 Rn. 13.

Ausnahmeregelung erlaubt es den einzelnen Mitgliedstaaten, von der Durchführung eines Konformitätsbewertungsverfahrens iSv Art. 52 VO (EU) 2017/745 abzusehen und eine Sonderzulassung hinsichtlich eines spezifischen Produkts zu erteilen. Dieser deckte auch die dringlichen und massenhaft notwendigen Sonderzulassungen für Produktgruppen einzelner oder mehrerer Hersteller.[27] Auch die Kommission sah die nationale Ausnahmeregelung in Art. 59 MDR für einen geeigneten Weg, aus dem Versorgungsnotstand herauszukommen. Unabhängig davon, ob unter Geltung der MDD oder schon der MDR vertrauten daher der europäische Gesetzgeber und die Kommission darauf, dass nationale Maßnahmen den Notstand abfedern würden. Der nationale Gesetzgeber hat Art. 59 MDR über § 7 Abs. 1 Medizinprodukterecht-Durchführungsgesetz (MPDG) umgesetzt. Nach Angaben des BfArM sind die erteilten Sonderzulassungen auf dieser Grundlage ausgestellt worden.

Lag bei einer medizinischen Maske eine der unter 1. bis 5. skizzierten Voraussetzungen nicht vor und konnte auch nicht ohne weiteres erfüllt werden, so konnte die Verkehrsfähigkeit über die Ausnahmebestimmung nach § 11 Abs. 1 MPG bzw. Art. 59 MDR i.V.m. § 7 Abs. 1 MPDG hergestellt werden. In diesem Fall war ein Antrag an das BfArM zu stellen. Das BfArM erteilte für solche Maskentypen im Zeitraum Mai bis 30.09.2020 Sonderzulassungen. Es stellte im Sommer 2020 für seinen Zuständigkeitsbereich allerdings fest, dass keine Mangelsituation mehr vorliege.[28] Die Sonderzulassungen wurden dann zum 30.09.2020 eingestellt.

b) Prüfgrundätze für die Sonderzulassung

Welche Anforderungen im Falle der Sonderzulassung galten und unter welchen Voraussetzungen und Bedingungen die Masken in Verkehr gebracht werden durften, war und ist weder gesetzlich noch auf Behördenebene geregelt. Für die Sonderzulassung galten jedenfalls die unter I. skizzierten Anforderungen nicht. Anders als bei PSA hat es der Gesetzgeber versäumt, die Anforderungen zumindest zu skizzieren. Klar war ausschließlich, dass es für diese Masken einen vereinfachten Prüfgrundsatz gab, auf dessen Grundlage das BfArM eine Sonderzulassung erteilen konnte. Auf Basis des seitens der ZLS veröffentlichten Prüfgrundsatzes für PSA[29] haben der TÜV NORD CERT GmbH und das BfArM einen an die

---

27 Gassner, in: Kluckert, Das neue Infektionsschutzrecht, § 1 Rn. 100; Willhöft/Schwind, MPR 2020, 46, 51; BT-Drs. 19/15620, 123.
28 https://www.bfarm.de/SharedDocs/Risikoinformationen/Medizinprodukte/DE/schutzmasken_sonderzulassung.html.
29 Hierzu näher unter II.3.

aktuelle Situation angepassten Prüfgrundsatz für medizinischen Mund-Nasen-Schutz entwickelt.[30] Die Erfüllung dieses Prüfgrundsatzes berechtigte nicht, die medizinischen Gesichtsmasken mit dem CE-Kennzeichen zu versehen, konnte jedoch als Nachweis der Leistungsfähigkeit beim Antrag auf eine Sonderzulassung gemäß § 11 Abs. 1 MPG dienen.

c) Allgemeine Abgabebeschränkungen

Zusätzlich zu Abweichungen bei den produktbezogenen Anforderungen kamen Abweichungen im Vertriebsweg hinzu.

(1) Abgabebeschränkung an Laien

Nach § 3 Abs. 1 Satz 2 Medizinprodukteabgabeverordnung (MPAV) ist eine Abgabe von Medizinprodukten, die nicht zur Anwendung durch Laien vorgesehen sind, nur an Fachkreise nach § 3 Ziff. 17 MPG zulässig, sofern keine ärztliche oder zahnärztliche Verschreibung vorliegt. Wenn also nach der Gebrauchsinformation eine Anwendung ausschließlich durch Ärzte/OP-Pfleger vorgesehen wäre, darf die Abgabe nicht an Dritte erfolgen. Auch bei den Vertriebswegen wäre sicherzustellen, dass ausschließlich eine Abgabe an die Fachkreise erfolgt. Ein Verstoß ist eine Ordnungswidrigkeit nach § 4 Abs. 3 Ziff. 2 MPAV und § 42 Abs. 2 Ziff. 16 MPG. Allgemeine Abgabebeschränkungen nach der MPAV gab es für die medizinischen Masken zu keinem Zeitpunkt.

(2) Abgabebeschränkung bei Sonderzulassung

Allerdings sahen die Vorgaben für die unter der Sonderzulassung in Verkehr gebrachten Masken Beschränkungen bei der Abgabe vor. Diese vorübergehende Verkehrsfähigkeit auf Grundlage der Sonderzulassung galt eine Zeit lang nur für die Verwendung durch medizinische und pflegerische Fachkräfte für die Dauer der Gesundheitsbedrohung durch die Corona-Pandemie. Eine generelle Verkehrsfähigkeit gab es jedenfalls für chirurgische Masken mit Sonderzulassung nicht. Ein Verkauf an Einzelhandelsunternehmen und Privatpersonen war demnach, so jedenfalls die Behördenangaben, nicht zulässig.

Dies ergab sich auch, jedenfalls mittelbar, aus Erwägungsgrund 25 der schon genannten Empfehlungen der Kommission zur COVID-19-Bedrohung: „Da

---

30 Abrufbar unter: https://www.bfarm.de/DE/Service/Presse/Themendossiers/Coronavirus/pruefgrundsatz_sars-cov-2-pandemie-tuev-nord.pdf;jsessionid=E357886DF048D7FE91A00E7325675706.1_cid354?__blob=publicationFile&v=2.

bestimmte Arten von PSA oder Medizinprodukten, die im Zusammenhang mit dem Ausbruch von COVID-19 eingesetzt werden, auch zu anderen Zwecken verwendet werden können, ist es notwendig, dass die Mitgliedstaaten alle angemessenen Maßnahmen treffen, um sicherzustellen, dass PSA oder Medizinprodukte ohne CE- Kennzeichnung, die gemäß Absatz 8 der vorliegenden Empfehlung auf dem Unionsmarkt in Verkehr gebracht werden dürfen, nur für medizinische Fachkräfte bereitgestellt werden". Konkret umgesetzt hatte der Bundesgesetzgeber diese Vorgabe für chirurgische Masken, also Medizinprodukte, allerdings zu keinem Zeitpunkt.

(3) Abgabebeschränkung nach dem Infektionsschutzgesetz?

Das Gesetz zum Schutz der Bevölkerung bei einer epidemischen Lage von nationaler Tragweite vom 27.03.2020[31] erlaubte es zudem den zuständigen Behörden gemäß § 5 Abs. 2 Nr. 4 IfSchG Maßnahmen zur Sicherstellung von u.a. Medizinprodukten vorzusehen, u.a.

- (lit. c) Maßnahmen zum Bezug, zur Beschaffung, Bevorratung, Verteilung und Abgabe solcher Produkte durch den Bund zu treffen sowie Regelungen zu Melde- und Anzeigepflichten,
- (lit. e) Regelungen zur Sicherstellung und Verwendung der genannten Produkte sowie bei enteignender Wirkung Regelungen über eine angemessene Entschädigung hierfür,
- (lit. f) ein Verbot, diese Produkte zu verkaufen, sich anderweitig zur Überlassung zu verpflichten oder bereits eingegangene Verpflichtungen zur Überlassung zu erfüllen sowie Regelungen über eine angemessene Entschädigung hierfür.
- (lit. g) Regelung zur Abgabe, Preisbildung, Erstattung und Vergütung.

Auf dieser Grundlage hat das BMG die Verordnung zu Abweichungen bestimmter Vorschriften im Gesundheitswesen infolge der SARS-CoV-2-Epidemie (SARS-CoV-2-Arzneimittelversorgungsverordnung) erlassen.[32] Hierin ist unter anderem in § 7 ein Verkaufs- und Verpflichtungsverbot vorgesehen. Zuwiderhandlungen sollen nach § 8 bußgeldbewehrt sein. § 7 der SARS-CoV2-Arzneimittelversorgungsverordnung sieht Folgendes vor:

---

31 https://dipbt.bundestag.de/extrakt/ba/WP19/2605/260577.html.
32 BAnz AT 21.04.2020 V1; geändert durch Erste Verordnung zur Änderung der SARS-CoV-2-Arzneimittelversorgungsverordnung vom 28.09.2020.

- Das BMG kann danach im Benehmen mit dem Bundesministerium für Wirtschaft und Energie (BMWi) anordnen, dass Produkte des medizinischen Bedarfs, worunter nach Absatz 4 u.a. Arzneimittel, Wirk-, Ausgangs- und Hilfsstoffe sowie Medizinprodukte fallen, einer Marktüberwachung durch das BMG unterliegen.
- Ferner sollen Hersteller und Vertreiber dieser Produkte verpflichtet werden, dem BMG oder einer von diesem Benannten Stelle auf Verlangen jederzeit und unverzüglich Auskünfte über die Bestände, die Produktion, den Vertrieb und die Preise der erfassten Produkte zu erteilen.
- Das BMG kann den Handel mit den bezeichneten Produkten einschränken und nähere Modalitäten für die Abgabe und die Preisfestsetzung treffen. Es soll gegenüber jedermann ein Verbot erlassen können, diese Produkte zu verkaufen, soweit dies zur Sicherstellung der Versorgung der Bevölkerung erforderlich ist. Das Verbot kann sich auch auf die anderweitige Verpflichtung zur Überlassung sowie auf die Überlassung zur Erfüllung bereits eingegangener Verpflichtungen erstrecken. Das BMG soll ferner anordnen können, dass ein solches Produkt, das mit einem Verkaufs- oder Verpflichtungsverbot belegt ist, zu einem behördlich festzusetzenden Preis an die Bundesrepublik Deutschland, ein Bundesland oder eine Kommune oder eine andere benannte juristische oder private Person abzugeben ist. Der behördlich festzusetzende Preis soll sich nach dem üblichen Verkaufspreis richten.

Ob und welche Anordnungen das BMG auf dieser Grundlage treffen wird, war zeitweilig nicht absehbar. Eine formelle Beschränkung seitens des BMG zur Abgabe von chirurgischen Masken ist jedenfalls nicht bekannt geworden.[33]

4. Folgen des unrechtmäßigen Inverkehrbringens

Für die Leistungserbringer und die Akteure in der Lieferkette waren die regulatorischen Vorgaben alles andere als banal und irrelevant. Die medizinprodukterechtlichen Regelungen sehen bei Verstößen gegen die regulatorischen Bestimmungen zahlreiche Sanktionen und Eingriffsmöglichkeiten der Behörden vor.

---

33 Auf der Grundlage ist etwa die Beschränkung der Abgabe von Paracetamol durch Apotheken erfolgt: BMG an AMK (E-Mail-Korrespondenz); BMG-Spahn Lieferengpässe Paracetamol (24. März 2020).

a) Potentielle Strafbarkeit

Sind die Grundlegenden Anforderungen nach § 7 MPG nicht erfüllt, darf für das Medizinprodukt keine EG-Konformitätserklärung ausgestellt werden. Ferner darf auf die Medizinprodukte auch kein CE-Kennzeichen angebracht werden. Es handelte sich vielmehr um eine unrechtmäßige Anbringung eines CE-Kennzeichens.[34] Neben behördlichen Maßnahmen nach §§ 27, 28 MPG a.f. kam eine Strafbarkeit nach Maßgabe des § 41 MPG a.F. in Betracht.[35] Danach stellte es eine Straftat dar, wenn ein Medizinprodukt mit einem CE-Kennzeichen versehen wird, obwohl die Voraussetzungen hierfür nach der MPV nicht vorliegen (§ 41 Ziff. 3 MPG). Vom Sinn und Zweck der Regelung wollte der Gesetzgeber verhindern, dass Produkte mit einem CE-Kennzeichen, das den objektiven Betrachter in Sicherheit wiegt, versehen werden, obwohl diese noch gar nicht geprüft sind bzw. man nicht weiß, ob diese den grundlegenden Anforderungen genügen. Durch das CE-Kennzeichen wird der objektive Anschein der Sicherheit und Verkehrsfähigkeit erweckt. Die Vorschrift stellte denjenigen unter Strafe, der das CE-Kennzeichen aufbringt. Darüber hinaus machte sich strafbar, wer entgegen § 4 Abs. 2 Satz 1 in Verbindung mit Satz 2 MPG a.F. ein Medizinprodukt in den Verkehr brachte. Nach § 4 Abs. 2 MPG a.F. war es wiederum verboten, Medizinprodukte in den Verkehr zu bringen, wenn sie mit irreführender Bezeichnung, Angabe oder Aufmachung versehen sind. Eine Irreführung liegt insbesondere dann vor, wenn

1. Medizinprodukten eine Leistung beigelegt wird, die sie nicht haben,
2. Fälschlich der Eindruck erweckt wird, dass ein Erfolg mit Sicherheit erwartet werden kann oder dass nach bestimmungsgemäßem oder längerem Gebrauch keine schädlichen Wirkungen eintreten,
3. zur Täuschung über die in den Grundlegenden Anforderungen nach § 7 festgelegten Produkteigenschaften geeignete Bezeichnungen, Angaben oder Aufmachungen verwendet werden, die für die Bewertung des Medizinproduktes mitbestimmend sind.

Das könnte bei Masken, die die bezweckte Schutzwirkung nicht entfalten, der Fall sein. Entsprechende Masken durften daher weder als Medizinprodukt noch mit einer CE-Kennzeichnung, die auf ein solches hinweist, in Verkehr gebracht werden.[36] Der Straftatbestand des § 41 Abs. 2 Nr. 1, 2 MPG a.F. konnte

---

34 Vgl. *Hill/Schmitt*, Medizinprodukterecht (WiKo) Kommentar, § 6 MPG Rn. 4 und § 7 MPG Rn. 4 sowie § 27 MPG Rn. 2.
35 Esser/Tsambikakis, Pandemiestrafrecht, 1. Aufl. 2020 Rn. 31.
36 Vgl. LG Bonn, Urteil v. 09.12.2020, Az. 1 O 275/20, juris Rn. 48 ff.

ansonsten erfüllt werden. Dasselbe gilt im Wesentlichen unter der Geltung der MDR nach § 92 Abs. 1 Nr. 2 i.V.m. § 12 Satz 1 Nr. 1 MPDG.

b) Behördliche Verfügungen

Trug ein Produkt unzulässigerweise die CE-Kennzeichnung als Medizinprodukt, hatte die zuständige Behörde gemäß § 27 Abs. 2 MPG a.F. das Inverkehrbringen dieses Produktes einzuschränken, von der Einhaltung bestimmter Auflagen abhängig zu machen, zu untersagen oder zu veranlassen, dass das Produkt vom Markt genommen wird.[37] Dies galt auch für den Fall, dass das betroffene Produkt nicht unter das Regelungsregime des MPG fiel. Ansonsten würde § 27 Abs. 2 MPG a.F. ins Leere laufen[38]. Eine Wirkung für weitere Mitgliedstaaten entfaltet eine solche Untersagungsverfügung bzw. andere Maßnahme allerdings nicht. Einer solchen Wirkung steht das völkerrechtliche Territorial- oder Territorialitätsprinzip entgegen. Für solche Fälle sieht das Medizinproduktegesetz eine Unterrichtung der Kommission und der übrigen Mitgliedstaaten vor, die auf der Grundlage dann weitere Maßnahmen ergreifen können.[39]

5. Zwischenfazit

Im Frühjahr 2020 standen in Europa und Deutschland kaum verkehrsfähige Masken zur Verfügung. Demgegenüber bestand das zwingende Bedürfnis, Schutzmaßnahmen gegen die Verbreitung eines noch recht unbekannten Virus zu treffen. Während die Europäische Kommission mit der Empfehlung von März 2020 relativ schnell reagierte und Ausnahmen von den Standards zuließ, blieb in Deutschland relativ lange unklar, ob und unter welchen Voraussetzungen die sogenannten Sonderzulassungen für Medizinprodukte durch das BfArM erteilt werden. Zu den Ausnahmen und Prüfgrundsätzen der für die Sonderzulassungen kamen Ausnahmen auf regulatorischer Ebene bei Kennzeichnung und producterechtlichen Vorgaben zum Tragen. Viele Monate lang blieb offen und vage, ob und an welchen Adressatenkreis die chirurgischen Masken mit Sonderzulassung vertrieben werden können. Das fehlende einheitliche Vorgehen von Behörden und BMG führte zu großer Verunsicherung.

---

37 Vgl. zur Rücknahme von Atemschutzmasken mit unzutreffender CE-Kennzeichnung aus dem Handel OVG Lüneburg, Beschluss v. 09.12.2020, Az. 13 ME 468/20, juris Rn. 23.
38 OVG Niedersachsen, Urteil vom 17.12.2019, Az. 13 LB 135/19, PharmR 2020, 76 ff.
39 Vgl. hierzu auch Hubusch/Ochs, MedR 2020, 911, 912.

III. Verkehrsfähigkeit von PSA

Nicht viel anders sah die Situation bei den FFP-Masken aus. Im Grundsatz folgt die Verkehrsfähigkeit von Persönlicher Schutzausrüstung unter anderem den skizzierten Voraussetzungen der Verkehrsfähigkeit von Medizinprodukten. Für die Verkehrsfähigkeit der FFP-Masken galten, anders als bei Medizinprodukten, schon zu Beginn der Pandemie ausschließlich europäische Verordnungen. An den nationalen Umsetzungen der Ausnahmebestimmungen während der Pandemie hat dies allerdings nichts geändert.

1. Produktbezogene Anforderungen

Grundsätzlich müssen PSA, um rechtmäßig in Europa in den Verkehr gebracht zu werden, ein Konformitätsbewertungsverfahren gemäß der Verordnung 2016/425 („PSA-Verordnung") durchlaufen haben, nach dessen Abschluss sie vom Hersteller mit einem CE-Kennzeichen versehen werden.[40] In Art. 19 der PSA-Verordnung sind die spezifischen Konformitätsbewertungsverfahren für die verschiedenen Kategorien von PSA festgelegt. Gemäß diesem Artikel sollten PSA der Kategorie III, etwa solche, die zum Schutz gegen schädliche biologische Agenzien entworfen wurden, einer bestimmten Kombination von Konformitätsbewertungsverfahren unterzogen werden, die in den Anhängen V, VII und VIII derselben Verordnung beschrieben werden. Für jedes der verschiedenen Konformitätsbewertungsverfahren, die eingesetzt werden dürfen, ist eine Konformitätsbewertung durch eine unabhängige dritte Stelle obligatorisch. Dies ist ein großer Unterschied im Vergleich zu den chirurgischen Masken, die als Medizinprodukte der Klasse I gar nicht durch eine dritte Stelle geprüft werden müssen. Zu einer deutlich besseren Qualität der FFP-Masken, die in den ersten Monaten der Pandemie in Verkehr gebracht wurden, hat dies allerdings nicht geführt. Für PSA mit einer Risikoeinstufung von II oder III muss eine dafür zugelassene Prüfstelle in Europa (sog. „Notified Bodies") die Konformitätsbewertung vornehmen. „Notified Bodies" (NB), die für die Konformitätsbewertung zugelassen sind, sind in der NANDO-Datenbank[41] zu finden.

---

40 https://eur-lex.europa.eu/legal-content/DE/TXT/PDF/?uri=CELEX:32016R0425&from=DE.
41 Abrufbar unter: https://ec.europa.eu/growth/tools-databases/nando/index.cfm?fuseaction=notifiedbody.main.

Bei erfolgreichem Abschluss der Konformitätsbewertung stellt die Prüfstelle eine entsprechende Bestätigung aus („EU Type-Examination Certificate"). Der NB muss gemeinsam mit seiner vierstelligen Identifikationsnummer auf der „CE Declaration of Conformity", der EG-Konformitätserklärung angegeben sein.

Als Sicherheits- und Leistungsstandard für Masken müssen diese hierzu die Anforderungen der Norm DIN 149:2001–10 „Atemschutzgeräte – Filtrierende Halbmasken zum Schutz gegen Partikeln – Anforderungen, Prüfung, Kennzeichnung" erfüllen. FFP-2 Masken müssen mindestens 94 % der der Luftpartikel filtern.[42] Erst dann dürfen und müssen Hersteller die CE-Kennzeichnung gut sichtbar, leserlich und dauerhaft auf der PSA anbringen.

Auf jeder einzelnen Maske ist die folgende Kennzeichnung anzubringen:

- der Name des Herstellers oder sein eindeutiges Logo
- die Bezeichnung der Maske
- die aktuelle DIN-Norm (EN 149:2001 + A1:2009)
- der Typ der Maske (z.B. "FFP2 NR")
- das CE-Zeichen mit nachfolgender vierstelliger Nummer der Prüfstelle

Nach Art. 4 der PSA-Verordnung dürfen PSA nur dann auf dem Markt bereitgestellt werden, wenn sie bei angemessener Wartung und bestimmungsgemäßer Verwendung dieser Verordnung entsprechen und nicht die Gesundheit oder Sicherheit von Personen, Haustieren oder Eigentum gefährden.

2. Ausnahmen während der Corona-Pandemie

Auch für die als PSA einzustufenden Masken gab es wie bei Medizinprodukten Ausnahmen und Sonderzulassungen, die insbesondere zu Beginn der Pandemie relevant waren.

Anknüpfungspunkt war auch hier die Empfehlung (EU) 2020/403 vom 13.03.2020 über Konformitätsbewertungs- und Marktüberwachungsverfahren im Kontext der COVID-19-Bedrohung[43], mit der die Europäische Kommission den zuständigen Behörden der Mitgliedstaaten unter anderem die Möglichkeit eröffnet hatte, die Bereitstellung von Atemschutzmasken auf den Unionsmarkt für einen begrenzen Zeitraum zu genehmigen. Voraussetzung hierfür war, dass

---

42 https://www.bfarm.de/SharedDocs/Risikoinformationen/Medizinprodukte/DE/schutzmasken.html.
43 https://eur-lex.europa.eu/legal-content/EN/TXT/PDF/?uri=CELEX:32020H0403&from=DE.

die Atemschutzmasken ein angemessenes Gesundheits- und Sicherheitsniveau gewährleisten.[44]

Anhaltspunkte für die Verkehrsfähigkeit gab zunächst ein unverbindliches Informationspapier des BAUA mit dem damaligen Stand vom April 2020.[45] Die Zentralstelle der Länder für Sicherheitstechnik (ZLS) veröffentlichte zudem rasch auf ihrer Homepage einen vereinfachten Prüfgrundsatz für partikelfiltrierende Halbmasken[46]. Der Prüfgrundsatz wurde vom Institut für Arbeitsschutz der DGUV (IFA) und der DEKRA Testing and Certification GmbH – ausgehend von den Prüfungen in der Norm DIN EN 149:2001+A1:2009 – im Kontext der Empfehlungen der Europäischen Kommission entwickelt.[47]

Ob und welche Voraussetzungen in Deutschland tatsächlich gelten sollten, war zu Beginn der Pandemie in den Monaten März/April 2020 allerdings noch nicht endgültig absehbar. Erst zum 06.04.2020 ist der Referentenentwurf zur Verordnung zur Sicherstellung der Versorgung der Bevölkerung mit Produkten des medizinischen Bedarfs bei der durch das Coronavirus SARS-COV-II verursachten Epidemie („MedBVSV") veröffentlicht worden.[48] In der Zwischenzeit herrschte auf dem Markt Unsicherheit darüber, welche Maskentypen denn nun zulässig in den Verkehr gebracht werden dürfen.

In Kraft getreten ist die MedBVSV allerdings erst am 26.05.2020.[49] Ausnahmen von dem Erfordernis des Nachweises eines nach der PSA-Verordnung durchlaufenen Konformitätsbewertungsverfahrens enthalten § 9 Abs. 1, 2 MedBVSV.

a) Verkehrsfähigkeit in anderen Staaten (§ 9 Abs. 1 MedBVSV)

PSA-Masken, die nachweislich im US-amerikanischen, Kanadischen, Japanischen oder Australischen Markt verkehrsfähig sind, durfte ein Wirtschaftsakteur gem. § 9 Abs. 1 MedBVSV auch ohne CE-Kennzeichnung (und damit auch ohne das Vorliegen der Voraussetzungen nach der PSA-Verordnung) einführen.

44　Vgl. VG Düsseldorf, Beschluss v. 19.02.2021, Az. 3 L 11/21, juris Rn. 13.
45　httos://www.baua.de/DE/Angebote/Publikationen/Atkuell/2-2020.pdf?__blob= publicationFile&v=5.
46　www.zls-muenchen.de.
47　www.bund.de.
48　https://www.bundesgesundheitsministerium.de/fileadmin/Dateien/3_Downloads/ Gesetze_und_Verordnungen/GuV/M/MedBVSV_RefE.pdf; vgl. zur zweifelhaften Rechtsgrundlage Gassner/ Ponader, CovuR 2020, 465.
49　https://www.bundesgesundheitsministerium.de/fileadmin/Dateien/3_Downloads/ Gesetze_und_Verordnungen/GuV/M/MedBVSV.pdf

Die Nachweise sind bei der Einfuhr auf Verlangen der Marktüberwachungsbehörde vorzulegen. Auch hier muss aus den Nachweisen erkennbar sein, dass sie sich auf das konkrete Produkt und den konkreten Hersteller beziehen (Modellnummer und Hersteller auf Produkt und Zertifikat). Prüfberichte und Zertifikate von Prüfstellen sind belastbar, sofern die Prüfstellen eine entsprechende Akkreditierung für Atemschutzmasken aufweisen können.

Eine Übersicht über die Standards und Erfüllung der in den in § 9 Abs. 1 MedBVBS genannten Standards hatte die BAUA mit einem unverbindlichen Informationspapier im Juni 2020, zuletzt März 2021 aktualisiert, abgebildet.[50] Danach müssen die nach § 9 Abs. 1 MedBVBS verkehrsfähigen Masken von den dort genannten Akkreditierungsstellen freigegeben worden und damit die Verkehrsfähigkeit nach den Standards in den Ländern bestätigt worden sein. Hierzu lassen sich über staatliche Internetplattformen die entsprechenden Akkreditierungen oder sogar die Produktzulassungen überprüfen.[51]

b) Schnellverfahren / Prüfungsgrundsatz (§ 9 Abs. 2 MedBVSV)

PSA ohne CE-Kennzeichnung und ohne einen Nachweis nach § 9 Abs. 1 MedBVSV konnte der Wirtschaftsakteur gemäß Absatz 2 in den Verkehr bringen, wenn eine bestimmte Prüfstelle per Schnellprüfung die Marktfähigkeit nachweist. Dies erfolgt auf Grundlage eines von der DEKRA und der IFA entwickelten Prüfungsgrundsatzes für die SARS-Cov-2 Pandemie. Diese Prüfgrundsätze beschreiben die minimalen Anforderungen und Prüfverfahren. Zugelassene Masken heißen SARSCov-2-Virus Pandemie Atemschutzmasken (CPA). Diese CPA sind keine persönliche Schutzausrüstung gemäß PSA Verordnung (EU) 2016/425. Die CPA sind nicht gleichwertig mit Atemschutzmasken, die eine Prüfung nach DIN EN 149 bestehen und auf Basis der PSA VO (EU) 2016/425 zugelassen werden.

Auf Basis einer bestandenen Prüfung, kann die zuständige Marktüberwachungsbehörde in diesen Fällen die auf die Verwendung für den Infektionsschutz eingeschränkte Verkehrsfähigkeit der Atemschutzmasken, begrenzt auf die Dauer der derzeitigen epidemischen Lage, feststellen. PSA ohne CE-Kennzeichnung und ohne einen Nachweis nach § 9 Abs. 1 MedBVSV kann der Wirtschaftsakteur gemäß Absatz 2 in den Verkehr bringen, wenn eine

---

50 https://www.baua.de/DE/Themen/Arbeitsgestaltung-im-Betrieb/Coronavirus/pdf/Kennzeichnung-Masken.pdf?__blob=publicationFile&v=7.
51 Beispiel: Datenbank des US amerikanischen ‚Centers for Disease Control and Prevention' (CDC), abzurufen unter: https://wwwn.cdc.gov/niosh-cel/.

bestimmte Prüfstelle per Schnellprüfung die Übereinstimmung mit den grundlegenden Gesundheitsschutz- und Sicherheitsanforderungen nach Anhang II der Verordnung (EU) 2016/425 vergleichbares Gesundheits- und Sicherheitsniveau bestätigt hat.[52]

Beide Ausnahmeregelungen gingen und gehen daher grundsätzlich von einer Verkehrsfähigkeit bei Erfüllung der Leistungs- und Schutzstandards der PSA-Verordnung aus.[53] Diese Marktfähigkeit gilt in diesem Fall also temporär und nur unter Einschränkungen.

Gem. § 9 Abs. 3 MedBVSV sind PSA, die die zuständige Marktüberwachungsbehörde als verkehrsfähig ansieht, mit einer Bestätigung zu versehen, die jeder Abgabeeinheit beizufügen ist und Auskunft darüber gibt, dass es sich um persönliche Schutzausrüstungen handelt, die nach Absatz 2 Satz 1 MedBVSV und nicht nach der Verordnung (EU) 2016/425 bereitgestellt werden. Diese Bestätigung fand sich allerdings nur sehr vereinzelt bei den angeblich auf dieser Grundlage in Verkehr gebrachten FFP-Masken, deren Verkehrsfähigkeit seitens zahlreicher Importeure dennoch versichert worden ist.

c) Vorliegen einer Mangelsituation

Gem. § 9 MedBVSV ist eine der Voraussetzungen für ein Inverkehrbringen von Masken ohne CE-Kennzeichnung, dass eine Mangelsituation vorliegt. BfArM und das Bundesministeriums für Arbeit und Soziales (BMAS) haben je für ihren Zuständigkeitsbereich festgestellt, dass eine solche Mangelsituation inzwischen nicht mehr besteht. Seit dem 01. Oktober 2020 liegen daher die Voraussetzungen nach § 9 Abs. 1, 2 MedBVSV **nicht** mehr vor.[54]

Auf Grundlage der Feststellungen durch das BfArM und das BMAS haben die Marktüberwachungsbehörden der Länder am 06.08.2020 beschlossen, dass der Prüfgrundsatz für Atemschutzmasken mit Ablauf des 30.09.2020 von der Homepage der koordinierenden Zentralstelle ZLS genommen wird. Ab diesem Zeitpunkt haben die Marktüberwachungsbehörden keine Bestätigungen der Verkehrsfähigkeit mehr ausgestellt. Es erging insoweit am 11.08.2020 mit Wirkung zum 01.10.2020 der Beschluss, dass Ausnahmemöglichkeiten und Entscheidungen nach § 9 Abs. 1 und 2 MedBVSV nicht mehr anzunehmen sind.[55]

---

52 Vgl. LG Bonn, Urteil v. 09.12.2020, Az. 1 O 275/20, juris Rn. 72.
53 Vgl. hierzu VG Stade, Beschluss v. 20.10.2020, Az. 6 B 1479/20, juris Rn. 52.
54 Vgl. etwa www.bfarm.de / www.zls.muenchen.de/corona/index.htm.
55 https://www.zls-muenchen.de/Corona/Atemschutzmasken/201001_AAMue_FFP%20Masken.pdf.

Eine Heilung durch Nachholung einer in § 9 Abs. 2 MedBVBS geforderten Prüfung ist nicht möglich, da die Ausnahmevorschriften seit dem 01.10.2020 nicht mehr gelten und auch keine Prüfverfahren mehr durchgeführt werden.

Corona-Pandemie-Atemschutzmasken (CPA), die vor dem 1.10.2020 nach § 9 MedBVSV in Verkehr gebracht worden sind, dürfen auch nach dem 30.09.2020 weiterhin vertrieben und gemäß § 9 Abs. 4 MedBVSV vom Arbeitgeber ausgewählt und zur Verfügung gestellt werden. Alle bereits erteilten Sondererlaubnisse behalten somit ihre Gültigkeit.

d) Verkehrsfähigkeit nach der Schutzmaskenverordnung

Weitere Ausnahmen bzw. Verwirrung begründeten die Sonderregelungen für die Bereitstellung von nicht CE-zertifizierten Masken nach der Schutzmaskenverordnung vom 15.12.2020[56], deren Ziel es war, möglichst viele Risikogruppen mit Schutzmasken zu versorgen. Ein Auszug aus der Anlage der Schutzmaskenverordnung ist nachfolgend abgedruckt:

---

56 BAnz. AT 15.12.2020, U1.

Bundesanzeiger
Herausgegeben vom
Bundesministerium der Justiz
und für Verbraucherschutz
www.bundesanzeiger.de

Verkündung
Veröffentlicht am Dienstag, 15. Dezember 2020
BAnz AT 15.12.2020 V1
Seite 5 von 5

Anlage

Abgabefähige Schutzmasken

Nach § 2 Absatz 3 sind folgende Schutzmasken abgabefähig:

Maskentyp	Standard (Teil der Kennzeichnung)	Weitere Kennzeichnungsmerkmale	Zielland
FFP2 oder vergleichbar	CE-Kennzeichnung mit nachgestellter Kennnummer der notifizierten Stelle	gemäß Verordnung (EU) 2016/425, z. B. Schutzklasse FFP2 Gebrauchsdauer Herstellerangaben Verweis auf DIN EN 149:2001+A1:2009 oder vergleichbar EU-Konformitätserklärung Anleitung und Information	EU
N95	NIOSH-42CFR84	Modellnummer Lot-Nummer Maskentyp Herstellerangaben TC-Zulassungsnummer	USA und Kanada
P2	AS/NZS 1716-2012	Identifizierungsnummer oder Logo der Konformitätsbewertungsstellen	Australien und Neuseeland
DS2	JMHLW-Notification 214, 2018	https://www.baua.de/DE/Themen/Arbeitsgestaltung-im-Betrieb/Coronavirus/pdf/Kennzeichnung-Masken.pdf?__blob=publicationFile&v=10 https://www.jaish.gr.jp/horei/hor1-y/hor1-y-13-11-3_1.pdf https://www.jaish.gr.jp/horei/hor1-y/hor1-y-13-11-3_2.pdf	Japan
CPA	Prüfgrundsatz für Corona SARS-Cov-2 Pandemie Atemschutzmasken (CPA)	Bescheinigung der Marktüberwachungsbehörde nach § 9 Absatz 3 MedBVSV	Deutschland

Die Schutzmaskenverordnung ging von einer Verkehrsfähigkeit von amerikanischen, kanadischen, australischen oder japanischen Masken (ähnlich § 9 Abs. 1 MedBSV) sowie der Verkehrsfähigkeit der sog. CPA-Masken aus. Dies erstaunte zu dem Zeitpunkt sehr, da das BfArM zusammen mit dem BMAS die Mangelsituation an Masken schon zum 30.09.2020 als beendet angesehen hatte und das Verfahren bei den Marktüberwachungsbehörden daraufhin eingestellt worden ist (hierzu soeben unter 3). Ob und inwieweit die Behörden auf der Grundlage der Schutzmaskenverordnung nochmals Sonderzulassungen nach § 9 Abs. 2, 3 MedBVSV erteilt haben, ist nicht bekannt.

e) Etablierung eines Sondervertriebsweges

Neben den Ausnahmen für den regulären Vertriebsweg etablierte das Bundesgesundheitsministerium über die Bundesländer einen Parallelvertriebsweg, der im Verlauf des Jahres 2021 für viel Unmut und Wirbel sorgte.[57] Beschaffung und Vertrieb durch den Bund erfolgten auf Grundlage des § 5 Abs. 2 Infektionsschutzgesetz i.V.m. der Medizinproduktebeschaffungsverordnung (MPBeschaffV). BRD und Länder gelten hiernach als regulatorischer Einführer. Produkte dürfen nur an vom BMG genannten Personenkreis abgegeben werden. Sie dürfen nicht in den normalen Vertriebsweg gelangen. Die Verteilung erfolgte an Länder, die die Masken wiederum an Krankenhäuser und Pflegeeinrichtungen lieferten, und teils an die Kassenärztlichen Vereinigungen (KVen). Statt sich an dem allgemeinen Prüfgrundsatz für CPA-Masken zu orientieren, wurden die vom BMG beschafften Masken nach einem weiteren Prüfungsgrundsatz geprüft. Auch hier war die Kommunikation zwischen Bund und Ländern nur unzureichend.[58]

Aufgrund der hohen Verfügbarkeit der KN95-Masken, die von Bund und Ländern beschafft worden sind, gab es zeitweilig sogar eine Verkehrsfähigkeit von KN95-Masken z.B. über die SARS-CoV-2-Arbeitsschutzverordnung (bis 03/2021).[59] Der Verordnungsgeber korrigierte allerdings diesen Fehler sehr rasch. In der seit dem 21.04.2021 geltenden SARS-CoV-2-Arbeitsschutzverordnung (Corona-ArbSchV) ist von diesem Maskentyp keine Rede mehr. Inzwischen sind die vom BMG beschafften Schutzmasken als solche in der nationalen Reserve Gesundheitsschutz in § 5b des Infektionsschutzgesetzes verankert. Danach müssen die in der nationalen Reserve Gesundheitsschutz vorgehaltenen Schutzmasken einem in der Anlage genannten Maskentyp entsprechen. Hier sind die nach dem Prüfgrundsatz von BMG/BfArM und TÜV-Grundsätzen vom Bund im Rahmen seiner hoheitlichen Aufgaben nach § 1 Abs. 1 und 2 der Verordnung vom 08.04.2020 beschaffte Schutzmasken als sogenannte Corona-Pandemie-Infektionsschutzmasken (CPI) ausgewiesen. Nach eigenen Angaben des BMG entspricht der CPI-Prüfmaßstab den wesentlichen Anforderungen, die für die Maskentypen FFP und KN95 gelten. Nach Angaben des BMG sind diese als deckungsgleich mit dem vom BMAF vereinfachten Prüfgrundsatz für die CPA-Masken anzusehen.[60]

---

57 Vgl. etwa Berichterstattung in DÄBl., Heft 37, Sept. 2020, A 1660 über fehlerhafte Masken.
58 Vgl. BT-Drs. 19/23045.
59 So noch der Referentenentwurf, abrufbar unter: https://www.bmas.de/DE/Service/Gesetze-und-Gesetzesvorhaben/sars-cov-2-arbeitsschutzverordnung.html.
60 Faktenblatt zur aktuellen Berichterstattung rund um das Thema Schutzmasken vom BMG, 6.6.21, abrufbar unter https://www.bundesgesundheitsministerium.de/coronavirus/faktenblatt-schutzmasken.html.

f) Sonderfall: KN-95 Masken

Beim Import und dem Vertrieb von KN95-Masken aus China mussten und müssen diese den EU-Standards nach Art. 10 VO (EU) 2016/425 entsprechen und eine CE-Kennzeichnung („CE Declaration of Conformity") aufweisen. Entgegen der weitläufig verbreiteten Auffassung unter den Gesundheitsakteuren war dieser Masken-Typ allerdings zu keinem Zeitpunkt ohne gesonderte Zulassung nach § 9 Abs. 2, 3 MedBVSV verkehrsfähig.

Zwar entspricht nach dem Informationspapier des BAUA der chinesische Maskentyp KN 95 mit dem Standard GB2626-2006 im Wesentlichen den Anforderungen der amerikanischen Masken N95.[61] Das Papier enthält auch Informationen zur Kennzeichnung der Masken und zu den weiteren, den Masken beigefügten Informationen aus China und Südkorea nach dem Standard KN95 (China GB 2626-2006 und GB 19083-2010). Nach dem Informationspapier entspricht der chinesische Maskentyp KN95 im Wesentlichen den Anforderungen der amerikanischen Masken N95 und wäre demnach als verkehrsfähig anzusehen. Bei den Maskentypen FFP 2 und KN 95 handelt es sich ebenfalls um vergleichbare Standards von Maskentypen, die sich im Wesentlichen im Herkunftsland bzw. dem Land der Kennzeichnung der Masken unterscheiden. Gleichwohl fielen diese Masken nicht unter die Erleichterung des § 9 Abs. 1 MedBVSV. Trotz kurzzeitiger Nennung dieses Maskentyps in der SARS-CoV-2-Arbeitsschutzverordnung, waren diese bezogen über übliche Vertriebswege ebenfalls ohne Sonderzulassung zu keinem Zeitpunkt verkehrsfähig.

g) Keine Abgabebeschränkungen

Abgabebeschränkungen hinsichtlich der PSA wurden zu keinem Zeitpunkt bekannt gemacht.

h) Zwischenfazit

Die Undurchsichtigkeiten in der Kommunikation, die wenig aufeinander abgestimmten Regelungen und der Sondervertriebsweg des BMG führte alles in allem zu einer massiven Verunsicherung. In der hier in Rede stehenden Zwischenzeit war es selbst für ausgewiesene Fachleute kaum nachvollziehbar, welche Regelungen im Einzelfall gelten.

---

61 https://www.baua.de/DE/Themen/Arbeitsgestaltung-im-Betrieb/Coronavirus/pdf/Kennzeichnung-Masken.pdf?__blob=publicationFile&v=12.

3. Händlerpflichten

All diese Unwägbarkeiten führten auch deshalb zu Unsicherheiten in den Lieferketten, weil auch die Pflichten der Händler, also auch von Großhandel und Apotheken in Art. 11 PSA-Verordnung sehr ausdifferenziert geregelt sind.

a) Prüfpflichten

Nach Art. 11 Abs. 1 PSA-Verordnung berücksichtigen die Händler die Anforderungen der Verordnung mit gebührender Sorgfalt. Nach Art. 11 Abs. 2 haben die Händler insbesondere vor der Bereitstellung auf dem Markt zu überprüfen, ob die PSA mit der CE-Kennzeichnung versehen ist, ob ihr die erforderlichen Unterlagen sowie die Anleitung und die Information nach Anhang II Nr. 1.4 in einer Sprache beigefügt sind, die von den Verbrauchern und sonstigen Endnutzern in dem Mitgliedstaat, in dem die PSA auf dem Markt bereitgestellt werden soll, leicht verstanden werden kann und ob der Hersteller und der Einführer die Anforderungen des Art. 8 Abs. 5 und 6 bzw. des Art. 10 Abs. 3 erfüllt haben. Für den Händler gelten also insbesondere die folgenden Pflichten:

1. Prüfung der CE-Kennzeichnung
   Händler haben gemäß Art. 11 Abs. 2 der PSA-Verordnung zunächst zu überprüfen, ob die CE-Kennzeichnung auf dem Produkt aufgebracht ist.
2. Prüfung der Unterlagen
   Darüber hinaus haben die Händler zu prüfen, ob dem Produkt die erforderlichen Unterlagen beigefügt sind. Dies beinhaltet auch die vom Hersteller nach Art. 8 Abs. 8 der PSA-Verordnung beizufügende oder über eine auf Anleitung und Information anzugebende Internetadresse, auf der die Konformitätserklärung abgerufen werden kann.
3. Prüfung der Anleitungen und Informationen in deutscher Sprache
   Händler müssen zudem nach Art. 11 Abs. 2 der PSA-Verordnung prüfen, ob die nach Anhang II Ziffer 1.4. erforderlichen Anleitungen und Information, die der PSA beigefügt sind, in einer für den Endverbraucher einfachen Sprache abgefasst sind. Anhang II Ziff. 1.4. beinhaltet unter anderem die folgenden Informationen:
   Anleitungen für Lagerung, Nutzung, Reinigung, Wartung, Überprüfung und Desinfizierung.
   a) (...)
   b) das Risiko, vor dem die PSA schützen soll;
   c) die Fundstelle der vorliegenden Verordnung und gegebenenfalls die Fundstellen anderer Harmonisierungsrechtsvorschriften der Union;

d) Name, Anschrift und Kennnummer der notifizierten Stelle(n), die an der Konformitätsbewertung für die PSA beteiligt war(en);
e) die Fundstellen der verwendeten einschlägigen harmonisierten Norm(en), einschließlich des Datums der Norm(en), oder die Fundstellen sonstiger verwendeter technischer Spezifikationen;
f) die Internet-Adresse, über die die EU-Konformitätserklärung zugänglich ist. Die Informationen nach den Buchstaben i, j, k und l müssen nicht in der vom Hersteller ausgehändigten Anleitung enthalten sein, wenn die EU-Konformitätserklärung der PSA beiliegt.

Art. 8 Abs. 7 der PSA-Verordnung überlässt es wiederum den Mitgliedstaaten, in welchen Sprachen die jeweilige Anleitung für den Endverbraucher nach Anhang II Nr. 1.4 beizufügen ist. Nationale Vorgaben zur Umsetzung der PSA-Verordnung enthält in Deutschland das PSA-Durchführungsgesetz (PSA-DG). Nach § 7 Abs. 1 sind bei PSA die folgenden Unterlagen in deutscher Sprache abzufassen:

1. die Anleitung und die Informationen nach Art. 8 Abs. 7 S. 1 der PSA-Verordnung,
2. die Anleitung und die Information nach Art. 10 Abs. 4 der PSA-Verordnung sowie die EU-Konformitätserklärung nach Art. 15 Abs. 2 S. 2 der PSA-Verordnung.

Grundsätzlich sind also die Informationen und Unterlagen in deutscher Sprache beizufügen. Ausnahmen von diesem Grundsatz enthielt § 9 MedBVSV, nach dem die Masken nach Bestätigung der Marktüberwachungsbehörde auch ohne die einzelnen Anforderungen an die PSA-Verordnung in den Verkehr gebracht werden durften.

b) Ggf. Rückrufpflichten

Händler, die der Auffassung sind oder Grund zu der Annahme haben, dass eine von ihnen auf dem Markt bereitgestellte PSA nicht der Verordnung entspricht, sorgen gemäß Art. 10 Abs. 4 der PSA-Verordnung dafür, dass die Korrekturmaßnahmen ergriffen werden, die erforderlich sind, um die Konformität der PSA herzustellen oder rufen die PSA gegebenenfalls zurück. Außerdem unterrichten die Händler, wenn mit der PSA Risiken verbunden sind, unverzüglich die zuständigen nationalen Behörden der Mitgliedstaaten, in denen sie die PSA auf dem Markt bereitgestellt haben, darüber und machen dabei ausführliche Angaben, insbesondere über die Nichtkonformität und die ergriffenen Korrekturmaßnahmen.

Ob die Masken zurückzunehmen sind, richtet sich im Wesentlichen nach dem damit für den Nutzer verbundenen Risiko. Soweit die Masken die tatsächlich getestete und ausgelobte Filterwirkung haben, ist eine hiervon ausgehende Gesundheitsgefahr als gering anzusehen. Eine Rückrufpflicht ist dann wahrscheinlich, hängt aber auch davon ab, an welche Adressaten die Masken verkauft worden sind. Die Überwachungsbehörde kann im Zweifel allerdings einen entsprechenden Rückruf durchsetzen.

4. Pflichten des Einführers

Die Pflichten des Einführers können über die Pflichten des Händlers noch hinausgehen. Die Einführer bringen nach Art. 10 Abs. 1 der PSA-Verordnung nur konforme PSA in Verkehr. Nach Art. 10 Abs. 2 der PSA-Verordnung gewährleisten die Einführer, dass das einschlägige, in Art. 19 genannte Konformitätsbewertungsverfahren vom Hersteller durchgeführt worden ist. Gibt es Hinweise darauf, dass die Masken nicht verkehrsfähig sind, hat der Einführer weitere Pflichten zu erfüllen. Die Pflichten des Einführers in einem solchen Fall regeln Art. 10 Abs. 2 und 7 der PSA-Verordnung. Ist ein Einführer der Auffassung oder hat er Grund zu der Annahme, dass eine PSA nicht mit den anwendbaren grundlegenden Gesundheitsschutz- und Sicherheitsanforderungen nach Anhang II übereinstimmt, darf er diese gemäß Art. 10 Abs. 2 Unterabsatz 2 Satz 1 der PSA-Verordnung nicht in Verkehr bringen, bevor die Konformität der PSA hergestellt ist. Wenn mit der PSA ein Risiko verbunden ist, unterrichtet der Einführer außerdem den Hersteller und die Marktüberwachungsbehörden hiervon.

Weitere Pflichten des Einführers bei Feststellung der Nichtkonformität enthält Art. 10 Abs. 7 der PSA-Verordnung. Einführer, die der Auffassung sind oder Grund zu der Annahme haben, dass eine von ihnen in Verkehr gebrachte PSA nicht dieser Verordnung entspricht, ergreifen unverzüglich die erforderlichen Korrekturmaßnahmen, um die Konformität der PSA herzustellen oder die PSA gegebenenfalls zurückzunehmen oder zurückzurufen. Außerdem unterrichten die Einführer, wenn mit der PSA Risiken verbunden sind, unverzüglich die zuständigen nationalen Behörden der Mitgliedstaaten, in denen sie die PSA auf dem Markt bereitgestellt haben, darüber und machen dabei ausführliche Angaben, insbesondere über die Nichtkonformität und die ergriffenen Korrekturmaßnahmen.

Wer eine nach Art. 10 Abs. 7 der PSA-Verordnung erforderliche Korrekturmaßnahme vorsätzlich oder fahrlässig nicht ergreift, handelt nach § 8 Abs. 1 Nr. 6 des PSA-DG ordnungswidrig. Ebenso handelt ordnungswidrig, wer entgegen Art. 10 Abs. 2 Unterabsatz 2 Satz 1 eine PSA in Verkehr bringt (§ 8 Abs. 1 Nr. 11 PSA-DG). Schließlich handelt ordnungswidrig, wer entgegen Art. 10 Abs. 2 Unterabs. 1 Satz 2 nicht gewährleistet, dass der Hersteller eine dort genannte technische Unterlage erstellt hat, dass eine PSA mit der CE-Kennzeichnung nach Art. 16 versehen ist oder dass der Hersteller eine dort genannte Anforderung erfüllt.

Die Ordnungswidrigkeit kann in den Fällen des Absatzes 1 Nummer 6, 11, 13, 17 und 18 mit einer Geldbuße bis zu hunderttausend Euro, in den übrigen Fällen mit einer Geldbuße bis zu zehntausend Euro geahndet werden.

Da mit den nicht konformen Masken ein Risiko für den Träger verbunden sein kann, insbesondere, weil sich der Träger in Sicherheit wähnt, sind die Überwachungsbehörde und der Hersteller zur Vermeidung von Ordnungswidrigkeitenverfahren zu unterrichten. Ob die Masken zurückzunehmen sind, richtet sich im Wesentlichen nach dem damit für den Nutzer verbundenen Risiko. Soweit ersichtlich, sind zahlreiche FFP-Masken aufgrund unzureichender Gesamtfiltrationskapazität zurückgerufen worden und auch zahlreiche Warnungen durch Behörden wegen schwerwiegender Gesundheitsgefahren ausgesprochen worden.[62]

IV. Geltende Ausfuhrbeschränkungen

Ein weiteres Beispiel für wenig gelungene europäische Zusammenarbeit bildeten schließlich die kurzzeitig geltenden nationalen Ausfuhrbeschränkungen für medizinische Schutzgüter. Das Bundesministerium für Wirtschaft und Energie hatte am 12.03.2020 eine aktualisierte Anordnung von Beschränkungen im Außenwirtschaftsverkehr mit bestimmten Gütern veröffentlicht.[63] Nach Abschnitt I der Anordnung war unter anderem die Ausfuhr und Verbringung von

---

62 Vgl. etwa https://www.baua.de/DE/Themen/Anwendungssichere-Chemikalien-und-Produkte/Produktsicherheit/Produktinformation/Datenbank/Produktsicherheit_form.html?resourceId=8684882&input_=8684884&pageLocale=de&searchEngineQueryString=schutzmasken&meldev=&meldev.GROUP=1&prodkat=&prodkat.GROUP=1&meldedatumVon=01.01.2020&meldedatumBis=18.08.2021&submit=Suchen.

63 https://www.bundesanzeiger.de/pub/de/amtliche-veroeffentlichung?1. https://www.bmwi.de/Redaktion/DE/Pressemitteilungen/2020/20200317-informationen-des-bundeswirtschaftsministeriums-zur-anpässung-der-allgemeinverf%C3%BCgung-fuer-schutzausruestung.html.

Mund-Nasen-Schutz-Produkten (FFP 2, FFP 3) in Drittländer sowie in andere Länder der EU bzw. des EWR grundsätzlich untersagt. Entsprechende Anordnungen hat es auch in zahlreichen weiteren Mitgliedstaaten gegeben.[64]

Die deutsche Anordnung ist durch Aufhebung der Anordnung vom 19.03.2019 wieder außer Kraft gesetzt worden.[65]

Es galt danach für einen beschränkten Zeitraum von sechs Wochen[66] die Durchführungsverordnung (EU) 2020/402 der Kommission vom 14. März 2020 über die Einführung der Verpflichtung zur Vorlage einer Ausfuhrgenehmigung bei der Ausfuhr bestimmter Produkte. Danach ist eine Ausfuhr in Drittländer außerhalb der EU bzw. des EWR derzeit genehmigungspflichtig.

V. Fazit

Die aufgezeigten Schwierigkeiten bei der Umsetzung von Sonderzulassungen und vorübergehender Verkehrsfähigkeit „medizinischer" Masken belegt aus Sicht der Anwaltspraxis, dass nationale und regionale Alleingänge für die Gesundheitsakteure ein großes Problem darstellen.

Die nationalen Sonderzulassungen führten durch die Hintertür unterschiedliche Standards von medizinischen Masken ein. Die durch die Verordnungen intendierte einheitliche Verkehrsfähigkeit der durch die Sonderzulassungen in Verkehr befindlichen Masken war faktisch außer Kraft gesetzt. Auf europäischer Ebene gab und gibt es keine Anerkennungspflicht für Sonderzulassungen auf Basis der Empfehlung EU 2020/402. Die Empfehlungen und Stellungnahmen

---

64 Belgien: Ende März 2020: Ankauf und Beschlagnahme vorhandener Bestände an Mundschutzmasken, Verbot des Verkaufs ohne ärztliche Verschreibung; Massenkäufe im Ausland (z.B. China). Ein Teil dieser Maßnahmen wurde wieder aufgehoben.
Frankreich: Durch das Dekret 2020–293 vom 23. März 2020 Beschlagnahme von in Verkehr befindlichen Masken. Die Hersteller und Händler von Schutzmasken wurden angewiesen, der pharmazeutischen Industrie weiterhin Masken für ihre Produktionstätigkeiten zur Verfügung zu stellen.
In Luxemburg wurde die Ausfuhr von wesentlichen Gesundheitsgütern verboten. Dies wurde am 22. März 2020 beschlossen und innerhalb einer Woche mit VO vom 30. März 2020 wieder aufgehoben.
65 https://www.bmwi.de/Redaktion/DE/Pressemitteilungen/2020/20200319-informationen-zur-aufhebung-der-allgemeinverfuegung-fuer-schutzausruestung.html.
66 Art. 3 der Durchführungsverordnung (EU) 2020/4020.

der Kommission sind nach Art. 288 Abs. 5 AEUV nicht verbindlich. Eine Abstimmung auf Unionsebene war zu Beginn der Pandemie kaum erkennbar. Darüber hinaus führten auch die gesonderten Beschaffungs- und Vertriebswege zu einem klaren Systembruch; auch dies war mit Ungewissheiten für Industrie und Vertrieb verbunden. Auch wenn wirtschaftliche Aspekte in pandemischen Lagen sicherlich nicht ausschlaggebend sind, hätte eine Kooperation und Kommunikation auf allen Ebenen zu einer deutlichen Verbesserung der Versorgungslage geführt.

Schritte in die richtige Richtung, insbesondere auf Unionsebene, gibt es schon: So wird über den Katastrophenschutz rescEU-Reserve ein europäischer Vorrat an medizinischer Notfallausrüstung wie Beatmungsgeräten, Schutzmasken, Handschuhen und Labormaterial angelegt, um EU-Länder in der Corona-Krise zu unterstützen.[67] Vereinzelt, wenn auch eine Randerscheinung, war die gemeinsame Ausschreibung Masken des Typ 2 und 3, Handschuhe, Schutzbrillen durch die EU.[68] Die Impfstoff-Initiative der EU zeigt, dass die EU auch zusammen agieren kann, selbst wenn dies von der einen oder anderen Seite als schwerfällig bezeichnet werden mag. Die Wirtschaftskraft und -macht, die hinter der EU steckt, ist auch in Katastrophensituationen unabdingbar. Es macht eben einen Unterschied, ob ein kleines Land wie Österreich mit Herstellern wesentlicher Gesundheitsgüter verhandelt oder 26 Mitgliedstaaten.

Trotz notwendiger Notfallbevorratung, wie sie nunmehr auch in § 5b ff. IfSchG vorgesehen ist, sollte die Pandemie-Lagerhaltung nicht auf Kosten von Industrie und Handel gehen. Bevorratung wesentlicher Gesundheitsgüter sollte primär durch die Leistungserbringer erfolgen, sekundär durch die nationale bzw. europäische Notreserve. Die Pandemie und der massenhafte Bezug von medizinischen Masken aus China haben auch gezeigt, wie wichtig die Stärkung von Lieferketten und Produktionskapazitäten in der EU ist. Richtig und wichtig ist es daher, Anreize für die Verlagerung von Produktionskapazitäten in die EU zu schaffen.[69] Ein fatales Signal für die Wirtschaft und die Gesundheitsakteure sind nationale Alleingänge bei der Verbringung und dem Export von Produkten. Die aktuell komplexe Vernetzung in den Lieferketten führt zu Abhängigkeiten, die gemeinsam überbrückt werden sollten.

---

67 Weitere Hinweise unter https://ec.europa.eu/commission/presscorner/detail/de/ip_20_476.
68 Erste Ausschreibung 28.02.2020.
69 Z.B. Richtlinie für die Bundesförderung von Produktionsanlagen von PSA und dem Patientenschutz dienender Medizinprodukte, abrufbar unter: https://www.bmwi.de › Redaktion › Downloads.

Autorenverzeichnis

Prof. Dr. Constanze Janda ist Inhaberin des Lehrstuhls für Sozialrecht und Verwaltungswissenschaft an der Deutschen Universität für Verwaltungswissenschaften Speyer, Freiherr-vom-Stein-Straße 2, 67346 Speyer, E-Mail: janda@uni-speyer.de

Dr. Patrick Stockebrandt ist Leiter des Fachbereichs Verbraucher & Gesundheit am Centrum für Europäische Politik, Kaiser-Joseph-Straße 266, 79098 Freiburg im Breisgau, E-Mail: stockebrandt@cep.eu

Prof. Dr. Minou Banafsche ist Inhaberin der Professur für Öffentliches Recht, insbesondere Sozialrecht, an der Universität Kassel, Arnold-Bode-Straße 10, 34127 Kassel, E-Mail: banafsche@uni-kassel.de

Dr. Doris Pfeiffer ist Vorstandsvorsitzende des GKV-Spitzenverbandes und Lehrbeauftragte für den Weiterbildungsstudiengang Public Health (M.Sc.) an der Jade Hochschule Oldenburg; GKV-Spitzenverband, Reinhardtstraße 28, 10117 Berlin, E-Mail: doris.pfeiffer@gkv-spitzenverband.de

Markus Grunenberg ist Referent im Stabsbereich Politik des GKV-Spitzenverbandes, Reinhardtstraße 28, 10117 Berlin, E-Mail: markus.grunenberg@gkv-spitzenverband.de

Prof. Dr. Ulrich M. Gassner, Mag. rer. publ., M. Jur. (Oxon.), ist Professor für Öffentliches Recht an der Universität Augsburg, Universitätsstraße 24, 86159 Augsburg, E-Mail: ulrich.gassner@uni-a.de

Dr. Katharina Köbler, LL.M., ist Rechtsanwältin und Partnerin bei Oppenländer Rechtsanwälte im Gesundheitsrecht, u.a. Medizinprodukterecht, Börsenplatz 1, 70174 Stuttgart, E-Mail: koebler@oppenlaender.de

www.ingramcontent.com/pod-product-compliance
Ingram Content Group UK Ltd.
Pitfield, Milton Keynes, MK11 3LW, UK
UKHW021829210426
5322IPUK00004B/94